文化自信视域下高校实践育人系统研究

范桂森　武剑英　著

北京工业大学出版社

图书在版编目（CIP）数据

文化自信视域下高校实践育人系统研究 / 范桂森，武剑英著. — 北京 ：北京工业大学出版社，2021.3
ISBN 978-7-5639-7837-3

Ⅰ. ①文… Ⅱ. ①范… ②武… Ⅲ. ①高等学校－思想政治教育－教学研究－中国 Ⅳ. ①G641

中国版本图书馆 CIP 数据核字（2021）第 035522 号

文化自信视域下高校实践育人系统研究

WENHUA ZIXIN SHIYU XIA GAOXIAO SHIJIAN YUREN XITONG YANJIU

著　　者： 范桂森　武剑英
责任编辑： 马冲冲
封面设计： 知更壹点
出版发行： 北京工业大学出版社
（北京市朝阳区平乐园 100 号　邮编：100124）
010-67391722（传真）　bgdcbs@sina.com
经销单位： 全国各地新华书店
承印单位： 天津和萱印刷有限公司
开　　本： 710 毫米 ×1000 毫米　1/16
印　　张： 12.25
字　　数： 245 千字
版　　次： 2022 年 1 月第 1 版
印　　次： 2022 年 1 月第 1 次印刷
标准书号： ISBN 978-7-5639-7837-3
定　　价： 78.00 元

前 言

作为精神产物和观念形态存在的文化，是国家、民族、政党的灵魂，是人民的精神家园，发挥着成风化人、凝心聚力的作用，成为当今世界各个国家都极其重视的软实力。立足中国特色社会主义新时代，我们强调增强文化自信，无疑是要增强对中华优秀传统文化、革命文化、社会主义先进文化的自信；但增强文化自信更为深沉的实践指向，则是要为新时代坚持和发展中国特色社会主义提供强大的精神支撑。

教育兴则国家兴，教育强则国家强。高校作为大学生意识形态培育的主阵地，肩负着为新时代育新人、为新时代兴文化的重要使命。新时代高校只有借力于文化的力量，通过构建合理且高效的育人机制，将中华优秀传统文化、革命文化、社会主义先进文化融入学生的学习与生活之中，培育新时代大学生的文化自觉，才能真正意义上树立起新时代大学生的文化自信与民族自豪感。

本书共分六章，第一章为文化自信理论概述，主要对文化自信的内涵、特征、根基、理论创新及其在高校实践育人中的表现等内容进行了论述。第二章是对高校实践育人的内涵与发展的集中论述，主要内容包括高校实践育人的内涵、理论基础、特点、原则、探索与发展等。第三章从文化、思想、管理三个方面对高校实践育人的构成系统进行了论述。第四章将文化自信与实践育人相结合，对我国高校实践育人的现状、高校文化自信现状和培育措施、高校文化自信实践育人的特征和价值、高校文化自信实践育人面临的困境及原因等现实问题进行了分析。第五章在第四章的基础上，从构建高校文化自信实践育人长效机制、丰富文化自信实践育人内容建设、搭建文化自信实践育人载体和平台、完善文化自信实践育人评价体系四个方面对高校文化自信实践育人的具体措施进行了论述。第六章是本书的最后一章，为文化自信视域下对高校实践育人系统的探索，主要探索内容包括文化自信视域下高校实践育人发展机遇、文化自信视域下高校实践育人系统的运行、文化自信视域下高校实践育人系统的结构优化。在本书中，范桂森老师负责第一章、第五章和第六章的撰写工作；武剑英老师负责第二章、第三章和第四章的撰写工作。

本书结构清晰、内容丰富，笔者在写作本书过程中获得了许多专家的帮助，也参考了许多相关文献资料，在此郑重地表示感谢。虽然笔者经过了反复校改，但限于笔者水平，书中难免有不足之处，欢迎广大读者批评指正。

目 录

第一章　文化自信理论概述

文化自信，是更基础、更广泛、更深厚的自信，是更基本、更深沉、更持久的力量。新时代坚持和发展中国特色社会主义，需要文化自信提供强大的精神支撑。本章将对文化自信的内涵、特征、根基、理论创新及其在高校实践育人中的表现进行论述。

第一节　文化自信

一、文化自信的内涵与特征

文化自信，是一个国家、一个民族、一个政党对自身文化价值的充分肯定，对自身文化生命力的坚定信念。根据文化精神、文化基因和文化传统，认识和遵守文化传统的意识不仅与维护和遵守国家和民族文化的主体性有关，而且与民族精神和凝聚力有关。作为一个具有文化价值判断力和心理认同感的国家，可以将文化自信与基于对文化自卑的自我反映的文化自信进行比较。文化自信以文化自觉为前提，以文化自强为目的，其基本方向是不忘本来、吸收外来、面向未来。我们所要增强的文化自信，是对中华民族自身创造、传承、发展的文化的自信。文化自信里的“文化”，涵括中华优秀传统文化、革命文化和社会主义先进文化，这三个要素有机地结合在一起，形成了一种具有中国特色的社会主义文化，契合了中华民族最深切的精神诉求之一，是中华民族独特的精神标志，是中国人民胜利进步的强大精神力量，为中国特色社会主义事业的发展提供了丰富的营养和精神支持。中华文化之所以鲜活而不中断，关键就在于中华民族在发展的过程中不断传承、创新、发展自身的文化。这也是中华文化日益彰显生机活力，具有强大感召力、凝聚力和影响力的奥秘所在。因此，我们今天所强调的文化自信，从实质而言，是对中国特色社会主义文化的自信，不能仅仅将其归结为对中华优秀传统文化的自信。

文化之本义，应在经济、政治乃至一切无所不包。文化是一种包含所有领域的精神现象，是一种无形的精神力量，具有极高的渗透性和广泛的辐射性，影响着人类社会实践的各个方面，是一个民族屹立于世界民族之林的精神根基，也是一个国家发展进步的内在精神动力。文化自信在文化主体认同的基础上发挥文化的引领作用。一切文化认同都是服务服从于政治的。文化自信绝非单就文化而论自信，而是从文化认同的政治意蕴上强调自信，是一个事关全局、事关长远的战略问题。文化自信关乎人们的信仰、信念、信心的坚定，关乎中国特色社会主义能否在人们的精神实践领域获得信念扎根与牢固认同，影响民族精气神的凝聚和国家文化软实力的提升。文化自信可以为道路自信、理论自信、制度自信提供精神支撑。事实上，无论是道路自信、制度自信，还是理论自信，都包含着文化的要素，也都离不开文化所具有的精神力量的涵养、熏陶和推动。深刻认识和领会文化自信的科学内涵和战略意蕴，就要从道路自信、理论自信、制度自信、文化自信之间的有机联系、内在统一的关系上来把握，放在坚持和发展中国特色社会主义的战略高度上来理解。中国特色社会主义植根于中华文化沃土，是在传承中华文化的基础上开拓、坚持和发展起来的，汲取了中华文化的丰厚滋养，也蕴含着中华文化的基因和传统。在新的历史起点上，我们之所以有无比坚定的信心来推动中国特色社会主义发展，就是因为我们坚信“吸吮着中华民族漫长奋斗积累的文化养分”，一定能够获得笃定前行的精神力量，一定能够创造中华文明新辉煌。

人类社会发展的历史表明，任何国家要走向强盛，不仅要在政治和经济上实现自立自强，也要在思想和精神上自立自强。文化自信是对中国特色社会主义文化提供有力精神支撑、引领社会思潮、凝聚社会共识、提振民族精神、传播中国声音的高度自信。强调文化自信，归根结底是坚信中国特色社会主义文化能够为坚持和发展中国特色社会主义巩固精神根基、充沛精神力量，就是坚信中华民族一定能够在坚守自身文化立场的基础上再创新辉煌。一个国家和民族的发展，需要有一脉相承的精神追求来牵引。只有坚定文化自信，才能夯实共同奋斗的思想基础，铸就民族复兴的磅礴精神力量。文化自信的提出，是中华民族在伟大复兴历史进程中不断发展壮大的精神标志，意味着中华民族文化主体意识不断增强，也意味着中华民族精神力量日益强大。新时代文化自信承载的历史使命，就是推动全民族在一体认同中国特色社会主义文化的基础上坚守共同的理想信念、价值理念、道德观念，更好地构筑中国精神、中国价值、中国力量，增强民族复兴的精神力量。

（一）文化自信具有民族性特征

文化是一个民族有别于其他民族的独特精神象征，是人民群众在其悠久的历史中积累的最深刻的精神记忆，是一个民族向心聚力的精神纽带。文化上的一体认同是最深层次的认同，是民族团结的精神之根、民族和睦的思想之魂。一个民族只有确立起文化自信，才能形成独立自主和民族共同体意识。文化上的去民族化是一个国家、一个民族在思想和精神上被奴役的先兆。抛弃民族文化的个性，牺牲民族文化之间的平等对话权，对西方文化无底线的迎合并不能换来理解和尊重，只能进一步强化西方对中华文化的固有偏见和歧视，在民族文化的谱系中走向边缘化。文化自信为中华民族提供坚守自身文化立场的定力和耐力，也为中华民族构建民族共同体提供了强大的精神支撑。中华文化是我国各民族文化的集大成，各民族都对中华文化做出了重要贡献。同宗同源的中华文化是中华各民族增强民族认同、促进民族团结的精神家园。中华民族的文化自信奠基了中华文明绵延不绝的自主发展历史，反过来，中华文明绵延不绝的自主发展史进一步凝聚了中华民族的文化自信。中华文明之所以能够源远流长，就是因为中华文明独特的文化底蕴。高度的文化自信，体现了中华民族对于自己文化传统的信仰与坚守，对自己文化价值的认同与礼敬，对主导自己文化发展前途的执着与追求，是中华民族文化主体性的根本体现。经济全球化时代，文化越来越成为民族凝聚力和创造力的重要源泉，越来越成为中华民族保持思想自主、精神自立，培育中华民族共同体意识的灵魂支柱，从最根本的意义上解决了中华民族“我是谁”的文化主体性问题。增强文化自信，重要的一环就在于普遍增进中华儿女对中华民族文化的认知、认同，提升坚守中华文化立场、传承中华文化传统、升华中华文化品格的高度自觉。每个国家都是独特的，其文化也是独特的。民族是文化的主体，文化是民族的灵魂、基因和血脉。归根结底，增强文化自信实际就是增强中华民族对自身创造、发展、传承的文化的自信心。从内部看，这种文化上的自信赋予亿万人民共同的精神禀赋，促进了广大人民群众整体上的文化认同，并形成了民族共同体意识。从外部看，这种文化上的自信突出了“以我为主体”的文化立场，体现文化的民族主体性和本源性，是中华民族走向世界的精神基础。

（二）文化自信具有时代性特征

文化是在特定时间创建的，每种民族文化都具有鲜明的时代特征。文化的现代性决定了文化信心的现代性。自信的文化必须与时俱进地发展。世界上没有哪种文化是一直不变的，而文化的活力体现在与时俱进的创新中。文化对社会经济发展的作用和影响力有正逆之分，先进文化推动经济社会发展，落后文化则阻碍经济社会进步。时代精神决定着国家的精神高度。只有与时代的进步趋势相对应的文化才具有生命力、感召力和凝聚力，才能引领时代风气，为人民提供精神指引。我们强调，对文化的信心包括对中华民族历史文化发展的信心，更重要的是对现实文化的信心。中华民族在五千多年的历史中创造了灿烂的中华文化，这是我们确立自信的底气和根基所在。不同时代有不同的文化，不同时代的文化自信承载的使命和任务也是不同的。任何时代的文化，都不仅仅是历史文化的简单延续。今天，我们着力发展的是植根于中国实践的中国特色社会主义文化，必须立足当代现实，根据时代条件加以创新发展。因而，今天我们强调文化自信，不是怀古守旧，而是着眼于繁荣发展中国特色社会主义文化，不断铸就中华文化新辉煌。中国特色社会主义进入新时代，中华民族伟大复兴需要反映时代发展进步方向，体现时代精神的先进文化，以感国运之变化、立时代之潮头、发时代之先声，发挥引领作用。进而言之，文化自信，既要对文化的“本来”有自信，也要有对文化“未来”的自信。这就需要在礼敬中华优秀传统文化的基础上，对其采取科学辩证的态度，推动其创造性转化、创新性发展，赋予其新的时代内涵；也需要坚持先进文化的前进方向，激发全民族文化创新创造活力，发展面向现代化、面向世界、面向未来的社会主义文化。文化自信体现到当代社会实践中，通过不断发展社会主义先进文化来广泛凝聚人民的精神力量。

（三）文化自信具有包容性特征

真正的文化自信，是一种海纳百川、具有无限包容的自信，盲目的文化自大和文化自负都不是真正的自信。中华文化在空间上不是封闭的，在时间上不是停滞的，是一个鲜活有机、不断吸纳的生命系统。中华民族是一个兼容并蓄、海纳百川的民族，在漫长历史进程中，不断学习他人的好东西，把他人的好东西化成我们自己的东西，这才形成我们的民族特色。人类文化从来就是和而不同、美美与共的。中华文明的发展史就是文明交流和相互学习的历史，是文化融合和相互学习创新的历史。中华民族的特色和中国的社会主义特色是通过消化和转化人类社会创造的所有文明成就而形成的。尊重差异，包容多样，不同文化相互借鉴交流，这是文化发展的必要条件，也是文化自信的重要体现。只有通过参考和交流，我们才能取长补短、兼收并蓄、推陈出新，实现创新发展，塑造自己的特质，使本民族的文化散发出新的生机和活力。一个国家或民族对自己的文明和文化越有信心，就越会积极参与其他文明和文化之间的交流与相互学习，并有意识地接受和吸收人类社会创造的所有伟大的文明成就。换而言之，能不能客观、理性、科学地对待外来文化，也是衡量文化自信与否的重要尺度。越是民族的，就越是世界的，而促使这个“民族的”转化为“世界的”的中介，就是文明交流互鉴。文化的民族特性体现在比较中，文化的影响力随着交流而增强，文化的自信也在文化交流和比较中形成，并不断增强。然而，文化自信的包容性并不意味着在多元文化交流、交锋、交融的过程中放任自流，也不等于无视主流意识形态和核心价值观念的引领作用。坚决抵制、批判和打击思想文化领域的错误思潮、腐朽思想和消极观念，也是对自身文化先进性保持自信的体现。

二、大学生文化自信的内涵

文化是传播的文化，传播是文化的传播。没有文化的传播和没有传播的文化都是不存在的。文化存在于每个民族的血液之中，是一个民族的根基，是经过历史不断发展、不断丰富而来的，每个民族的文化、每个国家的文化都是传播的文化。青年自信则国强，那么作为青年代表的大学生，其自信尤为重要，大学生的文化态度会极大地影响我国社会主义事业的发展。大学生文化自信的内涵主要表现在以下四个方面。

（一）认同

文化自信必须首先接受和认同我们的文化。在创造现代文化的过程中，传统和传统文化总是受到批判和否定。因此，这种否定不可避免地影响人们对民族文化传统、传统文化的认同，促使人们建立新的文化认同。大学生文化自信以大学生为主体，将文化作为“信”的客体，从大学生这一特殊群体出发去看待我国文化和西方文化。大学生文化自信既要了解我国文化，又要知道我国文化的丰富内涵，进而认识到我国文化的价值。我国经历了上下五千多年的发展历程，形成了历史传统文化、革命文化、民族民间文化和当代中国文化，这就需要我们加强对各种文化的认识和了解，从而加深对我国文化的认同，形成正确对待我国文化的态度，也就是要不蔑视、不自大，善于发现精华。我国有着悠久的历史和丰富的传统文化。那些鄙视我们传统文化，不尊重我们传统文化的人是被历史和时代唾弃的人。一个不相信自己民族文化的国家怎么能基于自己的文化来做到文化立国呢？又怎么能屹立在世界之林呢？更不用说提高自己的文化软实力并建立文化强国了。

我们必须继承和发扬我们的优秀传统文化，它是中华民族的根，是我们国家的优良传统，但是我们也必须坚决清除、清理和放弃传统文化的糟粕部分。对于无数革命先辈用鲜血奋斗而形成的革命文化传统，也是在建设实践中和改革进程中形成的文化精神，同样也是我国文化的重要组成部分，不该被遗忘。那些否认我国英雄的人，歪曲我国历史的人，歪曲我国政党的人，都是受到历史虚无主义影响的人。一些人不接受中国的社会主义制度，不承认中国的伟大成就，不希望自己的文化空前繁荣，实际上是文化不自信的表现。这要求我们在对待我国文化时要做到不蔑视、不自大，也就是要看得起自己的母体文化，在充分了解我国文化的基础上，认识到我国文化的核心价值，在内心真诚地认同我国文化，从而取其精华、去其糟粕，革故鼎新、推陈出新，不断挖掘新的文化、创造更多的文化新品，以丰富社会主义文化建设。

（二）传承

大学生文化自信要求大学生相信我国文化具有强大的生命力，担负起传承我国文化的历史使命。文化传承是指文化从一代人传到另一代人的文化传播过程，也称文化继承，如民间艺术文化的世代传递、语言文字的历代传递等。文化传承具有一定的人为性、时间性、延续性和继承性等特点，是文化传播的重要组成部分。

大学生的文化自信，不仅要从心里对中国文化表示认同，更要从心里有一个真诚坚定的信念，更要相信中国文化具有强大的生命力。虽然中国文化的发展是艰难的，但是要相信我国文化的未来是光明的。在漫长的文化发展史上，一代人是一闪而过，如果文化不代代相传，没有一代又一代的人接力，就没有几百年甚至几千年积淀下来的文化瑰宝。文化，特别是优秀文化，要达到文化传播的目的，需要人与人之间的相互交流和传递。应该让现代大学生继承我们的思想文化和实践文化，使我们的文化源远流长。

（三）包容

大学生文化自信需要大学生以包容的态度对待西方文化，通过学习其他文化的长处来丰富我国文化。文化不是一直不变的，而是不断变化发展的，文化都是“活文化”，文化间要相互交流和传播，不然终将走向消亡。中华文化有着文化融合的优良传统，中华文化是多民族的文化，是一个以儒家思想为主导的多民族文化融合的复杂体和综合体，同时也乐于吸收其他文化来丰富自身。中华文化具有强大的包容性，在儒家思想占主导地位的情况下，吸收道家思想弥补儒家的不足，与法家结合增加法制思想，融合佛家思想丰富儒家思想的内容，并且对外来宗教比如基督教、伊斯兰教等表现出极大的包容性，吸收外来宗教中优良的部分不断丰富自身。在“地球村”的今天，各种文化相互交流交锋，我们更需要以包容的心态借鉴其他文化的优势之处，弥补我国文化的不足，实现文化发展的大繁荣，促进我国文化强国的建设。因此张岱年教授提出了中国文化的出路是综合创造论，即“根据中国社会主义现代化建设的实际需要发扬民族的主体意识，经过辩证的综合，创造出一种既有民族特色，又充分体现时代精神的高度发达的社会主义新中国文化”。这启示我们在面对文化时，要根据实际情况的需要，做到与时俱进、把握时代命脉，学习其他优秀文化以形成新中国文化。在对待西方文化时一定要做到“拿来主义”，即通过取他人之长来补己之短板，促进我国传统文化与现代文化的结合和推进我国文化的创造性转变。

（四）弘扬

在多元文化背景下，现代学生必须抵制消极的文化干扰，自觉地推动文化的发展。从理论上讲，什么是中国文化，我们要建构一个什么样的中国文化，我们要向世界传播一个什么样的中国文化，等等，对于这些问题，要做明确思考和战略布局，否则很容易迷失方向、失去自信，失去了在新时代建设中国文化的历史机遇。通过深化文化自觉，塑造文化自觉，我们才能表达自己的探索，只有充分认识和理解我们文化的本质、力量和魅力，才能提高我们对优秀传统文化、革命文化和社会主义先进文化的认同感，才能自觉地传承和弘扬中华文化，才能自觉地抵制不良西方文化的入侵。随着经济全球化的发展，世界各国的文化不断进入我国，在多元文化交融、交汇、交锋的状态下，要求当代大学生提高文化辨别能力，运用辩证思维，分辨各类文化的真实面目，要自觉抵制冲击我国文化的不良文化，也要学习和吸收其他优秀文化，从而实现我国传统文化的创造性转化和创新性发展。

第二节 文化自信的根基

文化是一个国家最具吸引力的标志之一，它反映了整个民族的精神气质和文化底蕴。中国文化是世界上最古老、最持久的文化。习近平主席在十八大后多次提到“文化自信”，并在十九大上再次强调文化自信是一个国家、一个民族发展中更基本、更深沉、更持久的力量。在中国人民的不断努力下，中国特色社会主义进入了一个新时代。在新的时代，有了新的目标和期待。新时代中国的发展需要更多的文化自信。新时代文化自信是习近平总书记按照马克思恩格斯的文化视角和中国深厚的文化积淀，结合中国革命、建设、改革开放的社会实践，塑造和发展起来的文化成果。在中国文化的不断演进中，在中国传统文化和优越文化的基础上，在不同时代的不同历史国情的基础上，形成了以中华优秀传统文化为根基，不同时期结合不同的世情、国情又催生出的革命文化和社会主义先进文化。

一、中华优秀传统文化

几千年来，中国在历史上创造了优秀的民族传统文化，因此它一直兴而不衰。文化是一个国家的根和魂。中华民族优秀文化所蕴含的民族精神、治世之道、行政原则和道德责任，已成为中国的独特标志。中国依靠自己的文化力量，建立文化信心的基石并指导民族勇敢前进。而时过境迁，随着全球文化多样化的发展，中华传统文化如何形成主体自觉的合力，展现出自身的优势地位，以及随着传统社会向现代社会的转型，中华传统文化如何通过现代化转化，既保持原有本质又被赋予时代价值，就显得尤为重要。文化面临现代化问题，各国人民都在严谨地思考自己的传统文化，并力图做出科学合理的改善。今天，我们审视中华优秀传统文化，可以发现和发掘更多更好的优秀资源，为推动优秀传统文化的传承与发展提供生命动力，也为提升中国人民的文化自信提供活水源头。

（一）中华优秀传统文化的基本内涵

传统文化是一个国家赖以生存的基础，它是经过民族世代传承的具有自身特色的社会历史元素。传统文化是国家留下的历史产物。它不是人们可以观看的博物馆中保存的陈列品，而是留给后人的具有鲜活生命力的东西。中华传统文化指的是中华民族在进入现代社会以前长期的历史发展中形成的传统文化，是中华各民族所创造的文化的总和，这种文化是能够对人的思想和行为起到一定规范作用的。中华传统文化对人们的价值判断和价值观念的选择起到一定的引导作用。在历史长河中，这种文化得以流传的原因在于其具有一种较为固定的结构，具有比较稳定的特征，表现较为鲜明的共同价值取向、心理倾向、思维方式等。中华传统文化是不同时代占统治地位的文化之间的碰撞和冲击，从根源上讲，不是一源分流，而是殊途同归，是不同历史时期文化的大融合。中华传统文化在历史与近代的碰撞和融通之中，逐渐产生、传承，并影响着中华民族历史演变的宏大文化体系。

中国传统文化是中华民族在创造自己的民族文化历史中留下的具有强大生

命力和持久力的精华和精髓部分。虽然中华传统文化都是中华民族的历史财富，但并不是所有的中华传统文化都值得去学习，值得学习的只是中华传统文化中的优秀部分，即我们所说的中华优秀传统文化。在中华民族的演变过程中，传统文化中优秀的部分会随着时代的变迁而与时俱进，具有永不褪色的时代价值，成为指引民族前进的精神旗帜流传至今。但有些传统文化只在历史上某一时期是优秀的，随着时代的发展就落伍了。跟不上社会发展的传统文化有一部分被人们所抛弃，永远留在历史的记忆中，而有一部分却依附于优秀的传统文化，与优秀的传统文化一起影响着人们的思想和行为。因此，我们要对中华传统文化进行鉴别和过滤，也就是要“去其糟粕，取其精华”，通过去粗取精、去伪存真的方式，汲取和发扬优秀的中华传统文化，即中华优秀传统文化。因为只有中华优秀传统文化才是深深埋藏在民族骨子里的“基因”，代表着中华民族历代繁衍生息的“精神追求”和“精神标识”。

我国之所以提出“文化自信”就是基于中国优秀传统文化的存在，这种文化不是短时期的，而是几千年来积累的精髓。这一时期的优势是文化自信的历史基础。从深刻的角度来看，几千年来，中国优秀的传统文化一直没有被抛弃，足以证明这一文化的旺盛生命力和重要的价值。从广度上来看，中华优秀传统文化内容丰富，包含了天文、地理、文学、历史、哲学、艺术等方面，浩若烟海的内容为新时代的文化自信提供了充分的文化底蕴和科学的理论指导。

（二）中华优秀传统文化的内容自信

传统不是落后、保守，而是人类社会发展过程中遗留下来的最宝贵的东西，更多的是代表经典和智慧。中华优秀传统文化不仅经历了时代的变迁，更是诸多文化碰撞中唯一留存下来的精粹，是中华民族集体智慧的结晶，是经过了实践和时间检验的历史宝藏。这种历史宝藏不会随着时间的推移而改变其色彩，只会更加鲜艳。因而，中华优秀传统文化只会随着中华民族的进步而历久弥新。

（三）中华优秀传统文化的本质自信

中华民族能够历经千年而不衰，其根本就在于我国是一个“以和为贵”的国家，“和”是中华民族永恒的向往。“和”文化始终贯穿在中华优秀传统文化当中，是中华优秀传统文化最本质性的内容所在。在五千多年的中华文化发展历程中，中华民族根据不同时代、不同学派的思想观点，逐渐形成了以儒家“和”文化思想为核心，儒释道相互融合而生成的关于世界性发展的理论、规律、原则和方法的知识体系。中华优秀传统文化之所以能传承至今，就在于这种文化所具备的包容性和多样性，能够在不同文化碰撞的过程中，辨别、借鉴、吸收、融合、创新，成为中华民族世代生息的坚固根基。

中华优秀传统文化就是重在一个“和”字，其最终实现的是人与社会的和谐统一。在人与社会的关系建构的过程中，形成的“和”文化思想深深地烙印在每一个中国人的心中，并成为中华优秀传统文化的核心思想，深深地流淌在中华优秀传统文化的血脉中。正是因为“和”文化的存在，中国才有信心在中国特色社会主义建设过程中有底气、有魄力地进行大刀阔斧的改革，才能对中国特色社会主义理论体系不断深化，挖掘中华优秀传统文化的精髓，并提炼出社会主义核心价值观，成为我国文化软实力的重要体现，从而为新时代中国特色社会主义文化建设提供强大的信心。正是在这样的文化背景下，中华民族才历经磨难变得坚强，励精图治，走在民族复兴的康庄道路上。

（四）中华优秀传统文化的价值自信

任何一种文化的存在都有其一定的价值。中华优秀传统文化是中华民族在数千年的成长历程中形成的稳定且持久的精神力量，是中华文化的精髓。博大精深的优秀传统文化是我们在世界文化激荡中站稳脚跟的根基。正确认识中华优秀传统文化的时代价值，不仅有助于优秀文化的传承和弘扬，更能有效地将优秀传统文化与社会发展有机结合，挖掘优秀传统文化的时代精华。无论是革命时期还是建设时期的文化建设，党的历代领导人都善于从优秀传统文化中寻找治国理政的方案。将传统与现代相结合是中华优秀传统文化的特色，也是它具有包容性和开放性的优秀一面。中华优秀传统文化内涵丰富、博大精深，既是我们树立和坚定文化自信的沃土，也是完善和发展新时代中国哲学的源泉所在。中国传统文化的丰富性在于它在创造的过程中不断变化、更新和获得新的价值。中国优秀的传统文化，几千年来凝聚了民族的智慧和力量，体现了国家精神，是新时期我国文化建设中蕴藏的巨大精神资源。

1. 中华优秀传统文化是涵养社会主义核心价值观的土壤

人们在研究文化、创新发展的过程中，既要保留自己的特色，又要学习借鉴其他文化的有益成果，综合地利用其他文化的优势，才能客观全面地挖掘出传统优秀文化的时代价值。在马克思主义指导下，中国共产党人与时俱进，将传统与现代相结合。在对中国先进传统文化的创新发现和改造中，社会主义核心价值观不断升华。自古以来，价值观就是一个民族或个人的灵魂所在。虽然我们在现代化的社会中精炼出社会主义核心价值观，但它并不完全是现代化的产物，而是中华优秀传统文化与中国现代化发展相结合产生的实践结果。社会主义核心价值观作为新时代我国文化的精髓，更是不断地从中华优秀传统文化当中汲取养分，结合新时代实践创造出的精神文化标识。

2. 中华优秀传统文化蕴藏着巨大的文化软实力

文化的功能之一就是给人无穷的力量。文化所具有的能动力量就是文化软实力。文化软实力是文化所具有的精神感召力、社会凝聚力、价值吸引力、思想影响力等方面的文化力量，这是一个国家综合国力和民族精神的重要表现。一个民族的文化力量决定这个民族能否存在，是其能存在多久的重要支撑。中华民族能够延续至今，就是因为我们拥有蕴含强大软实力的中华优秀传统文化。在几千年的历史实践中，我们的文化软实力以独特的思想理念和道德规范的形式影响着中华民族。如“崇仁爱、重民本、守诚信、讲辩证、尚和合、求大同”等，无论在中国的哪个朝代，这些都是人们遵循的基本道德规范。中国人民在治世过程中积累了丰富的人生哲理、价值观念、行为规范等，在漫长岁月中逐渐构建了中华传统文化的主流体系，成为中华民族的精神基因，扎根在每一个中华儿女的心中。这些优秀的文化传统锤炼了中华民族的品格，是维系中华民族繁衍发展的精神血脉和精神支柱，更是中国文化软实力的力量源泉和坚固堡垒。

3. 中华优秀传统文化是中国人民树立和坚定文化自信的坚强后盾

文化自信并不是单纯的对本民族文化的认可和盲目的自满，而是在对本民族优秀传统文化的正确认知基础上，结合时代特点和国内外形势对民族优秀传统文化具有创造性转化能力的信心。从春秋时期的百家争鸣到“罢黜百家，独尊儒术”，从新文化运动到五四运动，从“三个自信”到“四个自信”，从中国梦到构建人类命运共同体，等等，优秀传统文化在历史演变进程中因时而变、因势而变，从“古代传统”转向“与时俱进的传统”，为中华民族提供了巨大的精神力量，指引着中华民族一直向前迈进。中国传统文化中体现的哲学、人文主义和民族精神，对维护国家团结、鼓舞人民、激励斗争、促进社会发展、维护国家利益和国际和平具有重要作用。文化自信深深植根于中国传统文化，不仅需要强调文化的最高连续性，而且更需要加强对文化的推陈出新，将文化传承和创新有机结合。文化自信不仅要学习本国最好的文化，也要接受外来优秀文化，将世界性的优秀文化融入中华优秀传统文化当中，博采众长，共同发展。

二、中国革命文化

文化自信的提出，不仅反映了中国几千年深厚的文化底蕴，也肯定和赞扬了中国几千年文化发展的成就，对中国文化事业的发展表示高度赞赏。中国对文化价值的不断追求，体现了整个国家在理想信念上的坚持和坚定。在新文化运动时代，中国优秀传统文化与中国革命斗争结合，逐渐形成了以中国优秀传统文化为中心和以革命斗争为内容的革命文化。我们知道人类历史上有许多革命，但是由它们创造的文化并不多。中国革命能够创造出伟大的革命文化，是中国共产党在革命斗争中的伟大创举，是中国革命时代的精神遗产和文化瑰宝。中国革命文化又称“红色文化”，是中华传统文化、马克思主义基本原理和地方文化相结合的优良文化。中国革命文化集中体现了中国人民的优良传统和时代品格，是推进中华民族伟大复兴的强大精神动力。

（一）中国革命文化的基本内涵

中国革命文化就是把马克思主义和中华优秀传统文化统一于人民革命实践中形成和发展起来的一种先进的历史文化形态。中国革命文化体现了中国共产党人的集体智慧和广阔视野。在辩证唯物史观的指导下，以优良传统文化底蕴为基础，中国共产党人积极吸收“革命统一体”的精神特征和价值取向，坚持“古为今用、洋为中用”的文化态度，借鉴世界优秀文明的成就，在革命斗争实践中形成具有中华民族特色的先进文化。并非所有革命都能产生革命文化，中国革命文化的形成和发展是在中国特定的历史条件下兴起的，是中国特色社会主义文化的重要组成部分。中国革命文化处于传统与现代的过渡阶段，在一定程度上，它在联系过去与未来方面起着历史性的作用，是过去与现在、历史与现实之间的联系。中国革命文化的价值不仅在于其巨大的能量，而且在于它对这一文化主题的理想和坚定信念，这是中国革命文化的特殊性。

中国革命文化是马克思主义基本原理和中国实践，革命和建设的理论实现，是维护和发展社会主义先进文化的经验总结和科学依据。在新的发展时期，我们要加强对中国革命文化的弘扬、认知和认同，从中求得“不忘初心，牢记使命”的革命精神。在与各种困难的斗争中，新时代必须逐步建立和增强文化自信，使其成为进入新时代、创造新时代奇迹的动力源泉。

我们坚信，中国革命文化在革命时代和新时代都具有重要作用。中国要站起来、富起来，要逐步走上强国之路，要有中国革命文化力量的强大支撑。中国革命文化已经成为中国人民谋幸福的精神动力，文化自信的精神源泉，和平与发展的精神导向。中国革命文化所体现出来的价值理念是中华民族坚定理想信念的真实写照。习近平总书记多次强调要“不忘初心”，始终保持中国共产党人的“革命精神”和“革命斗志”等，这就是理想信念，也是文化自信。中国革命文化内容丰富，内涵深刻，其鲜明的特征是坚持以马克思主义为指导，以共产主义为崇高理想，以集体主义为高尚的革命情操等，深刻展现了理想信念是构成中国革命文化的一大特色，并成为我国文化自信的主要内容。

（二）中国革命文化为文化自信奠定理论基础

产生于革命战争时期的革命文化，体现了中华民族追求独立、人民追求幸福的美好愿望。这种对先进传统文化的继承和升华，是社会主义先进文化形成的重要组成部分，是连接过去和未来的重要纽带。自现代以来，中国人民进行的各种革命斗争为创造中国革命文化提供了条件。面对民族危机、民族压迫和人民苦难，大批爱国者发动了一系列顽强的革命斗争。这些革命斗争虽然没有完成解放民族，争取生存的历史使命，但是，他们唤醒了中国人民自力更生的愿望，坚定了为民族复兴不断奋斗的决心和信心。革命斗争的失败也积累了第二次革命的经验教训和启示。

鸦片战争后，中国经历了内忧外患，许多有理想的中国人觉醒了，开始寻找拯救中国的方法。中国的先进知识分子不断地研究和探索，逐渐打开了中国新思想的大门，引进了两种先进文化——“科学和民主”，为中国民族文化的发展注入了新的血液。新文化运动的发展，为我国文化的发展提供了新的突破口，为中国革命文化提供了先进的理论指导。在新文化运动后期，学习和研究马克思主义的先进知识分子逐渐多起来，他们开始把苏俄改革成功的历史经验作为我国革命运动的主要实践内容。在当时思想混乱的中国，如何选择一条能挽救中国的道路尤为重要，而俄国十月革命给中国指出了一种可能的实践方案。在当时大多数知识分子眼中，信奉以共产主义为最崇高理想的马克思主义的社会正是中国所希望构建的理想社会。而其中有一部分先进知识分子坚定地认为，马克思主义正是中国未来发展的指路明灯，它可能会使中国的面貌焕然一新。但人们也知道，马克思主义是一种普遍的学说，如何把马克思主义的真理性价值发挥出来，唯一的做法就是把马克思主义具体化、民族化，与民族文化紧密结合起来，融为一体，才能发生化合作用。在中国革命斗争中，只有把马克思主义与中国革命实践相结合，才能形成革命斗争的武器，创造出中国革命独有的文化特征。

中国革命文化起源于五四新文化运动和中国共产党的成立，特别是中国共产党的诞生，为革命文化带来先进的领导阶级。新民主主义革命时期是中国革命文化形成的关键时期，新中国成立后的社会主义革命与建设在改革开放时期得到进一步丰富和发展。新文化运动是中国优秀传统文化与外来优秀文化的一次融合，它为中国文化的发展提供了新的方向和内容，同时加快了民族意识的觉醒，也为马克思主义思想在中国的传播提供了有利条件。当俄国十月革命爆发之后，社会主义的胜利使处于迷茫期的中国人民看到了希望。特别是中国的先进知识分子开始把俄国的命运与中国的命运联系起来。于是有了五四运动的爆发，马克思主义开始作为一种新文化被中国人民所认识、了解和接受。随着中国共产党的诞生，学习、研究和宣传马克思主义有了统一的组织和领导，而中国革命文化就是在中国共产党领导的革命运动和文化运动中逐渐形成和发展起来的。

因为文化具有一定的独立性，这种独立性突出的表现是一定的文化形态对一定社会的政治和经济具有能动的反作用，也就是说先进的文化往往是政治革命的先兆，对革命起到引领作用。所以，在中国近代的社会政治变革中，一定有文化的参与和角逐。可以说，中国革命文化是中国革命的前夜，是推进革命发展的重要力量，同时它又成为中国革命的一个重要内容，伴随着中国革命一起形成、成长和完善，直到走向成熟。在此过程中，一批先进的接受过先进文化的革命者逐渐登上历史舞台，他们在坚持中华优秀传统文化的基础之上，结合中国面临的实际问题，运用先进的理论，在实践的探索中走出了一条坚定的革命之路。中国共产党的诞生，为中国革命文化的发展指明了前进的道路。在这条道路上，中国各族人民团结奋战，它创造了各种民族精神，如五四精神、红船精神、井冈山精神、长征精神、抗战精神、延安精神、西柏坡精神等，还有新中国成立后的雷锋精神、“两弹一星”精神、载人航天精神、抗震救灾精神、抗疫精神、脱贫攻坚精神等，他们是中国革命文化的一部分。中国革命文化诞生于革命时代，依托先进文化运动和中国优秀传统文化，在革命年代发挥了重要作用。

（三）中国革命文化为文化自信提供科学依据

俄国十月革命的胜利，给中国人民坚持和发展马克思主义带来了许多启发，让中国人民看到了马克思主义所具有的一些科学性的理论品质。

1. 具有革命性

革命性是指马克思主义理论可以对现实世界进行改造和批判。马克思主义要改变现实世界，不仅要改变对世界的认识和对现实世界的认识，更重要的是要把马克思主义变成属于人民群众的武器，用来改变现实世界。

2. 具有民族性

民族性是指马克思主义是属于世界的，必须与各民族文化结合，形成民族特色，才能集聚民族力量，激发出民族精神，为民族复兴指点迷津。比如马克思主义中国化的每一个理论成果，都不是马克思主义“本本”上的现成词，都运用了马克思主义科学方法论，既有马克思主义理论智慧，又体现最贴近中国现实的民族风格。

3. 具有大众性

大众性是指马克思主义是老百姓的学说。即使是中国革命的先进分子和知识分子，也宁愿抛开自身的优越生活与中国的劳苦大众一道，投身于民族救亡运动中。他们抛头颅洒热血，为的是绝大多数人的利益。就是因为他们的无畏付出，让中国广大人民群众看到了榜样的力量和中国革命的希望。中国革命锻造出来的革命文化鲜明地展现出“革命为了人民”的大众化特性。

4. 具有时代性

时代性意味着马克思主义是一种与时俱进的理论。它不是一条黄金法则，但它随着时代的发展不断更新其思想内容。革命时代需要马克思主义，和平时代还需要马克思主义。中国革命文化在革命时期发挥了重要作用，在和平时期也发挥了积极的导向作用，我们需要进一步把它作为提高文化信心的思想源泉和精神力量。

（四）中国革命文化为文化自信提供精神动力

文化与社会生产活动是联系在一起的，随社会生产的发展而发展。中国革命文化不仅是中国革命斗争的集中体现，也是中国革命者从事革命生产，充实革命生活的生动写照。随着革命形势的不断变化，革命文化也在改变它的形式，不断更新它的内容。对待中国革命文化与对待中国传统文化一样，一定要用科学的态度，既要尊重历史，又要面向未来；既要看到传统文化的历史性，尊重历史的事实，又要继承和发展优秀的传统文化，这是对待传统文化、提高民族自信心的必要条件。同时，要准确定位传统文化在历史上的地位，调和时代的需要，利用优秀的传统文化资源，在更大程度上为现代化服务。近代以来的文化发展是在经济全球化和文化多样性的背景下进行的。如何对待和选择古今文化和中外文化，是关系到中华文化传承和发展，关系到改革和文化创新的重要问题。在这个问题上，我们坚持马克思主义文化观，坚持具体问题具体分析的科学态度，既反对一成不变地加入中国传统文化，也反对对中国传统文化的普遍否定。我们把对传统文化的批判和传承与对外来文化的借鉴和学习结合起来，在融合中华优秀传统文化的基础上，感知我国民族文化的创新和发展，为我们树立和加强文化自信提供新视野、新思路、新内容。

中国革命文化是中国共产党在峥嵘岁月中的生活缩影，是中国共产党精神形象的真实写照。中国革命文化是中国共产党领导人民创造的精神财富，是中国传统文化的重要组成部分。与和平时期相比，中国革命已成为历史，但中国革命文化仍在延续，革命精神依然激励着不怕困难的勇士，是建设文化强国的动力源泉，是保持我们党的纯洁性和先进性的铁证和启示，尤其是我们坚定文化自信的重要因素。在新时期，我们开发中国革命文化资源，揭示中国革命文化的现代价值，发展中国革命文化，使中国革命文化的智慧与“四个自信”相融合，强调中国革命文化的精神力量，使中国革命文化成为支撑中国国家走上繁荣昌盛的道路的中坚力量。

中国革命文化在和平年代之所以还具有一定的价值，源于它的革命精神和革新力量与当代中国人民的文化诉求和价值遵循是一致的。中国革命文化能够破除中国人民的传统观念，指引中国人民敢于直面社会，勇于攻坚克难，以“初生牛犊不怕虎”的精神去推动社会的革新。中国革命文化虽然形成于新民主主义革命时代，但文化的内容和形式在当时得到了永久的保存，文化所固有的精神特征并没有随着时间的推移而消失，而且仍然是现代中国人的文化诉求和价值观。与此相适应，它不断地向中国人民灌输“不忘从头开始、不忘勇往直前”的决心和信心。这就是为什么每当我们走进人民英雄纪念碑、红色革命基地的时候，都会有一种虔诚感，这就是中国革命文化的现代价值。中国的革命文化是历史的，也是现在的。无论是传统的还是现代的，它始终指向中国人民民族复兴的道路。

中国革命文化是在中国特殊条件下形成的特殊文化，这种特殊文化在我国社会主义建设和改革开放中得到进一步运用和深化，与中国特色社会主义伟大事业和中华民族伟大复兴紧密相连，成为加强文化自信、建设文化强国的重要组成部分。我们必须清醒地认识到，中国革命文化既有继承中国传统文化的伟大品质，又有发展和超越中国传统文化的伟大品质。中国革命文化不仅保持了先进社会主义文化价值观的高度整合，而且为社会主义先进文化在中国的发展提供了丰富的内容和坚实的基础。继承、发扬和发展中国革命文化是新时代筑牢文化自信的必备文化资源，是助推中华民族伟大复兴难得的文化象征和精神力量。

三、社会主义先进文化

文化是时代进步的动力和象征。但是，文化也有落后和先进之分。文化只有在与生产力的方向相一致并满足人民日益增长的精神需求时，才有能力和资格引领时代不断向前发展。先进的文化始终推动着人类文明的发展，通过某些意识形态系统和原则规范来引导人们的思想和行为。自成立以来，中国共产党一直代表着先进的中国文化的前进方向，坚持马克思主义与中国传统文化的融合，并建立了适应我国社会发展新要求的社会主义先进文化。到如今，社会主义先进文化已经成为我国文化建设的主要内容，成为我们坚定文化自信的基本精神来源，是撬动中国改革开放的强大动力，代表着时代进步潮流和发展要求，是指引中国走向繁荣富强的精神旗帜。

（一）社会主义先进文化的基本内涵

文化是历史的一个范畴，是相对的，不是绝对的。我们认为文化是先进的或落后的，主要取决于它在社会的发展和进步中能否发挥积极的作用。落后的文化是社会发展和进步的障碍，能促进社会发展和进步的文化是先进的文化。有些文化在某一阶段是先进的，而有些文化对社会发展能产生持久的推动作用，在人类文明长河中一直保持先进性。社会主义先进文化肯定是一种先进文化，而且是一种持久的先进文化。因为社会主义先进文化是以马克思主义为指导，以培育有理想、有道德、有文化、有纪律的公民为目标，发展面向现代化、面向世界、面向未来的，民族的科学的大众的社会主义文化。社会主义先进文化是中国共产党在长期的社会实践中对文化的认识和发展所形成的集体智慧的结晶。

社会主义先进文化是代表和领导当代中国主导地位的文化。社会主义先进文化继续继承中国传统文化的优秀品质，结合新时代的需要，汇聚时代新元素，使中国传统文化具有鲜明的民族文化特色。社会主义先进文化是中国共产党在马克思主义领导下，根据我国社会主义初级阶段的基本国情，在建设中国特色社会主义的大环境下形成的先进文化。由于我国国情的特殊性，我们根据中国人民的实际需要，对社会主义文化体制进行了一系列改革，取得了巨大成功，形成了社会主义先进文化的主要内容。中国共产党始终走在先进文化前沿，以长远眼光深刻认识社会主义本质，大胆探索社会主义道路，走了一条资本主义以外的中国特色社会主义道路。中国特色社会主义道路是中国共产党发展社会主义文化的重要体现。没有社会主义先进文化的理论指导和精神动力，改革开放就可能出错。实践证明，社会主义先进文化反映了我们对和平时代文化发展和世界文化趋势的正确认识。它反映了我们建立和坚定文化信仰的文化资源和文化态度。

社会主义先进文化源于对中国优秀传统文化和革命文化的深刻认识。它起源于这两种文化，但与两者又都不相同。社会主义先进文化的一个鲜明特点是它是在和平的改革开放时代产生和发展起来的。社会主义先进文化是以中国优秀传统文化和革命文化为基础，在此基础上进行改造和升华的。领导这三种文化传承和发展的中心机关是中国共产党。新中国成立前，中国共产党带领中国人民进行艰苦的革命斗争，以革命胜利完成中华民族复兴的第一阶段，形成了中国革命文化。新中国成立后，中国共产党仍在探索和推进社会主义政治、经济、文化等一系列改革，创造出适合中国道路的先进社会主义文化。这是改革开放后我国文化建设的出发点和基础。社会主义先进文化的形成，使我们认识到文化在国家和民族发展中的重要地位。文化是政治经济的产物，也是政治经济发展的重要组成部分。社会主义先进文化作为中国共产党开拓社会主义智慧的结晶，对促进我国经济政治发展起着不可估量的作用。

社会主义先进文化就像中国共产党在社会主义研究中的智慧结晶一样，在推动我国经济和政治发展方面的作用是其他文化无法比拟的。社会主义先进文化赋予了我们文化指导，引领着建设有中国特色的社会主义的伟大事业，使我们走上了最适合自己的文化发展道路。与此同时，我们将这种文化视为文化的内容和基础。我们相信，随着中国特色社会主义实践的深入发展，这种文化的力量将加强其科学性。

与其他文化一样，社会主义先进文化是一定时期的产物。社会主义先进文化植根于中国特色社会主义的特殊实践中，根据我国现代社会发展的基本要求不断丰富其思想内涵。其时代特征非常鲜明，是中华民族集体智慧的体现，具有民族特色。以马克思主义指导思想为基础的社会主义先进文化，捍卫真理的客观性，反对封建制度的偏见，具有严格的科学性。社会主义先进文化坚持以人民为中心的发展思想，代表中国广大人民群众的意愿和利益，服务于人民大众，具有鲜明的群众性特征。社会主义先进文化揭示社会发展客观规律，能够反映社会未来的发展方向，具有一定指向性特征。社会主义先进文化对我国文化发展的统摄和引领作用，体现了我国文化发展的世界性和民族性的统一，科学性和主体性的统一，先进性和广泛性的统一，实践和理论的统一，继承性和创新性的统一，一元性和多样性的统一。

社会主义先进文化的一个鲜明特点是，它不是一成不变的，而是一直保持着对民族文化的传承与创新，时刻保持着与时俱进，批判性地吸收和利用外来文化。社会主义先进文化在我国社会领域中具有先进性的具体表现是，可以根据人民的实际需要解决社会的现实问题，达到现阶段我国文化发展的目标。它能够聚合或整合各个地区、民族和社会阶层的文化，成为社会主义核心价值观的文化涵养，起到凝聚力和离心力的作用；它能够处理和化解社会矛盾，广泛协调各种文化的发展，创造人民满意的精神文化，促进人类社会向共同利益的文化方向发展。先进文化制度决定了我国文化建设的先进性，也体现了我国文化制度的优越性。党的十九大报告再一次强调了社会主义先进文化的基本内涵，就是“面向现代化、面向世界、面向未来的社会主义文化”。当前，我国文化的发展仍然集中在先进的社会主义先进文化上，要结合国内外文化发展的有利时机，实现我国的社会主义文化繁荣昌盛。

（二）社会主义先进文化的基本特点

不同文化具有不同的特点，社会主义先进文化除了具备文化的一般特点外，还有自己的一些优势特点。首先，社会主义先进文化最根本和最突出的特点在于它的“主体性”即“人民性”。社会主义先进文化是一种可以满足普通民众精神需求的文化，它的人民性非常明显。社会主义先进文化的发展是以人的全面发展为出发点和终点的，实际上这与其他文化是不同的。反映人民的政治、经济和文化诉求，基于人民的根本利益，满足人类社会全面发展的理想和基本要求，这是社会主义先进文化的根本体现。人民群众是历史的创造者，是文化的创造者，同时享受着他们创造的文化。社会主义先进文化坚持以人民为出发点，不断满足人民群众的精神需要和审美爱好。社会主义先进文化的目的是在实践中找到人民群众的动力和文化创新和发展的源泉，通过群众的实践检验人民群众发展的有效性，并且通过文化的精神风貌和发展状态来反映人民群众的根本诉求。社会主义先进文化不仅停留在人们所需要的文化的表层，而且强调文化促进人的全面发展的综合功能。社会主义先进文化深刻地融入了党的党性原则，把“为人民服务”作为自己的发展方向，有明确的宗旨和方向，这是我们信任的基础。随着我国社会主义市场经济的蓬勃发展和壮大，社会主义先进文化将引领我国文化产业和文化事业的良性发展，促进我国文化产业和文化事业的不断完善和更新。同样，中国的文化产业和文化事业都是以人为本、服务人民的。在社会主义先进文化的引领下，我们的文化产业将生产出一大批群众喜闻乐见、群众内涵丰富的文化产品，丰富人民的精神世界。这些文化产品蕴含着中华民族的文化符号，充满正能量和丰富的精神内涵，将成为群众建立和增强文化自信的强大动力。

其次，马克思主义与优秀传统文化的有机统一所展现出来的民族性和时代性特征是社会主义先进文化的鲜明特色。社会主义先进文化是在马克思主义普遍原理指导下，基于中华民族和谐文化的优秀传统，在符合中国国情的发展中对传统文化进行的创造性转化。它的民族性体现为文化创造中的独立自主性，是根据民族自身的现实的需要把本民族的优秀传统文化提取出来并加上现代化元素，最终转变成为适合我国新时期发展的先进文化。文化在任何时候都是民族性的，这是民族独立性的重要标志。只有独立的民族文化走向世界，为世界人民所分享，才是属于全人类的。社会主义先进文化虽然是一种先进文化，但它具有强烈的民族特色和民族精神。正是因为社会主义先进文化具有一定的民族属性，才被中国人民所接受和认可，用来照亮中华民族伟大复兴的道路。社会主义先进文化既是历史的选择，是人民的选择，也是时代的选择。社会主义先进文化是社会主义现代化、改革开放过程中，适应时代发展需要的文化，它也是中国传统文化与其他国家文化在碰撞、交流与合作过程中产生的文化。不管在什么时期，文化都是民族的，它是民族独立的重要标志。

我们的经济制度和先进的政党制度的优点表明，社会主义先进文化必然是先进和进步的。因为马克思主义作为社会主义先进文化的指导思想，本身就是进步的和与时俱进的。社会主义先进文化时代的特征，将引导中国人民永远站在时代的前沿，成为人类文明进步的使者。

最后，社会主义先进文化的重要特征是批判性和包容性。任何一种先进文化都是在旧文化中创造和发展起来的，对旧文化有一定的批判吸收，表现出开放或隐蔽的批评特征。这种批评可能引发强烈的文化风暴。社会主义先进文化是在中国社会主义制度下形成和发展起来的，其批评主要是领导中国文化体制改革。它的批评不仅针对中国传统文化和外国文化，还包括对自身发展的批判。个人质疑意识的批判与转变是社会主义先进文化与其他文化的特殊区别。强大的自我批评和自我改造能力，使社会主义先进文化始终处于中国文化发展的顶端，帮助中国人民认识文化的纯洁和动荡，认清文化的优缺点，在各种文化中保持我们的文化地位，增强我们的文化自信。

社会主义先进文化的批判性决定了其强大的包容性，社会主义先进文化具有博大的胸怀，能够包容各国文化。只有包容别人，才能被别人所包容。历史多次证明，故步自封、孤芳自赏的文化是难以向前发展的，其终究会成为一种落后文化，被人们所抛弃。我们从社会主义先进文化的“三个面向”就能看出它的包容性特征。这种包容性主要体现在对世界文明成就的批判同化和创造性转化上。无论哪种文化优秀，它最终都会导致我们文化发展的新的创造性变化，成为我们文化的有益补充或与我们的文化和谐发展。

（三）社会主义先进文化引领文化自信的方向

文化自信是人们对自身文化价值的一种肯定，是对自身文化生命力持有的坚定信心，并积极承担自身文化赋予的使命和责任。近代以来，中华民族遭遇数千年未有之变局，中华文化也遭受前所未有的打击，中国人民一度对自己创造的民族文化失去信心。于是，破除文化传统，学习西方先进文化的新文化运动在中国大地上蓬勃兴起。但是盲目地引进和借用外来文化，其结果并没有改变中国落后挨打的现实。中国共产党人把西方马克思主义文化与中国传统文化相结合，从西方先进文化思想中汲取合理的教训，批判地运用中国传统文化的优秀元素，创造了一种宏伟的革命文化，鼓励中国人民实现中国革命的伟大胜利。和平时期，中国共产党人仍然坚持马克思主义的方向，形成适合中国现代社会发展的先进社会主义文化。

社会主义先进文化不仅是对中华传统文化的进一步发展和深化，而且合理吸收了世界文明的优秀成果，具有鲜明的民族性、开放包容性、与时俱进性、科学性和大众化的特色与优势。社会主义先进文化正在紧随时代脚步，不断地发展和完善，以满足人民群众对美好生活的追求，从根本上提升中国人民对当前我国文化的认同感。

社会主义先进文化融合了优秀传统文化和现代文化，蕴含着中华民族深厚的软文化力量，支撑着中华民族不断探索。在社会主义先进文化的指引下，中国人民有足够的力量建立和加强文化自信，为民族复兴注入思想和精神光芒，从而创造更加美好的生活。中国共产党始终坚持代表先进文化的领导，始终同人民群众在一起，坚定马克思主义信念，以科学理论和方法为指导，不断开拓创新社会主义先进文化，同世界人民共享文化发展成果，为文化发展开辟了一条和而不同的道路。在构建人类命运共同体的过程中，我们必须努力用中国人的智慧和力量为世界文明和文化多样性做出贡献。在探索和发展社会主义先进文化中，形成了一批具有中国特色的文化体系、文化产品和文化理念，是汉语语音体系建设的有力支撑。

党的十九届四中全会提出："必须坚定文化自信，牢牢把握社会主义先进文化前进方向，激发全民族文化创造活力，更好构筑中国精神、中国价值、中国力量。"中国话语体系的构建必须有中国精神、中国价值、中国力量的体现和展示。有了中国话语体系，我们才有底气、有信心为全人类展示更好的社会制度，当世界人民向我们投来赞赏的目光时，我们向他们讲述生动的中国故事，他们也乐于倾听中国声音。有了中国话语体系，我们才有底气和信心打破西方对“中国崛起”的话语偏见，维护世界的长久和平与稳定，推动中华文化走向世界，促进世界各民族文化的和谐发展，为人类文明与进步贡献中国力量。

社会主义先进文化先进性的这一根本属性，就是始终顺应时代进步，不断感知自身的创新和发展。社会主义先进文化是动态的而不是静态的，是发展的而不是停滞的。每一个时代都有其相应的文化特征，每一种文化都承载着一定的文化使命。正是因为我们坚持科学的马克思主义文化观，立足于我国的客观实际，辩证地对待文化之间的纷争，合理地吸收和利用文化中的优秀元素，才能建立和确立我们的文化信任，在文化自信的道路上建设文化强国，实现民族复兴和文化复兴的伟大成就。

第三节　文化自信理论阐释与创新

一、文化自信理论阐释

问题是时代的声音，理论是对实践的回应。文化自信这一时代命题的提出，是习近平总书记回应时代提出的重大实践问题而进行的理论创新，这样的理论创新是习近平总书记在不断思考中深化认识、丰富思想和完善体系的过程。习近平总书记关于文化自信的重要论述蕴含着丰富的思想内涵、深刻的战略意蕴，具有鲜明的现实针对性和强大的实践指导作用，是基于文脉承接、文明承继，有助于夯实中国特色社会主义历史根基的经验总结。

习近平总书记对中华文化的充分尊重和高度赞扬，不仅彰显了中华民族在历史长河中对人类文明发展和中华文化进步的独特贡献，也昭示了中华文化的长盛不衰，能给人以新的动力，成为宝贵的精神财富，增强对自己民族的信心和自豪感，是伟大的中华民族复兴的精神支柱。他正式提出了文化自信的重要命题，发出思想先声，做了理论铺垫。

2014 年 2 月 24 日，习近平总书记在中央政治局第十三次集体学习时明确提出，中华文化源远流长，积淀着中华民族最深层的精神追求，代表着中华民族独特的精神标识，为中华民族生生不息、发展壮大提供了丰厚滋养，要努力用中华民族创造的一切精神财富来以文化人、以文育人、以文培元，增强文化自信和价值观自信。这是习近平总书记在党的十八大之后首次正式提出文化自信重大命题。习近平总书记对中华文化的历史作用和时代价值做出深刻阐明，也明确提出“以文化人、以文育人、以文培元”的时代任务，透露出以中华文化立心铸魂、凝神聚气的战略谋虑。

2014 年 3 月 7 日，习近平总书记参加贵州团审议政府工作报告时提出，一个国家综合实力最核心的还是文化软实力，这事关精气神的凝聚，我们要坚定理论自信、道路自信、制度自信，最根本的还要加一个文化自信。这是习近平总书记首次明确将文化自信与理论自信、道路自信、制度自信联系在一起阐述，并从凝聚民族精气神的力量之源上，强调文化自信的深远影响。

这一系列论断的提出，既十分清晰地勾勒出文化自信与道路自信、理论自信、制度自信之间的密切关联，也突出强调了文化自信的作用。“题中应有之义”“基础”“本质”“说到底”等一系列字眼，事实上已经把要在“三个自信”之后提出文化自信的缘由和意义说得非常透彻、十分明白了，而“更基本、更深沉、更持久的力量”则把文化在精神层面上的涵养、支撑和引领的作用进一步凸显出来。把文化自信上升到“基础”的战略高度，深化到“本质”的内在层面，用“更基本、更深沉、更持久的力量”来阐释文化自信作为“三个自信”精神力量之源的作用，从五千多年中华文明的历史渊源、历史积淀和历史根基上强调文化自信对于道路选择、理论创新、制度确立的影响，使文化自信的意义得到充分彰显，从而也使文化自信作为“第四个自信”的地位得以明确。

文化自信在“四个自信”有机整体中的地位重要，也使人们懂得中国人增强文化自信，应该从中华优秀传统文化、革命文化和社会主义先进文化中汲取精神力量。从本质上讲，我们必须从历史和趋势的高度，联系中国文化的过去、现在和未来，赋予中国特色社会主义更深刻的历史渊源和文化底蕴，明确中国特色社会主义植根于中国文化的沃土，体现中国人民的意志，适应中国和时代的发展进步。这一探索是中国共产党和中国人民在坚持中华文化立场、延续民族文化血脉中发展起来的。它吸收了中华文化的丰富营养，继承了中华民族优秀的文化基因和独特的文化传统，具有鲜明的中国特色，焕发出勃勃生机。

此后，在 2016 年 11 月 30 日召开的中国文联十大、中国作协九大开幕式上，习近平总书记强调，文运同国运相牵，文脉同国脉相连，文化是一个国家、一个民族的灵魂。历史和现实都表明，一个抛弃了或者背叛了自己历史文化的民族，不仅不可能发展起来，而且很可能上演一段段历史悲剧。文化自信，是更基础、更广泛、更深厚的自信，是更基本、更深沉、更持久的力量。坚定文化自信，是事关国运兴衰、事关文化安全、事关民族精神独立性的大问题。习近平总书记将两个“三个更”连用，进一步从精神血脉和思想灵魂上阐明文化立国、兴国、强国的战略意义，明确了增强文化自信不仅仅是建设和文化发展的问题，同时也是一个长期的计划，要继承民族的基因和历史，延续民族的血脉和命运。此外，他还强调，只有增强文化自信，才能保证国家和民族的思想自信。只有自力更生，才能为中国特色社会主义理论和制度提供强大的精神支撑。

习近平总书记通过一系列的论断将文化自信作为中国特色社会主义的精神支撑的地位和作用阐明得十分透彻，与时俱进地将其纳入“四个自信”有机统一的科学整体中，使我们更加清晰地认识到，文化自信与道路自信、理论自信、制度自信之间的相互依存、相互影响、相得益彰的逻辑关系，从而明确中国特色社会主义是融道路、理论、制度、文化于一体的伟大实践，中国特色社会主义文化是中国特色社会主义道路、中国特色社会主义理论体系、中国特色社会主义制度的精神根基，提供着丰厚的精神滋养，发挥着强有力的精神支撑作用。

从“文化自信是更基本、更深沉、更持久的力量”到“文化自信，是更基础、更广泛、更深厚的自信”，是从作用阐释到地位明确的提升，是合乎理论逻辑的演进。从阐明文化作用到强调文化自信意义，从“三个自信”拓展到“四个自信”，是合乎实践逻辑的延伸。中国特色社会主义“特”在其独特规定性上，不仅体现在道路、理论体系和制度上，也体现在文明渊源和文化底蕴上。今天，我们所坚持和发展的中国特色社会主义，说到底是在中华文明大道上不断开拓马克思主义中国化的新境界，致力于创造中华文明新辉煌，绝不是跟在西方文明后面亦步亦趋，更不是“去中国化”“去民族化”地融入西方文明。在当代中国，坚持和发展中国特色社会主义，必须从独特的文明渊源和文化传统审视开创、坚持和发展中国特色社会主义的历史逻辑，把中华民族的过去、现在和未来一体贯通起来，从中华文化积淀的最深层精神追求中理解中华民族自立于世界民族之林、自主掌握命运和选择道路的战略定力。

二、文化自信理论创新

习近平总书记强调，我们讲要坚定道路自信、理论自信、制度自信，要有坚如磐石的精神和信仰力量。文化自信就是提供这种精神和信仰力量的根本支撑。文化自信是体现精神自强自立的力量。中国特色社会主义的特色彰显，不仅在于中国共产党和中国人民在坚持和发展中国特色社会主义时具有坚定的道路自信、理论自信、制度自信，还在于具有强基固本、凝魂聚力的文化自信。中国有坚定的道路自信、理论自信、制度自信，其本质是建立在五千多年文明传承基础上的文化自信。习近平总书记将文化自信与道路自信、理论自信、制度自信融合在一起进行论述，不仅从中国特色社会主义发展的长远大局和战略全局审视中国特色社会主义文化的力量、作用和意义，更为重要的是，从文化的底蕴、根脉和渊源上解读、分析出中国特色社会主义的特色与优势，阐明中华文化是中国特色社会主义道路、理论体系、制度形成与发展的深层内因和根本依据，强调中华文化是中国特色社会主义继往开来的巨大动力和宝贵资源，要求以文化自信为精神支撑来坚定道路自信、理论自信和制度自信。

（一）文化自信是更基础的自信

“国民之魂，文以化之；国家之神，文以铸之。”文化直接作用于国家和民族的思想灵魂和精神世界。独特的文明渊源和文化底蕴形成独特的精神世界、独特的价值体系，是国家和民族赖以安身立命的基本精神根基和灵魂依托。失去文化自信，国家和民族不仅无法前进，甚至会面临亡国灭种的危险。中华民族既坚守根本又不断与时俱进，形成涵括中华优秀传统文化、革命文化和社会主义先进文化的中国特色社会主义文化，这是凝心聚力的兴国之魂、强国之魄。坚持和发展中国特色社会主义的中华民族，只有以中国特色社会主义文化为引领，才能固根守魂，把稳思想之舵，明确前行方向。

改革开放以来，中国用40多年的时间迅速发展壮大，取得了举世瞩目的成就，实现了从站起来、富起来到强起来的历史性飞跃。这充分地说明，支撑中华民族发展的中国特色社会主义文化具有强大生命力，体现人类文明发展进步方向，是与中国人民孜孜以求的民族伟大复兴奋斗目标相契合，并且比资本主义文化更为先进的文化。历史证明，在马克思主义引领下，中国特色社会主义道路在中国走得通，中华民族完全有能力在中华文明大道上独立自主地实现现代化，不仅不需要融入西方文明，还能超越西方文明，创造中华文明的新辉煌。然而，中国发展到今天，国内还有个别人脑子里装的都是西方的思想观念和价值体系，好的方面言必称西方，差的方面就拿中国特色说事，对中国发展所取得的伟大成就视而不见，总觉得西方文明是主流，中华文明不与其接轨，就会被边缘化，无法跟上时代步伐，叫喊着“去中国化”“去民族化”。有的人则固守传统、思想保守，认为马克思主义是外来文化，它的传入是“鸠占鹊巢”“反客为主”，中华民族以马克思主义为指导思想是自我贬低，应该“卸掉马甲”“去马克思主义化”“认祖归宗”“以儒代马”。一个人文化不自信，要么被外来思想文化洗脑，沦为西方意识形态的吹鼓手，要么无法突破封建思想文化的禁锢，沦为封建腐朽思想的卫道士和所谓“儒教”复辟者。如果我们整个国家和民族失去文化自信，以虚无主义的态度对待中华文化，对待近代以来的中国革命、建设和改革的伟大实践，中国特色社会主义道路、理论体系、制度就会遭受他人的误读、丑化和抹黑，甚至会面临来自国人自己的怀疑、否定、厌弃。

中国特色社会主义根植于中国文化的沃土，不是从天而降的；中国特色社会主义不是天造的，它是在马克思主义指导下吸收中国文化的丰富食粮而产生的。只有具备中国马克思主义的理论成果和文化形态，才能形成和发展中国特色社会主义道路、理论体系和制度。没有当代中国文化，就很难正确认识当代中国，也很难清晰地认识中国特色，更不会产生道路自信、理论自信和制度自信。中国特色社会主义文化是中国先进文化，坚持和发展中国特色社会主义，离不开中国特色社会主义文化的定位和支撑。

对于中华民族而言，探索到一条符合国情的道路十分不容易，在这条业已被实践证明正确了的道路上不懈前行、接续奋斗更不容易。因为这条道路既不是传统的，也不是外来的，更不是西化的，而是我们独创的。中华民族是在马克思主义中国化的进程中，立足自身独特的国情和文化传统，独立自主地开创和发展中国特色社会主义的。中华民族的伟大复兴绝不是全盘西化能够实现的，唯有立足新的实践和时代要求进行改革创新，这需要有自主的思想灵魂、自强的理想信念和自立的精神意志，必须对中华民族得以安身立命、赖以发展壮大的中国特色社会主义文化，有着清醒认识和高度自信。坚持文化自信，中华民族就不会因为任何人、任何事、任何理由动摇坚持和发展中国特色社会主义的决心和意志，完全有信心独立自主地实现中华民族伟大复兴的梦想，完全有能力为人类对更好社会制度的探索提供中国方案。

（二）文化自信是更广泛的自信

文化是人们的精神家园，是凝聚人们的精神纽带。文化润物无声，无处不在，无时不有。其以无形的意识和精神影响着有形的现实和存在，潜移默化地影响着社会成员的思想和精神世界，滋养着一个国家或民族的世界观、人生观和价值观，深刻影响着经济社会发展的各个领域，已经渗透到生产生活的方方面面，具有强烈而广泛的号召力和凝聚力，是增强思想认同、情感认同的最大公约数。这就是为什么任何国家要站在世界各国之间，就必须发挥文化的作用，凝聚人心，形成共识。中华文化在认同、传承、创新中繁荣发展，经受了历史和实践的考验。它为中华民族保持团结统一提供了精神纽带，为广大人民群众表达民族认同搭建了精神家园，为全体中国人注入了强烈的家庭意识和民族共同体意识，这是最深厚的文化软实力。只有树立对中华文化的广泛认同，才能巩固我们对国家和民族的共同体意识，增强我们对中国特色社会主义的信心。

中华民族之所以能够从无数次的磨难中挺过来、走出来，一个很重要的原因就是世世代代的中华儿女培育和发展了独具特色、博大精深的中华文化，为中华民族克服困难、生生不息提供了强大精神支撑。在中华民族共同文化的培育下，中国人民形成了中华民族共同体意识、共同理想信念和精神追求，团结一致，形成了不可战胜的雄伟力量，具有走中国特色社会主义道路的思想决心。

人心相通相聚，根源在于共同的文化认同赋予人们共同的精神基因、价值认同和理想信念。人心的力量一旦被彻底激发、广泛凝聚，就会发挥出无比巨大的历史推动作用。任何一个国家和民族要团结全社会的意志和力量，就必须有一套与经济基础和政治制度相适应的思想文化。在经济全球化时代，文化的渗透和影响日益广泛，文化已成为民族凝聚力和创造力的重要源泉，成为国家最深厚的软实力。中华文化在几千年的传承和发展中积淀了中华民族共同的精神基因。它流淌在所有中国人的血液中，渗透到所有中国人的心中。它是增强民族认同感和向心力的精神血液和精神纽带。中国人无论生活在哪里，有什么样的地位和身份，只要对中华文化有自信和认同，就会有民族自信和自豪感，就不会忘记振兴民族、振兴中华的使命，为党在推进中国特色社会主义进程中团结带领群众取得的巨大成就感到骄傲，以坚定中国特色社会主义的信心。

回顾近现代以来中华民族的奋斗历程，之所以能够翻越“三座大山”，赢得独立、解放，继续发展壮大，是因为全党全国各族人民的同仇敌忾、真诚团结。改革开放以来，中华民族最基本的文化基因和当代文化精神在中国特色社会主义道路、理论和制度上得到广泛传播、弘扬和融合，这使中国特色社会主义成为共同理想、共同事业，焕发出蓬勃生机和活力。创造、坚持和发展中国特色社会主义取得的一切伟大成就，都是党领导人民群众团结奋斗的结果。今天，中华民族之所以在世界有地位、有影响，能在马克思主义中国化的进程中开创独具中国特色的社会主义，形成道路、理论体系、制度的中国特色，很重要的原因就在于，中华文化具有强大而广泛的感召力、凝聚力，使得中华民族凝结成为一个血脉相通的共同体和精诚团结的大家庭，保有自主选择、独立前行的思想定力，焕发出众志成城的精神力量。

在以和平与发展为主题的时代，资本主义制度与社会主义制度的竞争是文化软实力的竞争。没有文化自信，国家和民族的思想就会被外来文化同化，民族之间就会产生分歧，自己的事业就不会发展。西方国家对中国实行文化霸权，进行意识形态渗透，企图控制和颠覆中国特色社会主义的发展，使人民困惑，使人民分化，使中华民族分裂。中国特色社会主义是没有经验的创新事业，这样一种前无古人的伟大事业，越是要向前推进，不断谱写新篇章，就越需要形成血脉相通的命运共同体，形成最广泛的思想共识和精神力量。中华儿女同心同德，才能坚守住中国特色社会主义道路、理论体系、制度的思想防线和精神堡垒。中国特色社会主义事业是亿万人民共同的事业，只有通过文化无时不在、无处不有的熏陶、浸染，中国特色社会主义道路、理论、制度才能有机融入人们的精神生活，进而被广大人民群众所认知和认同，并不断内化为自觉体认和践行的精神追求。

文化的重要功能在于武装头脑、涵养灵魂。用中华民族创造的一切精神财富来化人、育人，用同宗同源的文明传统和文化基因来强化中华民族共同体意识，让每一位中华儿女都有中国心、中华魂，都在坚持和发展中国特色社会主义上有“不为任何风险所惧，不被任何干扰所惑”的思想定力、政治定力和战略定力，中国特色社会主义就能在更为广阔的舞台和空间中赢得发展。中国特色社会主义通过中华文化这一共同的基因、血脉和传统，渗透到中华民族的精神世界之中，转化为共同的价值追求和理想信念，嵌入中华儿女的民族认同、国家认同之中，转化为心灵交融、情感交汇的共同事业，就会产生强大的民族凝聚力和价值认同感。中国特色社会主义道路自信、理论自信、制度自信在文化自信中浸润、强化，融汇了国家认同、民族认同，就会在整个中华民族和全世界中华儿女中赢得最广泛的人心支持。

（三）文化自信是更深厚的自信

文化凝结着国家和民族的历史，也引领着国家和民族的未来。任何国家和民族的文化，都是经过长期酝酿、长期积淀、反复提炼、不断传承而形成的。5000多年的中华文明源远流长，赋予了中国特色社会主义深厚的历史文化渊源。中华民族无论面临怎样的战争和挑战，它始终能够屹立于世界民族之林，走出一条不同于其他任何国家或民族的文明发展道路，使中华文化具有悠久历史的强大内在精神力量，推动中华民族在实践的基础上不断发展和创新。中国特色社会主义是在改革开放新时期开创的，也是在传承中华文明基础上开创的，其思想文化的活水源头既深且厚，可以一直追溯到中华文明的历史起源那里。

习近平总书记强调，文运同国运相牵，文脉同国脉相连，数千年来，中华民族走着一条不同于其他国家和民族的文明发展道路。我们开辟了中国特色社会主义道路不是偶然的，是由我国历史传承和文化传统决定的，这条道路是党团结带领人民在新中国成立70多年特别是改革开放40多年的伟大实践中接续探索出来的，是在对近代以来170多年中华民族发展历程的深刻总结中走出来的，是在对中华民族5000多年悠久文明的传承中走出来的，具有深厚的历史渊源和广泛的现实基础。树高叶茂，基于根脉，重在滋养。从 40 多年的改革开放史、70 多年的社会主义建设史、1840 年以来的民族复兴史一直延伸和拓展到中华民族 5000 多年的文明史，习近平总书记的论断为我们深刻揭示了中国特色社会主义与中华文明一脉相承的历史逻辑，阐明了社会主义在中国彰显特色的文明渊源和文化根基，清晰地展示了中国特色社会主义背后的深厚的历史承续和承载，也从根本上明确了中国特色社会主义的最深厚的文化底蕴和最绵长的精神根脉所在。我们不仅要在深入把握中国特色社会主义的科学性和真理性的基础上增强自信，还要在深刻把握中国特色社会主义的文明渊源和文化根脉的基础上增强自信。没有对 5000 多年中华文明的传承发展，就不可能形成中国特色的道路、理论、制度。如果说，近代以来中华儿女革命、建设和改革的实践探索使中国特色社会主义具有坚实的现实基础，那么，对 5000 多年悠久文明的传承则使中国特色社会主义具有深厚的历史底蕴，使中华民族具有无比强大的前进动力。历史文化传统不仅是一个国家国情的重要组成部分，而且是一个民族选择发展道路、形成思想体系、建构社会制度的重要依据。一个国家、一个民族信奉什么样的主义，选择什么样的道路，坚持什么样的理论，实行什么样的制度，并不是某些人主观随意决定的，而是这个国家的人民立足文明传承，根据文化传统和现实需要决定的。对于任何一个国家和民族而言，割断历史、抛弃传统、断绝传承，只能自乱根基、自毁长城，这种数典忘祖的做法，不仅会葬送前人艰辛探索、艰苦奋斗的成就，还会走向歧路，输掉未来。

中国特色社会主义不是从天上掉下来的，是在马克思主义中国化进程中开创的，是在马克思主义和中华文化相结合中形成的，也是在我国历史传承、经济社会发展的基础上长期发展、渐进改进、内生性演化的结果。中华文明是中华民族一代又一代人在中国大地上传承与创造的文明，有取之不尽、用之不竭的文化养分，使中华民族有资格有条件把国家和民族发展放在自己力量的基点上，有底气有勇气不接受任何国家颐指气使的说教，不照抄照搬别国的发展模式。中国特色社会主义是我们党领导人民在实践的基础上实现文明传承和文化创造的结果。中华民族之所以能够不断谱写中国特色社会主义新篇章，使中国特色社会主义的发展呈现出“风景独好”的大局面，是因为中国共产党人不是历史虚无主义者、文化虚无主义者。马克思主义的历史主义者，从不认为中华文明不如西方文明。他敢于并善于以科学务实的态度对待中华文化，团结带领全国各族人民，创造中华文明的新辉煌。

中国文化是中国道路、理论和制度的基因、土壤、基础和血液。中华文明独特的思想、价值体系和精神世界，使中国的道路、理论和制度不同，使社会主义体现出中国特色。没有五千多年深厚的中华文化提供的丰富营养，道路、理论和制度犹如无水源的水，没有根的树木。中国特色社会主义无论是道路的选择和坚持，理论的传承与创新，还是制度的形成和完善，都是基于中华民族独特的文化认同、独特的精神世界和独特的价值观。这正是中国特色社会主义具有不同的实践性、理论性、民族性和当代性的原因。中国特色社会主义是当代中国文化的智力结晶和精神产物。它以中国文化为基质，以中华文化为母体、为滋养、为根脉。

只有厘清中国特色社会主义的历史渊源和文化根源，才能真正理解中国共产党和中国人民经过反复比较，为什么要选择马克思主义为前进方向，走社会主义道路；只有这样，我们才能真正理解中国共产党和中国人民为什么要毫不含糊地推进马克思主义中国化，创造、捍卫和发展中国特色社会主义。中国共产党和中国人民扎根中国大地、吸纳人类文明优秀成果、独立自主实现国家发展的战略是正确的，必须长期坚持、永不动摇。只要坚定文化自信，中华文明的历史就不会终结，中国特色社会主义的历史就不可能终结。把中国特色社会主义放到中华民族五千多年灿烂文化中来考察，从更深厚的历史渊源和文化积淀中理解和领会中国特色社会主义从哪里来、要到哪里去的历史大逻辑、大趋势，中华民族就拥有了更加深厚的自信，就能发展好今天的事业，续写中国特色社会主义华丽篇章。

第四节　文化自信在高校实践育人中的表现

一、文化自信的价值性深化了高校育人理念

就目前中国高校而言，我国独特的国情与文化，决定了新时代高校的育人理念要始终坚持中国特色社会主义道路。我们的高校是党领导下的高校，是中国特色社会主义高校。高校作为意识形态培育的主要阵地，其办学的主要目标就是为社会主义事业培育优秀人才。列宁曾指出："政治文化、政治教育的目的是培养真正的共产主义者，使他们有本领战胜谎言和偏见，能够帮助劳动群众战胜旧秩序，建设一个没有资本家、没有剥削者、没有地主的国家。"因此，由于中国优秀传统文化的优秀基因，中国高校教育理念的确立必须扎根于中国，积极贯彻党吸收中华文化的教育方针，树立以马克思主义为指导的教育观。高

校育人理念必须与国家发展方向紧密联系，确保高校具有培育社会主义事业建设者和接班人的强大地位。

二、文化自信的民族性明确了高校育人逻辑

在新时期的今天，从文化自信的角度探索高校教育机制，不仅可以深化当代大学生对民族文化的理解，增强文化鉴别力，树立自信，同时也可以明确新时期高校如何实现文化育人的逻辑，提高高校教育的实效性。从文化自信的角度来看，研究高校的教育机制并不容易。它需要经历一个逐步发展的过程，从文化感知到文化认同，再到文化自信。高校教育机制必须以文化感知为基础。文化感知是向学生灌输自己文化事务的基本观念，使学生逐步了解文化的基本特征，从而产生文化共鸣，进而为文化认同奠定良好的情感基础。在现阶段的育人过程中，如果高校不能为受教育者提供良好的文化体验，就会导致受教育者消极甚至矛盾的心理状态，使高校难以继续开展教育工作。因此，高校必须在育人过程中强化文化认同，通过强烈的文化感知过程，积极引导当代大学生认同中华优秀传统文化，使中国文化本身具有鲜明的文化认同度，使越来越多的公众能够理解中国优秀传统文化的魅力。在新的时代背景下，文化自信只有通过生成文化感知到文化认同的逻辑才能自发产生。

三、文化自信的开放性丰富了高校育人渠道

文化自信属于思想领域的内容，高等教育是一种常规的思想教育。构建良好的教育机制对提高大学生的文化自信有着非常重要的影响。反过来，大学生的文化自信也会影响教学机制的建设，影响高等教育的效率和质量。从文化自信的角度来研究高校的教育机制，无疑是一个宝贵的契机。一方面，文化自信的整合为大学教育机制提供了不同的路径，为大学教育增添了许多新的方法和渠道；另一方面，大学成功的人才教学离不开文化这个大环境，良好的文化环境有助于大学内部育人工作的成功开展。因为文化本身是充满活力的，文化本身就有这种感染力，这使得大学能更好地适应育人的过程。因此，在文化自信方面，对大学教育机制的研究可能会因学生教育的形式不同而有所不同，大学可以通过一种大家都喜欢的方式，“润物细无声”地进行育人工作，使大学育人的创新能力在一定程度上得到提高。通过积极弘扬中华传统文化，推进红色革命，加快推进社会主义先进文化建设，建立现代有效的社会主义文化体系，为年轻一代创造优质的文化环境，为大学生的发展创造良好的条件。

第二章　高校实践育人的内涵与发展

学生可以通过课堂教育获得理论知识，但是获得知识、提高个人素养、发展能力，只是通过课堂教育是很难实现的。实践育人作为一种集综合性、实践性、开放性为一体的活动，能让学生的主动性与学习的主体地位最大限度地发挥出来，学生可以在实践过程中掌握课堂理论知识和提高实践操作技能。本章将从内涵、理论基础、特点、原则、传承和发展等方面对高校实践育人进行阐述。

第一节　高校实践育人的内涵与理论基础

一、高校实践育人的科学内涵

高校实践育人是遵循马克思主义教育原理的基本要求，以学生的理论知识和间接经验为基础，通过鼓励和引导学生组织和参与有利于自身成长与发展的各类实践育人活动，提升综合素质，实现全面发展。

课堂教育可以为学生提供理论知识，但是，知识的获得、素质的提高、能力的发展，仅仅依靠课堂教育，是不可能实现的。实践育人是一种综合性、实践性、开放性的活动，它可以最大限度地发挥学生的主动性与学习的主体地位，让学生在实践过程中把握课堂理论知识、提高实践操作技能。在实践的学习过程中，有些不适合采用书本等正统方式进行逻辑说明的，可以采用非正规的实践的方法让学生接受，从而使学生在现实生活中，通过自身体验与感悟，理性地对学过的知识进行应用、反思、创新，实现自己的全面发展。

二、高校实践育人的理论基础

（一）必须与马克思主义育人观相符

辩证唯物主义的认识论把实践放在首位，主张人的意识离不开实践。实践是知识和发展的源泉，是从主观性到客观性的活动。它反对否定实践重要性的错误理论，把认识从实践中分离出来。它强化了教育的实践环节，使学生脱离知识的丛林，并提高学生的技能水平。马克思恩格斯的著作从内容、教育是什么、教育的目的是什么、如何准备等方面阐述了人的全面发展的教育思想。他们认为社会工作和其他社会实践对人类的成长和发展至关重要。换句话说，工作是实践，通过工作教育人是实践。从这一点上，我们可以找到马克思主义关于人的全面发展的教育观。马克思认为，劳动是人与动物最重要的区别。劳动是人类主动向社会和自然转化的过程，是人类与其他自然动物区别的最重要标志。通过工作，人类不仅改变了世界，而且不断进化，最终走向全面发展。在教育中，教育是从实践中诞生的，实践和教育是不可抛弃的。只有不断地实践才能不停地进步。从这个意义上讲，真正教育人是非常必要的。

（二）必须遵循党和国家领导人的实践育人观

“少年智则国智，少年富则国富，少年强则国强。”青年人是祖国的未来和民族的希望。在新时期，江泽民、胡锦涛及习近平等党和国家领导人都对青年学生健康成长、全面发展提出了希望和要求，对青年学生具有深刻启迪，也为教书育人指明了方向。

在实践育人方面，江泽民反复强调，要实现教育创新，必须坚持和发展符合国家和社会发展要求的教育思想，坚持党的教育方针，坚持教育为社会主义事业服务，坚持教育与社会实践相结合。同时，要充分探索新形势下教育发展规律，更新教育观念，培养适应 21 世纪我国经济社会发展需要的教育理念的人才。要通过深化改革，不断完善和健全适应社会主义现代化建设要求的教育体系，推进素质教育，全面提高教育质量；充分利用现代科技手段，大力提高教育现代化水平；面对现代化、面向世界、面向未来，必须加大教育对外开放力度。我们要在继承中华民族优秀教育传统的基础上，积极借鉴世界先进的学校管理经验，提高我国教育的国际竞争力。他强调，贯彻党的教育方针，推进教育创新，培养大批高素质人才，离不开教师的辛勤劳动。我国教师必须以身作则，做先进生产力和先进文化发展的推动者，做青年学生健康成长的向导，努力成为无愧于党和人民的灵魂的工程师。要建立和进一步完善适应我国教育发展需要的开放灵活的教师培养体系，努力造就一支高素质的教育师资队伍。中国各级各类师范院校都必须适应新形势新任务的要求，深化改革，为中国式教师培训体系建设做出进一步贡献。

胡锦涛同志还对青年学生提出了希望，反复强调年轻人必须有自己的个性，有能力、识大体，他希望学生将创新思维与社会实践相结合，他强调科学理论的创新始于实践，并付诸实践。他指出，必须勤奋，善于思考，善于探索，善于创新，激发好奇心，提高创新思维的能力，不断了解真相和理解真相，同时必须结合实践理论，积极参与社会实践，提高大众单位的素质，转变工作作风，发现新知识，运用实质性知识，并在解决问题的过程中不断实践。我们必须继续提高我们的实践能力，创新和开展业务，建设国家，学习为人民服务的优秀本领。他希望学生把全面发展和个性发展结合起来。全面发展与个性发展相辅相成，在发展个人兴趣、经验和潜在优势的过程中，要在正确处理个人、集体和社会关系的基础上，保持个性，亮出本色，实现思想成长、学业进步和身体进步的有机结合，以及心理健康、德、智、体、美相互促进、有机结合，实现个人的全面发展。

党的十八大报告明确把“立德树人”作为教育的根本任务，党的十九大报告进一步强调，“落实立德树人根本任务”“培养德智体美全面发展的社会主义建设者和接班人”。这是中国共产党理论创新在教育领域的鲜明成果。“立德树人”由此成为新时代中国教育理念和实践的一个核心概念和最大亮点。中国特色社会主义进入新时代以来，习近平总书记多次强调，“学校是立德树人的地方”，“人无德不立，育人的根本在于立德”，“要坚持把立德树人作为中心环节”。立德树人，本质上讲是以德为先，强调品德教育和能力教育的高度融合。要坚持好立德树人的教育理念，关键在丁结合新时代中国特色社会主义的发展新要求，真正解决好“培养什么人、怎样培养人、为谁培养人”的问题。这既是一个实践问题，又是一个理论问题，还是一个历史问题。习近平总书记强调，古今中外，每个国家都是按照自己的政治要求来培养人的。这深刻揭示了“教育为政治服务”的本质。教育有鲜明政治属性，这一点，古今中外，概莫能外。我国是中国共产党领导的社会主义国家，这就决定了我们的教育必须把培养社会主义建设者和接班人作为根本任务，培养一代又一代拥护中国共产党领导和我国社会主义制度、立志为中国特色社会主义奋斗终身的有用人才。一个国家没有先进的科学技术“一打就垮”，而没有合格建设者和可靠接班人“不打自垮”。从这个意义上说，教育是最大的国家安全。不论教育发展到什么阶段、发展到什么程度，为党育人的初心不能忘，为国育才的立场不能改。

习近平总书记指出，今天，党和国家事业发展对高等教育的需要，对科学知识和优秀人才的需要，比以往任何时候都更为迫切。“优秀人才”和“科学知识”是经过实践淬炼的人才和能够服务于实践的成果。我们唯有深切体会这种迫切感，以实践育人为载体，全面深化教育改革，才能为中华民族的伟大复兴贡献更大力量。

（三）与思想政治教育的规律性相符

思想政治教育的目的是促进社会和个人的发展，提高思想道德水平，通过思想教育，个人的道德水平是思想政治教育的重要表现。人的思想道德的形成和发展是一个主体与客体相互作用、相互协调的过程。这一过程是在实践的基础上总结出来的。思想政治教育规律告诉我们，在社会实践中，主体只能与客体相联系，因此，人与社会之间的社会实践在一定程度上对培养人的思想道德起着基础性的作用。首先，主体在社会实践活动中逐渐获得思想认识，通过对思想的理解内化到自己的思想品德中，并逐渐用来定位自己的社会实践活动，成为实际行动，然后坚持成为行为习惯。在新的社会实践中，在外部社会评价和自我反思的帮助下，主体开始了新的主体与客体的互动，再一次获得了对前一阶段思想道德品质的额外认识，进而成为一种科学的行为，使人的思想道德水平不断提高。因此，社会实践是提高人们思想道德水平的重要环节，高校思想政治教育的提高离不开社会实践。

三、高校实践育人体系

（一）目标体系

目标体系是整个实践体系的定位和导向，统领各个实施流程。对目标体系的明确化、完善化是实践育人的实践者和研究者的首要任务。实践者和研究者需要根据总纲领合理配置各层级内容和执行者，同时在实践反馈中不断修正子目标，确保其既符合教育部核心政策要求，又具有可操作性。

虽然实践育人的目标体系非常清晰，但是在实际运作时会出现一些问题。首先，由于子目标的制定是因时、因地、因人制宜的，不同环境下可能采用不同目标，而不同对象也会采用不同目标，或培养多种目标。例如，对于大二学生的实践育人，在培养认知、情感领域的目标的同时，也要培养实操领域的目标；而大三、大四学生在培养的多元目标类型上基本一致，只是程度之间有差别。其次，子目标可能具有阶段性，会因时间段、年龄段等而变化。例如，学年平时制定的小目标与毕业前要达到的大目标相比属于短期目标，但又是青年学生社会人生规划的长远目标的有机组成。最后，目标的推行可能因人为因素而产生一定的混乱或误区，偏离初衷。目标只是一个起始方向的拟定，由于执行者的主观性，随着实践项目的推进和拓展出现一点偏差很正常，那么执行者和指导教师、部门要做的就是解决理论与实际的偏差，对模糊的航向加以调整，在保证原定基本目标落实的基础上容许一定的延伸。针对目标的繁杂性，笔者建议让一线的实践指导教师参与目标体系的构建，建言献策。

（二）内容体系

思想政治教育实践的内容体系分为价值体系、规范体系、需要体系和问题体系四类。

价值体系是正确的实践观、人生观、世界观，包括整体价值观和在实践项目中的具体体现。规范体系是对实践制度、实践平台、实践流程、指导和评估团队等做一系列规范，这是对实践主体负责，也是对实践效果负责。需要体系是从教育对象本身出发，根据其学习需要、职业发展需要、素质培养需要来制定相应的实践内容。问题体系是以常规教育系统未能解决的问题、未能达到的目标为出发点，来制订实践计划的。需要体系和问题体系还建议考查学生个体的需求，采取个性化的实践解决方案，这两块体现了思想政治教育实践体系的亲和力和以人为本的特征。

中共中央、国务院《关于进一步加强和改进大学生社会实践的意见》（以下简称《意见》）对当代大学生的社会实践做了新的要求，也详细规定了实践的具体内容。笔者将四个体系与国务院规定的具体内容做一横向对应，同时展现出不同内容的纵向层次性，显示出其分对象、分阶段、循序渐进的特性（图 2-1-1）。其中基础层次是规范体系，导入层次是需要和问题体系，主导层次是价值体系。

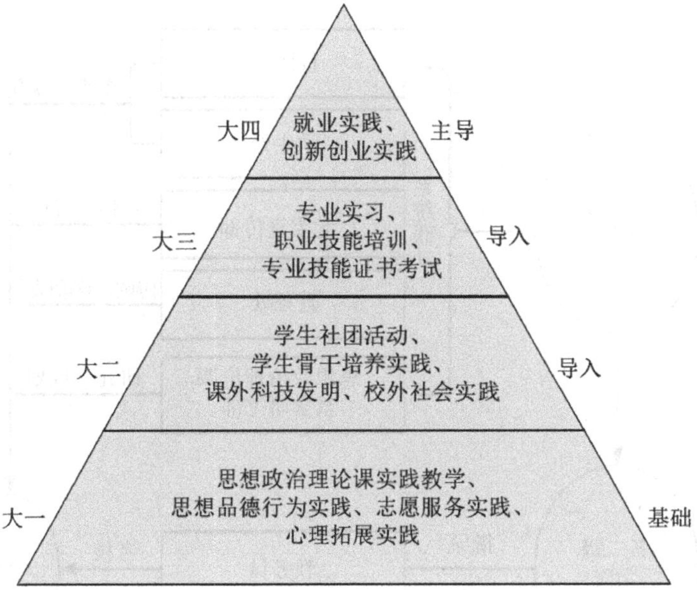

图 2-1-1　实践育人的内容体系

其中，规范体系起基础作用，价值体系起主导作用，需要和问题体系起导入、补充和调整作用。对大一学生来说，实践内容偏向基础；大二和大三加入更多问题和需求的导入；到了大四，实践内容对于学生的毕业深造起到主导作用。需要注意的是，实践育人的各个层次的区分不是绝对性的。不同学校的侧重点、不同学生的需求点不同，实践安排不是死板的。但是这个层次具有内在发展逻辑，前一个是后一个的基础，后一个是前一个的进阶，具有一定的参考价值。四个体系相互补充，相辅相成，共同构建了一个有机、完整、较为普适的大学生实践进阶模型。至于如何在层次内部拣择，如何高效推动各个层次对接，是需要高校和师生不断思考的问题。

（三）组织体系

组织体系是思想政治教育实践的管理和运营体制，实现对高校资源的配置。一所高校的社会实践体系是否具有竞争力，在很大程度上取决于组织管理体系是否科学、完善、有生命力。

要想整个组织体系有序运转，首先需要建立一个完备、强有力的领导小组。组织体系的领导小组一般采用“纵向三级领导”与“横向六大部门”相协作的模式，在统一部署、纵横管理的同时，使各部门分工明确、各司其职，提高实践活动的组织和管理效率（图 2-1-2）。

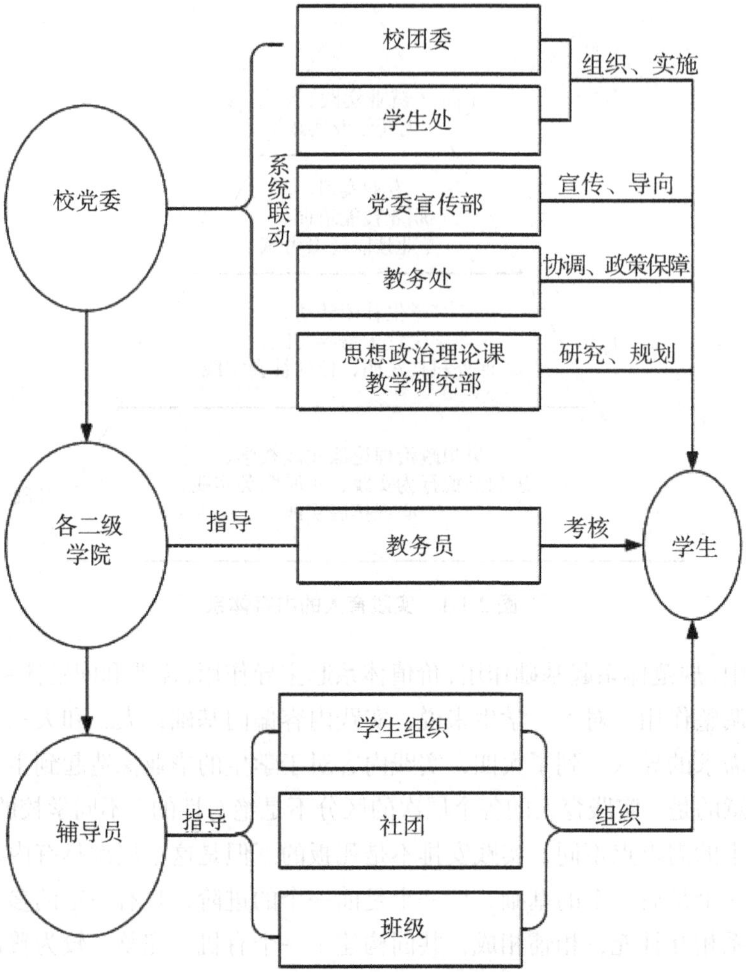

图 2-1-2　实践育人的组织体系

其中，“纵向三级领导”分为校党委、各二级学院和辅导员三块。校党委负责全局规划和宏观调控，根据《意见》的要求结合本校特性制定实践育人体系的总体方针，作为各部门实践工作的最高指引；各二级学院又要根据学院特色将总体方针做适应性的调整，将具体工作分派到执行队伍身上，是校党委与院系各级教员的纽带；辅导员承担了主要的一线工作，包括对学生实践的指导、认证、组织、协调等。

“横向六大部门”分为校党委、校团委、学生处、党委宣传部、教务处和思想政治理论课教学研究部。下面简要介绍各部门在实践育人方面的具体工作。

校党委统领学校的思想政治建设和教育工作，需要将中央文件精神与本校办学理念相协调，研究、制定新时代本校社会实践的总体纲领。其职责包括构建和完善实践育人制度，建立实践育人的领导小组，组织实践育人方面的探讨、报告会议，对实践育人的工作展开全方位的指导和统筹。

校团委与大学生群体的联系更为密切，对大学生有着较强的感召力和动员力，对于学生社团及其他实践活动有较强的引导作用。因此，校团委应该利用这一优势，对学生的实践积极性深入鼓动，当他们的方向有偏差时及时纠正，避免其走进“图名声、图潮流、图新鲜”的误区。校团委应密切关注学生的实践活动动向，确保他们各个阶段、各个层级的目标都符合育人要求，让学生在活动中能真正地锻炼专项能力，提高综合素质，实现德智体全面发展。

学生处负责学生的日常思想政治教育和其他管理工作。学生处需要根据校党委的指示，将实践育人方针贯彻到学生工作中；制定社会实践的激励机制，如调整实践学分，将实践成果与学生评优、入党、奖学金等评级挂钩；通过收集学生的建议、反馈等拓宽实践渠道，改进实践形式，来调动学生的参与积极性。

党委宣传部负责管理学校的思想政治宣传工作。一方面，利用其对政策和媒体风向的敏感性，广泛收集实践环境和资源方面的信息材料，为实践育人的教育和执行部门提供决策辅助；另一方面，加大对实践育人的宣传力度，在校内外各大渠道广泛宣传实践的重要性，包括海报、宣传册、广播电台、校官网微博、学生邮箱等，并对优秀实践活动的成果、报告加以报道和展示，起到良好的示范效应。

教务处负责日常的教学管理。传统的教务工作完全将实践工作排除在外，习惯性地认为实践活动“是学工的事，与教工无关”，从而导致大部分教师都对实践工作抱着置身事外的态度，而且不能对实践育人形成系统化的考核和评价。要提高全体师生对实践活动的重视，最好、最直接的方法是将其纳入教学考评系统，提高所占学分比重，设为必修课，置办教材，并制定考核办法。社会实践由于涵盖面广，形式多样，学生的选择各异，有些实践活动的成果（如志愿服务、支教）甚至难以量化，就是可以量化，不同类型的实践活动（如职场实习和社团活动）之间也不具可比性。因此如何制定出一套详细、合理、科学的评测办法需要教务处仔细考量。除此之外，实践育人在教师方面的管理和考核也是一大问题。将实践活动加入教学后，如何组织相关教师的培训、计算支付教师的酬劳、调配教师的工作时间和精力、保证教师健康良好的心理状态，又给教务处带来一系列挑战。针对实践育人教师队伍的配置和管理，需要考虑到教龄、工作稳定程度、爱岗敬业程度、实践文化素质、薪酬要求等因素，经过领导小组的研究探讨，理出一套详细的管理办法和考核办法。

思想政治理论课教学研究部，简称思政部，负责学校的思想政治理论教育和实践指导。由于他们具备充足的思政知识，对国家的政策和时代思潮有深刻的认识，所以是很好的实践导师人选。对上级来说，思政教师能以自身的专业优势为校党委的决策建言献策，同时积极响应他们的实践号召；对下级来说，他们能发挥思想沟通的专长，深入学生群体，带动他们选择有道德意义的实践活动。

总体而言，思想政治教育实践育人领导小组应由各部门的领头人组成，有利于将实践工作与其他职能、工作相协调，有利于各部门资源的调配；同时由于垂直管理，避免了各部门产生相互推诿的问题。

校党委应当赋予领导小组一定的人力、物力、财力的调配和管理实权，以便各级人士都意识到实践活动的重要。在上述“三级领导、六大部门”的纵横组织体系上，进一步从实际应用中发现对应级层或部门的问题，做到相互反馈、协同共进，为健全实践育人的组织体系而努力。

（四）保障体系

保障体系是保证思想政治教育实践顺利开展的必要条件。若保障体系不健全，就会大大影响实践活动的有效性。一般来说，实践育人的保障体系分为制度保障、经费保障、队伍保障和基地保障四方面。

制度保障是管控整个实践育人体系的基础，也是落实其他保障的前提。现阶段高校对于实践育人的制度建设需要与法规政策相协调，与全面素质化教育相对接，与大学生成长发展相适应，为实践活动做好扎实的全局部署。良好的制度保障是包括从总战略、总规划到各个部门管理办法、各个环节实施办法，再到具体问题的应对细则都清晰齐备的系统化保障。首先，各大高校需根据本校校情制定《高校思想政治教育实践育人实施意见》，作为实践育人体系的基本原则和总纲，一方面阐明思想政治理论与实践互动的重要意义，另一方面对组织、保障、实施、评价等各个流程做出要求。其次，针对各个环节，高校还要分别研究、制定《高校思想政治教育实践育人组织管理条例》《高校思想政治教育实践育人教学方案》《高校思想政治教育实践育人导师选择意见》《高校思想政治教育实践育人经费管理条例》《高校思想政治教育实践育人基地管理条例》《高校思想政治教育实践育人评估和奖惩办法》，其中《高校思想政治教育实践育人评估和奖惩办法》又可以分为“学生篇”和“教师篇”。只有预先将各项实施办法和措施规定好，才能保证实际操作中样样有法可依、有例可循，从而有序进行。

经费保障是实践育人保障体系中的最大难点。以往高校的实践育人系统无法健全、实践育人活动无法有效展开，常常是因为启动资金不足。经费包括导师聘用成本、基地合作成本、学生项目补助和优级成果奖金等，经费难以到位既有开支大、筹集难度高的客观原因，也有学校重视度不足的主观原因。那么对于有财政条件的高校，需要提高对实践育人模块的重视度，保证实践工作严格、深入地开展；对于条件不足的高校，可以调整和拓宽融资渠道，除了学校划拨专项经费，还可以协调社会实践基地或实习单位提供一部分，鼓励学生本人去筹集一部分。这样，多元化的融资渠道减轻了学校的经费压力，深化了校企合作，又从筹资的角度锻炼了学生的社会实践能力，培养他们对个人项目独立、自主、负责任的态度。

队伍保障也是思想政治教育实践育人体系中不可忽视的一部分。指导教师的水平高低、经验多少有时直接决定了学生实践层次的深浅、效果的好坏。优秀的师资队伍必然与学校的办学理念相协调，具备丰富的专业知识和较强的实践能力，也具备较强的指导能力和创新精神。其中创新精神既指从实践育人的角度帮助学校拓展知识结构和教学面，也指对学生的实践指导和管理较为灵活，真正根据学生的个人发展需要予以个性化的指导和建议。只有具备创新眼光和格局的导师才能带出具有创新意识并付诸实践的学生。高水准的师资队伍建设除了制度和综合环境上的保障，还需要对管理模式进行改进。导师的备选人才可以是思想政治辅导员、思想政治教师，以及其他各专业的资深教师或者企业单位的资深工作者、领域专家等。由于实践育人模块不同于一般课程，开放性较大、涉及面较广，所任用导师之间的差异也较大，企业派和学院派人士的指导风格和标准不一，这就要求在师资队伍管理上多加重视，各部门带头人多加沟通，对聘请导师的整体素质严加把关，同时在教学中加强其对自身的培养。

基地保障属于保障体系中的硬件保障。高校的实践项目要想长期、可持续地传承下去，需要与社会各基地、平台达成稳定的合作关系。高校需要因地制宜地争取实践资源，包括和爱国主义教育基地、社区服务机构、企业或事业单位，甚至政府部门等机构建立合作或联系。与此同时应对合作机构的质量、信誉、安全水平等做足调查，确保为学生营造积极有益的实践环境。实践基地是大学生走向社会的跳板，是学校全面素质教育的体现，也是社区、企业文化和形象的宣传和展示。因此，校方应本着“合作共建、双向受益”的原则，从保障实践基地的角度将实践育人模式规范化，实现学生、校方和地方建设的共同发展和繁荣。

（五）评价体系

评价体系是实践育人体系中重要的总结和反思部分。一方面它是对实践育人目标的验证，另一方面是对实际效果的归纳。目标体系比较理论和抽象，相对来说评价体系更具有可操作性。评价体系具有可测定、可比对、可核验的特征，对实践育人的效果有一个系统化的衡量，作为进一步改进和调整的参考依据。此外，评价体系也是对实践主体、客体各方的一个约束和鞭策，是推动实践工作的客观动力。因此，评价体系是结合主体的需要和利益，以及客体的性质和规律而设计的，是必不可少的验收和反馈环节。

评价规则的制定既要反映实践工作的总目标，又要符合大学生的发展规律。从考察对象来说，思想政治教育实践育人的评价体系要考察实践态度、实践队伍、实践落实和实践效果等方面；从考察指标来说，除了知识能力之外，还考察思想素质、政治素质、道德素质、心理素质等。这里以考察对象为切入点，详细谈谈评价体系如何制定。

第一，实践态度。实践态度亦即对实践的重视程度，属于情感价值观的考察范畴。其包括是否坚持科学社会主义观念的领导，是否积极主动参与实践育人活动，是否积极应对实践中遇到的问题和困难，是否在实践中提高了对自我的认识，是否愿意了解社会、服务社会等。对学生实践态度的重视有两点原因：一看他们是否意识到理论和实践的差距，以及对此做出弥补、适应或抉择，坚持学以致用、以用带学的方向；二看他们是否学会将个人价值与社会价值协调统一，担起社会责任，做出社会贡献，投身于中国特色社会主义建设。思想指导行为，不只对眼下的实践活动，而且对大学生今后的实践活动有着辐射作用，因此应当列为评价体系中的第一考察对象。

第二，实践队伍。实践队伍即实践活动的主体，包括学生、指导教师、校方和校外支持机构。主要考察他们是否形成一个团结、高效的组织，面对任务是否各尽其责、齐心协力，面对问题是否积极协商讨论，以和谐、向上的心理状态和组织关系在实践中形成合力的效果。对实践队伍的评价和反思是为了优化队伍的配置，从组织的角度为实践工作的运转提供保障。

第三，实践落实。实施环节是实践育人工作的关键，是得出实践效果的前提。对于学生，要看实践活动的覆盖面和参与频率；对于教师，要看活动的组织情况，以及全程指导、跟进情况；对于校方和校外合作基地，要看对实践活动的支持和配合情况。这是最容易出问题的环节，能真正反映出师生、合作方对实践育人工作的积极性和响应力度，是进行其他维度，如态度、组织、成效的评估的客观依据，应当对这个评价环节给予足够的重视。

第四，实践效果。思想政治教育实践育人的效果包含很多方面，有价值观的培养，优秀意志品质的培养，分析问题和解决问题的能力的培养，职业能力的训练，对社会民情的体察感悟等。从企业和社区的角度来说，还有作为职业型、管理型和服务型储备人才的积累。

思想政治教育实践育人的评价体系目前在形式上以主观意见为主，以客观依据为辅。评价者根据一定的原则给出评语，通常只有对学生的评价，评价标准普遍单一，还有待各方进一步探究更加科学的评价方法。

综上所述，目标体系、内容体系、组织体系、保障体系和评价体系共同构成了高校思想政治教育实践育人体系。五大体系相互联系，相辅相成。目标体系为实践育人体系的导向，内容体系为实践育人体系的材料，组织体系为实践育人体系的职能，保障体系为实践育人体系的支撑，评价体系为实践育人体系的反馈。它们之间的相互作用关系如图 2-1-3 所示。

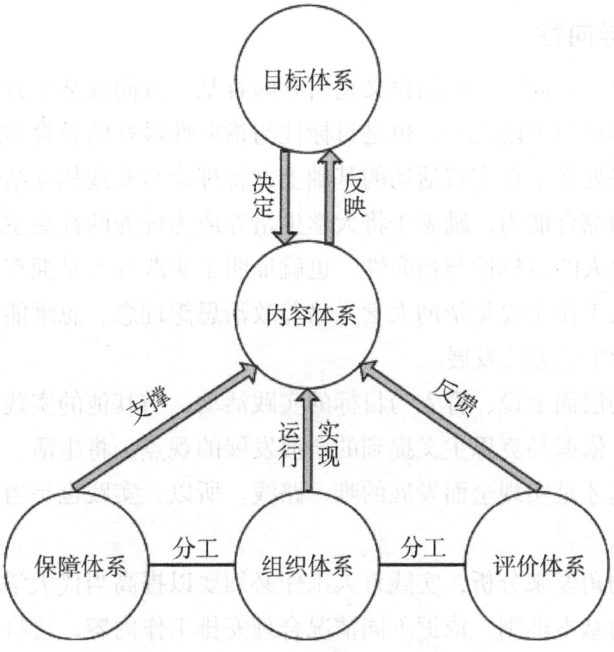

图 2-1-3　实践育人体系之间的关系

这一套体系是很多大学实践工作的参照点，也是他们推出特色体系的出发点。如中国计量学院的“三层七类”全方位实践育人体系就是在此基础上研究升级，有选择、有侧重地形成自己的实践运营模式的。需要指出的是，这一套高校实践育人体系只是基础模板，或者说最低标准，它的存在是为更加创新、先进的实践育人体系抛砖引玉的。

第二节　高校实践育人的特点和原则

一、高校实践育人的特点

在教育理念中实践育人是建立在马克思主义的实践观的基础上的，在尊重教育发展规律与人才培养规律的基础上构建出更加科学的教育理念，和教书、管理、服务学生等内容相辅相成，并建立更完善的高等教育系统。在高校的实践育人工作中，学生应被放在首要位置，在一切以学生为主的基础上让学生完成相关的实践活动。

（一）导向性

导向性中“导向”一词的含义是引导向着某个方向或某个方面发展。实践育人是教育活动的手段之一，也是目标性与指向性最好的教育实践活动。实践育人的最大好处在于在实践活动的基础上，将理论与实践相互结合，能全方位地提高学生的综合能力，励志于将大学生培养成为优秀的社会主义建设的继承人。而实践育人的目标性与指向性，也就证明了实践育人是拥有导向性的特点的。实践育人工作主要是帮助大学生培养政治思想理念、思维能力、实践能力等，促使大学生全方位发展。

从广泛的层面上说，育人为目标的实践活动，与其他的实践活动是存在一定的差异的。依据马克思主义提到的全面发展的观点，将生活、劳动实践和教育融合在一起才是实现全面发展的唯一路线。所以，实践也是当代大学生提升自我的方法之一。

从细微的角度来分析，实践育人工作必须要以提高当代大学生的综合能力和职业素质为基本准则，依据不同情况合理安排工作内容，再将实践育人的发展现状进行调整，进一步地详细计划和完整安排，评估和掌握实践育人的形式和结果等，确保实践育人活动能够顺利执行下去。

（二）参与性

实践育人是教育工作中重要的形式和内容，实践育人的基本准则也是育人，其区别于其他的理论知识的学习和其他模式的教育工作形式。实践育人的教育方式最突出的闪光点就是能够激发大学生的积极性。实践育人以提高当代大学生的自主创新能力和个人素养为基本准则，将主观思想建立在客观活动的基础上，通过带领大学生参与其中，使学生获得丰富的实践经历，收获更多的实践经验，并在实践当中展现个人的技能和长处，促进身心健康发展。

大学生是实践育人的对象，也是开展实践教学、军事训练、社会实践活动的主体。实践育人是以学生为主体的教育活动。实践育人的参与可以从以下三个方面来理解。首先，大学生是真正参与实践活动的人。实践育人的所有内容都由大学生来完成，大学生可以获得实践知识和切身感受，提高实践创新能力等技能水平。其次，大学生参与实践育人，对实践育人工作会产生积极的影响。大学生是实践活动的主要参与者，在设计实践育人工作时，学校或教师无法完成全部工作并根据大学生的反馈进行调整。根据自身特点，大学生积极参与实践育人的规划设计和整个实践活动过程，提高实践育人的参与程度，最大限度地发挥主观能动性，实现更好的育人效果。最后，大学生可以独立参与实践过程。大学生是实践的组织者，也是倡导者，可以根据实际情况和兴趣选择自己的实践内容、实践方法和实践主题，自己组织设计，只在必要时寻求帮助和指导。通过实践育人活动的自我组织，大学生不仅能够实现实践育人的主要目标，还能充分培养自我意识和大局意识。

（三）体验性

体验性是指体验和理解事物。根据体验的产生机制，体验是生理和心理、感性和理性、情感和思想、社会和历史的复杂结合的完全矛盾的运动。实践育人的认知性，是指教师根据大学生的实际情况和特点，引导大学生参与实践活动，以实现一定的教育目标，为大学生创造实际条件，使他们在参与实践活动的过程中，能够更好地理解和掌握知识，丰富他们的情感体验。要实现教育目标，必须提高整体教学质量。

实践育人的体验性切合教育规律。目前在校大学生侧重于课堂理论知识的学习，但是形式不够丰富，内容太过枯燥，参与性和活动性都不强。实践育人的实践特征决定了实践育人能够达到其他教育无法达到的效果，人们的正确思想只能在社会实践中产生。正确的认识往往是从物质到精神，从精神到物质，即从实践到认识、从认识到实践这样无数次的反复中领悟出来的。在实践活动中，大学生不仅可以学习知识和文化，完善知识结构和提高认知水平，还可以体验和形成新的情感，运用新的思维方式实现心智成熟和精神发展。通过理论和实践的有效结合，通过不断学习和积累丰富的经验，能够加强大学生在教育中的主体地位，调动大学生学习的积极性。实践育人可以激发大学生的创新思维，增强归属感。

（四）渗透性

当代大学生所参加的实践活动就是实践育人，实践育人涵盖了课堂实践、毕业实践和生产实践等实践活动内容，还有校内和校外的活动，如军训、感恩教育、勤工俭学等多样的课外实践。实践育人的渗透性表现在以下两个方面。

第一方面，实践育人的工作包含了其他教育育人工作的基础内容。而实践育人也是其他教育育人工作不可或缺的构成条件。不论是什么模式下的教育育人工作，其都会潜移默化地渗透实践育人的观念。实践育人的教育方式和其他的教育育人工作是相辅相成的，它们都是课程教学中非常关键的一部分，都能起到深化理论知识的作用。第二方面，实践育人工作能够辅助其他教育育人工作早日达到最终目标，并深化其他教育育人工作的成果。

（五）综合性

实践育人的范围广、涉及面大的特点就决定了它是一种复杂的发展过程。实践育人的综合性可以划分成三个层次解释。

1. 实践育人涉及很多方面

实践育人是一项系统而全面的工作，需要政府教育部门、企业、事业单位和社会的支持与合作，也需要高校积极努力搭建平台，为实践育人提供支持。与此同时，实践育人更离不开专业教师的指导和大学生作为实践主体的积极参与。实践育人的发展是一项综合性的复杂工程，需要调动各方的积极性，形成合力，最终保证实践育人的和谐发展。

2. 实践育人效果和目的的综合性

实践育人对大学生、高校还有国家都有非常重要的意义，实践育人将社会主义核心价值体系整合到整个国家教育课程中，进行深层教育，积极提高高等教育质量，充分体现党的教育政策。

3. 实践育人工作效果的综合性

实践育人工作是培养理论与实际结合、学用一致、全面发展的新人的根本途径。实践育人除了能不断提高大学生的专业水平，还能充分提高大学生的实践能力和创新能力，培养大学生的社会责任感，使大学生坚定理想信念，这对实现中华民族伟大复兴的中国梦和引导大学生成为社会主义建设者和继承者都有非常重要的意义。

二、高校实践育人的原则

在对时代的机遇、困难和挑战进行科学分析的基础上，以及在对高校教育现状的准确理解的基础上，本部分将高校教育的目标和内容置于最合理的组合项目中，坚持教师主导与学生主体相结合、第一课堂与第二课堂相结合、能力培养与品德锤炼相结合，校内主动与校外联动相结合，从而增强高校的实践育人效果。

（一）教师主导与学生主体相结合

在实践育人中，教师和学生拥有不同的身份。以教师为主导，以学生为主体的思想不能改变，二者相交融才能达到实践育人的最终效果。

高校的教师是实践育人的主力军，高校教师的主导作用从三方面进行分析。第一，教师引导学生树立正确的观念。受生活环境的影响，大学生对自我的认知和观念都会有一定的限制性。当代大学生在提到将来的人生目标时都是有偏差的。而这就需要依靠教师的帮助，帮助学生校正现有的偏差。第二，教师必须调整实践育人资源。作为学校教育和活动的主体，教师应积极调动社会资源，并支持学生开展实践活动。第三，教师要具有实践意识，将理论与实践相结合。

高校学生是实践育人的核心。在高校实践育人的过程中，应以学生为主体，并充分调动他们的主观意识。为了坚持以学生为主体的原则，我们必须做到以下三点。第一，以实践育人为出发点，符合学生的实践需求。在计划实习活动时，首要考虑因素应该是学生的实际要求，不要进行不利于学生成长的活动。第二，在实践活动中，我们应尊重学生的自主选择，并鼓励他们提出主观建议。本质上，实践活动属于教育活动。在教育活动中，必须充分调动参加实践的学生的热情，使学生具有独立选择的特定权利，并充分尊重学生的主体地位。第三，学生健康成长是实践育人的最终目标。在评估实践活动的效果时，有必要将学生的成长作为最基本的评估要素，同时，为了有效地促进学生的成长，应积极探索实践活动的改进方案。

高校实践育人强调师生之间的合作与统一。教师主要负责引导、组织和服务，学生负责参与、学习和评价。教师的责任是指导和纠正教育实践工作中的偏颇部分，组织并积极协调各方资源，以帮助学生参与实践，并根据学生的需要提供必要的支持。学生的作用在于积极参与实践活动，以了解实践活动的重要性和必要性，重点是从实践活动中学习，在实践中加深思考。通过教师的指导和学生的积极参与，更好地发挥实践活动的教育功能。

（二）第一课堂与第二课堂相结合

第一课堂和第二课堂是实践育人体系中完全不同的两类，在人才培养上各有优势，所以，应当坚持第一课堂与第二课堂相结合。

第一课堂主要指教师以教材为基础，以教学大纲为依据，在规定的教学时间内开展教学活动，顺利完成课堂教学任务。第一课堂是高校教育教学工作的主渠道，也是开展制度化和常态化教育的重要场所。第二课堂则是指在第一课堂教学之外，高校坚持以教育资源和教育空间为活动载体，积极开展一系列具有灵活性和开放性的育人活动。第二课堂成为高校凸显大学生个性发展、提高大学生综合素质的有效平台。第一课堂坚持教育理论育人，重在讲授专业知识和技能；第二课堂坚持实践育人，重在培育大学生的创新意识和实践能力。第一课堂是第二课堂的基础，第二课堂是第一课堂的延伸。在协同育人的过程中，第一课堂与第二课堂相互融合，第一课堂充分发挥基础和保障作用，第二课堂充分发挥补充和拓展作用，两个课堂都紧紧围绕以大学生为中心的教育目标，尊重大学生的个性特点，激发大学生学习的主动性，提升大学生的知识运用能力，培养大学生的创新能力，真正提高大学生的综合素质，从而有效促进大学生健康全面地发展。

（三）能力培养与品德锤炼相结合

能力培养与品德锤炼是实践育人工作的两个重要内容。能力培养主要是对“能”的教育，强调大学生学习有关知识，提升自我品质。而品德锤炼主要是对“德”的教育，主要是培养大学生拥有良好的心态和品格。所以，应将能力培养与品德锤炼当作实践育人中既统一又不同的宗旨。

实践育人侧重于提高学生的专业能力，具体体现为以下三种能力。一是对社会的理解能力。参与社会实践是大学生了解社会的窗口，通过在学校与社会之间架起一座桥梁，使大学生更好地了解自己的成长需求，并将社会发展与个人进步紧密结合在一起，帮助大学生成长为国家和人民所需要的社会主义建设者和接班人。二是创新实践的能力。实践活动是将当代大学生所学专业知识与实践理论相结合的最好形式，在实践当中培养大学生的实践能力和创新思维，提高大学生的革新能力。三是基本劳动能力。引导大学生参与勤工助学、志愿服务、军事训练等实践活动，可以培养大学生的劳动能力和提高身体素质。

而大学生的思想品质培养同样也是实践育人的重要内容，体现在以下三个方面。

第一，培养大学生的社会责任感。在构建大学生对社会与世界的认知时，应该积极地引领大学生正确直视自我在社会中的身份担当，并增强大学生的社会责任感和使命感。

第二，培养大学生坚强卓越的意志品质。大学生在参与实践活动的过程中，一定会遇到相应的问题和困难。但是，这并不是完全不好的，在面对和解决问题时，可以培养大学生坚持不懈的意志力。

第三，培养大学生对劳动和劳动人民的感情。做事要亲力亲为，亲身实践，能够让大学生真正了解劳动，珍惜劳动成果，培养对劳动和劳动人民的感情。

高校实践育人应坚持能力培养与品德锤炼相结合的原则，既培养大学生的能力，又培养大学生的品德，切实提高实践育人的实效性。

（四）校内主动与校外联动相结合

1. 校内主动是做好实践育人工作的前提

学校作为一个独立主体，具有组织和管理实践活动的功能。教师在实践活动中起主导作用，学生在实践活动中起主体作用，各要素的积极配合是维持系统良好运行和确保效果的基本前提。一方面，学校的主动性是一种思想上的主动性，学校和教师必须充分理解实践育人的重要性，加强组织和领导能力，并充分挖掘学生开展实践活动所需的资源；另一方面，学校应关注学生的发展需求，鼓励学生以评价性的形式积极地开展实践活动。

2. 校外联动是做好实践育人工作的支撑

高校应加强校外联动，加强高校内部与外部的联系。

第一，要实现政治联系，为了使大学生能够开展实践活动，要积极向各级政府部门反映开展实践活动需要的帮助，为大学生参与实践活动营造一个良好的政策环境。

第二，共同建设实践平台。把大学生实习平台的需求积极反馈给企业，争取让企业尽可能多地提供契合大学生成才需要的实践平台和实践岗位，来支持大学生开展实践活动。

第三，实现资源的共享。学校应加强与企业和地方之间的沟通与合作，为开展学生实践活动筹集资金，为开展实践活动提供保障。

（五）积极扶持与严格考核相结合

在高校教育体系中，有两种不同的方法，即扶持和考核。扶持主要是通过舆论宣传、政策保障、载体建设、资金投入等形式为实践育人活动提供资源保障；考核主要是通过学生的经验性评估、教师的指导性评估和学校的综合性评估等形式进一步增强对实践育人主客体育人成效的考核，是实践育人能否出效果的保障。

1. 积极扶持是高校实践育人的前提

实践育人应注意做好以下三个方面的扶持投入。

（1）舆论引导。对于高校实践育人，舆论宣传起着统一思想、凝聚力量、宣传发动、激励推动的作用。教育部等部门下发的《关于进一步加强高校实践育人工作的若干意见》中指出要强化舆论引导。

（2）载体建设。我们拥有各种各样的思想政治教学基地、教育实践基地、就业基地、创新创业基地、社会实践基地、军事训练基地，应规范基地的运作方式，为大学生的实践活动能顺利开展奠定基础。

（3）资金投入。学校必须为实践育人准备专项资金，以形成正常的教育巨额增长机制，必须将新的资金和教育资金投入实质性教育中，通过业务合作和投资等渠道吸引大量的教育性投资。

2. 严格考核是实践育人效果的保障

科学合理的评价机制可以发挥选拔、奖励、预测的功能，增强高校的实践育人效果。

第一，课程评价必须纳入学校的评估指标中，以反映实践育人的效果。

第二，全面提高学生的综合素质，充分发挥创新潜能，树立质量综合评价的观念，作为对学生进行综合评价的一级指标。我们必须将学生在实践活动中的参与程度作为指标进行评估。

第三，实践性评价作为教师绩效评价的重要组成部分，应在教师绩效评价中引入教育的实践性评价。

3. 高校实践育人坚持积极扶持与严格考核相结合

积极的支持是前提，严格的评估是保证。科学合理地进行评价，可以更好地指导实践育人的方向，保证教育的效果。为了提高高校的实践育人水平，我们必须同等重视扶持与考核。

第三节　高校实践育人理念的探索和发展

一、高校实践育人理念的探索

构建高校思想政治教育实践育人体系对于我国教育改革创新、高校提升人才输出质量、学子成长成才有重要意义。但是任何体系的推出都离不开理论支撑，近年来学术界对于建立思想政治教育实践育人体系的理论探索已初具成果，笔者主要从实践论、缄默知识论和个体社会化论三个方面论述。

（一）实践论

知与行的关系一直是我国传统哲学探讨的重点之一。早在春秋战国时期，哲学家和教育家就提出要知行并重。孔子四教曰文、行、忠、信，缺一不可。部分政治家和学者甚至强调行比知难。《左传》云："非知之实难，将在行之。"《尚书》载："非知之艰，行之惟艰。"《中庸》中关于学问的五个阶段"博学之，审问之，慎思之，明辨之，笃行之"将"行"作为终极阶段，作为"知"的升华。除此之外，荀子"知之不若行之"，墨子"士虽有学，而行为本焉"，都是行高于知的观点。行，即实践，践行。

关于知和行的辩证关系，不同哲学家有不同的见解。朱熹认为"知先行后"，知是行的基础；王夫之则认为"行先知后"，是体验决定认知。当代教育家陶行知先生更好地指出了二者相互转化、辩证统一的本质："行是知之始，知是行之成。"需要指明的是，"行"包括知识的应用和品德的践行两个方面。

马克思主义哲学特别突出了实践观，这也是它区别于其他哲学流派和旧唯物主义的地方。在认识论中，它强调实践决定认识。一切认识行为，从发现、判断到检验、修正都离不开实践活动，实践是认识的基础。毛泽东在《讲堂录》中言"古者为学，重在行事"，强调了学以致用的观点。以行指导知，以实践为检验知识的唯一标准的实践观，成就了毛泽东务实求真、办事精细的工作作风。以上种种表明，实践论在我国的意识形态中经历了漫长的发展和传承，到如今愈加受到重视。

在高校的思想政治教育中，突出实践育人对大学生良好行为塑造的作用，也是有当代教育学依据的。学者黄进在《浅论马克思主义实践观的育人理念》中分析了实践活动从知行统一的意义上对于思想政治教育的重要性。他强调，思想教育的效果只能从行为中体现，也只能通过践行让学生化为己用。学者张艳青在《知行相须，实践育人》一文中则详细阐述了思想政治实践课与理论课的关系，点出实践是理论建设的根本动力，是理论传授的依据，具有不可替代的作用。她另外补充到，实践本身固然重要，但也需要指导，如果令学生在实践中走向误区，是任何理论教育都弥补不回来的。由此可见，实践论在高校思想政治实践育人体系的构建中起着坚实的支撑作用。

（二）缄默知识论

缄默知识论是20世纪50年代由英国哲学家波兰尼提出的。缄默知识也称“隐性知识”，与显性知识相对。显性知识是用符号呈现出来的明确、规范的知识，隐性知识是潜藏在大脑中的、难以描述的模糊知识。显性知识对人的认知做有意识的指导，隐性知识则是做潜意识的引导。

研究表明，隐性知识虽然难以感知、不能具体体现出来，却对学生的个人知识体系的构建起着铺垫作用。它是显性知识与智力思维的连接，若不积累和丰富隐性知识，是无法真正理解和掌握显性知识的。思想政治教育实践育人体系便可以令学生的显性和隐性知识进行良性转化。通过提供各种平台、展开多种实践活动，一方面让学生将平时所学融会贯通、内化为隐性知识，另一方面将隐性知识和能力通过行动外化出来。这样，让学生意识到自己隐藏的潜力，更能增强自信心和提高积极性。就此来说，实践育人的深刻意义在于让学生从被动的思想政治教育转向主动的自我反思教育。

关于缄默知识论对于思想政治教育实践育人体系的影响，有很多学者做了理论探索。例如，周智君、张健在《缄默知识理论视阈下的“实践育人”观》中谈到，缄默知识对于探索科学、改造世界的重要性不亚于显性知识，而实践是将缄默知识“显化”的最常见手段之一。实践促使学生有重点地提取隐性知识，从潜意识层面提到意识层面，进而与显性知识相对应或相对比，形成深入理解。他们表示，实践有利于学生抓住所学知识的关键，浓缩成自己最需要、最有益的一套知识体系。张松青、张英彦在《论实践育人》中还进一步指出，缄默知识比显性知识更重要，因为它引导、制约着显性知识的获取。加深对自身缄默知识的认识能够加深对自身学习能力的认识，提高学习效率。所以从某种程度上来说，实践育人比理论教育更重要，它是后者的检验、萃取和深化。虽然本科高等教育不能完全走向实用主义和功利主义导向的误区，但也要警惕学习陷入机械化理论状态，与社会实际脱节，为学生的健康发展埋下后患。综上所述，缄默知识论作为思想政治教育实践育人体系较有活力的理论依据之一，也得到了较为广泛的认可。

（三）个体社会化论

个体社会化是社会心理学领域的理论之一，指通过掌握社会知识和技能，逐渐适应社会环境和要求，由自然人转变为社会人的过程。在这一过程中通常需要加强和外部世界的连接，加强自我与环境、与他人、与社会的互动。

个体社会化通常有两个途径，即社会教化和个体内化外化。其中，社会教化指学校、家庭、社会等多方外界力量的教育和促动。对于青年学生来说，学校承担了最主要的教化力量，社会的感召力次之，家庭的影响相对较小。个体内化外化是从内部出发对社会做出的适应，内化和外化是相反的两种表现。社会化程度较高称为外化，外化者能较快地适应环境，积极地进行自我定位和与人沟通，掌握组织运行规则，明确自己的权利和义务，游刃有余地驾驭其社会角色；社会化程度较低称为内化，内化者对社会的适应和接受能力低，进行社会交往或实践时常常力不从心，易有心理负担或情绪失调，工作时缩手缩脚，对自我和环境不能有很好的把控。

实践育人综合了外力和内力两个途径。一方面实践课堂和基地建设整合了学校和社会资源，形成外部教育合力；另一方面鼓励学生自我动手、自我组织、自我管理、自主选择、自主服务、自主创业等，发挥他们成长为社会人的内部能动性。实践活动有助于大学生认识自我、认识社会，理清自身与社会的关系，找到自己想要和能够充当的社会角色。

个体社会化论也是高校思想政治教育实践育人体系的理论基础之一，近年来得到很多教研工作者的重视。孔霞在《高校思想政治教育实践育人模式研究》一文中讨论了高校对于个体社会化的作用和局限。高等教育阶段是大学生成人化、社会化的预备阶段，对于学生的人生规划有一定的导向性，对于他们认识社会对自身的需要、自身对社会的贡献是一个好的开端。因此在进行思想引导的同时，必须结合实践体验。尤其很多高校沿袭了重理论轻实践的传统，将教育限定在课堂上，社会实践纵有但缺乏妥善的指导，导致很多大学生毕业后仍要花好长一段时间蒙头乱撞。季淑慧、张卫伟在《德育向度：社会实践育人的现实基点》中重点从美德伦理和规范伦理两个角度阐述了实践对于个体社会化必要的原因，并对高校如何展开实践操作给予建议。

二、高校实践育人理念的发展

现今的高校都将实践育人的工作放在首要位置，并不断地增加实践育人的工作内容，增强学生对国家、人民、社会的奉献感与使命感，激发敢于探究的创新精神。高校开展了多样化的实践育人工作，并从以下几点内容中得到体现。

（一）与专业学习相结合

现今高校都相对重视在专业知识的学习中进行实践育人，并积极地引领学生将课上所学习到的相关知识进行验证，更深层次地了解专业知识，学生还可以利用在社会实践中获得的经验剖析问题、解决困难，最终提高学习能力。

和专业知识联合起来的实践育人就是实践教学。实践教学是对理论教学的发展与填充，具有直观性和操作性。实践教学有课堂教学实践、课程设计、社会调查、实验教学、实习和实训、毕业论文设计、军训和国防教育等多种模式。

在传统的课堂教学中主要是学习专业知识理论，教学没有活力。在实践教学中，教师与学生都是主体，教师是教的主体，学生是学习的主体，实现了教师与学生之间的交流，在交流中，学习知识、接受考验、经受锻炼。

通过实践育人活动，可以让学生全面地发挥自身的能力，可以更佳地了解专业知识和把握专业知识，并且也能够提升解决问题和剖析问题的能力。有条理、有计划地进行实践教学能够提升高校学生的综合能力，尤其是在创新能力的培养上有很大的帮助，可见实践教学的重要性。它强调了大学课堂的教育功能，不仅可以提高学生对社会竞争的适应程度，也可以培养学生的自我认知感和自我认同感，并树立正确的价值观。

（二）与服务社会相结合

2005 年《关于进一步加强和改进大学生社会实践的意见》文件明确提出，大力倡导大学生参加志愿服务等公益活动，引导大学生运用所学知识和技能服务人民，奉献社会，培养为人民服务的道德观，弘扬社会主义道德风尚。要拓展社会服务的新领域、新载体、新形式，鼓励大学生参加志愿服务西部计划、贫困地区支教计划、青春红丝带志愿行动等活动。

现今高校主动地实施该文件的宗旨，将实践育人和服务于人民的精神结合在一起，让学生踊跃地加入志愿者与社区普及服务的工作中，教育出大量具有舍己为人的精神和服务于国家、社会、人民的大学生。

随着社会的发展，我国更加重视志愿者服务，高校学生的志愿者服务，也从临时地参与逐渐地转为持续地参与，从一开始的简单服务，向专业性、技术性方面转型。大学生志愿服务领域，从开始的简单的社区服务，逐渐扩展到农村扶贫开发、城市社区建设、国际交流、应急救援、环境保护等领域；大学生志愿服务区域，由原来的城市社区已经发展到整个城市建设，并逐步向农村拓展。如今的大学生的志愿者服务已经走出国门，遍布整个亚洲、非洲和拉丁美洲。尤其是西部计划、海外服务计划、扶贫接力计划、研究生支教团等一批优秀项目已在全社会引起广泛影响。

（三）与勤工助学相结合

将实践育人和勤工助学结合，不仅能够帮助学生解决生活、学习上的难题，还能培养学生多方面的技能，让学生能够更轻松自信地体验社会和感受社会，并缩短与社会之间的距离，起到提升学生综合素质和资助家庭经济困难学生的作用。

自20世纪90年代以来，我国的《高等学校学生管理规定》《国务院办公厅关于切实解决高校贫困家庭学生困难问题的通知》《高校学生勤工助学管理办法》等相关文件发布与执行，使校内的勤工助学活动步入有序化和法则化的轨道。

为了能够达到勤工助学的效果，从最根源上解决贫困生所存在的问题，并且提高学生的自主意识和适应社会和服务社会的能力，我国各地区的教育部门踊跃地创建勤工助学的平台，帮助家庭有经济困难的学生创建更安稳的学习环境与助学工作岗位。当前很多高校建立了经济实体，实施企业化运作，如华东理工大学勤工助学实业集团、上海外国语大学学生外语学校等一批勤工助学实体，走向社会，开发了大量校外勤工助学市场。

勤奋和节俭不仅是与贫困作斗争的手段，而且是一种综合的、有偿的社会实践，可确保经济困难的学生有受教育的机会，培养大学生的自信心和顽强的奋斗力。勤工助学是一个自我完善和自我发展的过程，能够开发学生的创造力和实践潜能，培养独立解决问题的能力、财务管理能力、与公众沟通的能力，提高社会适应能力和竞争力。

（四）与择业就业相结合

实践育人与择业就业相结合的主要形式是就业见习。就业见习在比大学生所学专业更大的区域和行业中，给予青年人在就业前一段积累工作经验的机会，以提高未来就业和创业的成功率。

参加专业实习后，一方面，大学生对社会的人才需求、职业定位、团队合作精神等有深刻而直观的了解，可以获取工作技能，提高职业规划能力和对职位的认同感；另一方面，他们对自己的个人能力以及工作岗位对个人能力的要求会有很好的了解。充分了解这些之后，大学生可以在之后的求学和择业中更好地充实和完善自己，并最大努力地提高自己的工作能力、市场竞争力。因此，实习后，大学生更有可能找到工作，提高工作稳定性，提前适应从学校到职场的转变，并增强他们对未来发展的自信心。许多学生反映，实习培养了自己的实践能力、工作能力、沟通能力和专业能力，获得了更多的实践经验，提高了专业素养。

大学生毕业前的社会实习打破了通过思想政治教育、共青团活动和党员教育活动来教育人的单一方式，将教育工作纳入社会实践和日常工作中。参加实习，可以帮助学生对他们的个人素质、社会生存能力以及社会对个人的评价有一个客观的了解，这种实践育人方式更生动，也更能促进人才的快速成长。同时，通过学生工作能力的具体表现，学校可以间接发现在人才培养和素质教育方面有哪些做得不够到位的地方，为思想道德教育、就业指导教育、职业意识和心理素质教育以及综合素质训练提供更为准确的参考。

（五）与创新创业相结合

将实践育人的理念和创新创业结合，让学生踊跃参加新型的实践活动，不仅可以使学生学习到更多知识，还可以培养学生接受不同新鲜事物的能力。想要创新，一定要打破惯有的思维模式，创建新型的模式。

学生进行自主创业需要做万全的心理准备工作，并具备财务方面的承受力。成功的创业会给创业者带来愉悦的心情，但是，创业并不是完全都会成功的，也存在失败的风险。

现今我国各级部门和高校通过各个环节，积极主动地为学生创业创造有利条件。为了能够帮助学生创业，我国各级部门从实际出发，推出了多方面的有利政策。例如，融资、税收、创业培训、创业指导等。还有应届大学生创业可享受免费风险评估、免费政策培训、无偿贷款担保及部分税费减免等优惠政策的相关规定。有的地区成立了高校学生创业基金，用于帮助学生的创业，例如，建设科技成果孵化基地和大学生科技创业园区，为拥有科技成果的高校毕业生提供科技成果转化为产品的场地和服务。

现今我国各大高校都对大学生创业提供了很多创业培训，通过课堂教学、讲座沙龙、创业竞赛、案例实践、模拟创业实践等形式开展创业培训。甚至有的学校与相关的企业联手，使学生在创业前可以有良好的心理状态。例如，某高校就设有大学生创业计划大赛、创业训练营与创业实战赛、创业见习活动、创业社团建设等形式，帮助大学生亲身感受创业，并进行相关的辅导和训练。

第三章　高校实践育人系统的构成

高校实践育人由不同的系统构成，本章将对与文化自信实践育人紧密相连的文化育人系统、思想育人系统和管理育人系统进行研究。

第一节　高校实践育人中的文化育人系统

加强大学文化建设，推进学校内涵式发展，是当前我们面临的一项重大任务。我们高举中国特色社会主义伟大旗帜，坚持党建带团建，以大学建设为契机，立足于思想引领和大学生素质提升，全面实施校园文化精品工程，不断推进校园文化建设。笔者着重从大学文化的四个层面加以推进。

一、举办形式多样的社团活动，推进特色校园文化建设

坚持寓教于人活动，举办社团文化节系列活动，开展社团精品项目评优、一团一品等活动，继续坚持体育类、文化类、实践类、学术类四大类学生社团共同发展，展示各社团的精神风貌，锻炼社团成员自身能力。根据学生的兴趣爱好和需求，有效整合资源，强化特色，提升水平，注重内涵，丰富学生社团品牌项目建设的内涵，指导各社团向专业化、品牌化发展。

二、拓宽学术交流渠道，营造浓厚的校园学术氛围

注重学风建设，开展富有内涵的专业型、学术型文化活动和讲座，例如举办“自强之星”评选活动、金牌司仪大赛、才女名师论坛、新生征文和书画竞赛等活动，提高社团的学术研究性与趣味性，培养广大学生的创新实践精神和学术专研意识，培养优秀的有理想有追求的科技人才。

积极拓宽学术交流渠道，引导学生将创新性、实用性与社会现实性、时代责任感紧密结合，促进学生知识、能力、人格三位一体共同发展，推动学术创

新与人文教育协调发展。为不断激发学生参与科技创新的热情，应通过科研实践提高大学生的创新能力。

三、紧扣学科特点，提高学生文化素养

坚持以文化育人、寓教于人活动为根本目的，重质量、树精品，充分结合德育、智育、美育，营造浓厚的学习氛围，积极开展一系列学科、技能竞赛活动，激发学生投入专业学习的热情，提高学生自主学习的意识。紧扣各学院专业特色，采用多元化举办形式，让学生了解专业知识，提升专业素质。

四、扎实推进校园文化活动向纵深发展

校园文化在大学生成长中发挥着积极作用，具有重要的育人功能。下面以中国石油大学（华东）为例，进行具体说明。

中国石油大学坚持以实施科学文化素质教育为基础，以建设优良的校风、教风、学风为核心，以优化校园文化环境建设为重点，以传承丰富多彩的校园文化活动为导向的育人理念，切实加强校园文化活动的开放性、参与性和实践性，努力建设体现时代特征和学校特色的校园文化，引领大学生走出封闭的小圈子，融入集体，发展个性，培养兴趣，施展才华，以此推进校园文化活动向纵深发展。

目前，中国石油大学正在形成以大学生文化艺术节、大学生科技节、女大学生思美节、大学生健身节和社团文化节为品牌工程，以众多学生社团为主体的校园文化活动模式，并坚持结合学生主题教育活动，创新强化品牌工程，使校园文化建设日益彰显出生机和活力。

（一）大力开展学生主题教育活动

主题教育是中国石油大学开展大学生思想政治教育的重要手段和有效方式，学校把握主旋律，贴近学生实际，开展了丰富多彩的主题教育活动，有效地将大学生的思想统一到党的大政方针和学校中心工作上来。

近年来，该校开展了一系列主题教育活动，如“祖国在我心中”主题教育活动，“党在我心中”主题教育活动，“永远跟党走”主题教育活动，结合反对邪教的“崇尚科学，锐意创新，团结协作，知识报国”主题教育活动，结合基础文明教育的“大学生文明形象讨论”“修身明德”“爱我石大，修我身心，共创文明大学城”主题教育活动，青年志愿者行动的“弘扬雷锋精神，塑造完

美人格”活动，结合石油大学50周年和60周年校庆的“我为校庆做贡献”“知校、爱校、荣校”主题教育活动，结合石大精神建设的“做石大主人，筑精神家园”的主题教育活动等。这些活动主题鲜明，符合时代精神，符合主旋律，具有很强的现实意义，因此在学生当中容易引起共鸣，收到了良好效果。

（二）大力构建形象品牌工程，强化品牌意识

建设品牌形象工程是提升校园文化品位，增强青年学生凝聚力，提高团体工作竞争力，引导校园活动健康快速发展的重要举措。中国石油大学组织推出了“缤纷萃园”和“风雅石大”，每年一度的“大学生文化艺术节”和“大学生社团活动月”，成为校园内亮丽的风景线。

至今已举办24届的大学生科技节以“崇尚科学、追求真知、勇于创新、迎接挑战”为宗旨，在校园内营造了浓厚的科技创新氛围，提高了大学生的科学素养，锻炼了大学生的科研能力，涌现出一批科技骨干和科技成果。科技节期间举办大学生科技成果展、电脑文化节、石油文化节、结构设计大赛、建筑模型展、软件设计大赛、翻译大赛、电子电路设计大赛、创业计划竞赛、物理实验竞赛、科普知识竞赛、大学生科技学术讲座与报告会、天文观测、模拟法庭等100多项活动。

“思创论坛”为定期系列讲座，来自校内外的专家学者开展讲座，内容涉及社会、经济、科技、教育、文化、环境等众多领域，内容丰富深刻，寓思想性、科学性、趣味性于一体，为大学生了解国情、认识社会、拓宽知识面、提高思想境界、增强历史责任感开辟了阵地，目前已开办了60多期。

着力打造精品社团。中国石油大学现有各类学生社团100多个，共吸纳会员上万名。社团的类别和所涉及的活动内容十分广泛，既有具有浓厚人文气息的书画社、读者协会、文学社、诗友协会等传统社团，又包括街舞协会、跆拳道协会等彰显学生个性，在学生中具有很高人气的新兴社团；既有孵化科技精英、培养创新创业人才的大量科技类协会，又有活跃在各台晚会上的舞蹈团、模特队、声乐团等艺术类协会，同时还包括一系列的政治理论学习型团体。

学校不断加大对社团活动的资金投入和场地投入。在原有活动场地的基础上，2003年、2004年学校相继投资40余万元修建了“大学生素质拓展中心”，增加了社团活动室50余间，共1500余平方米，使全校各主要学生社团都能有自己的活动场所，为社团提供了更为广阔的活动阵地。学校本着“鼓励发展、加强管理，自我教育、发挥作用”的原则，建立健全社团管理机制，使社团工作规范、有序地向前推进。学校制定了以《学生社团组织管理条例》为核心的

一系列规章制度，推出社团会员认证制度，出台了《关于学生社团建立团支部的若干规定》，召开了首届学生社团理事会成立暨社团代表大会，使社团发展向着更加规范化和良性化的方向迈进。每年的“大学生社团文化节”，以展示社团实力、吸引学生参与为目的，举办“大学生读书节”系列活动、书画展、诗歌朗诵、摄影展、棋类大赛、“一二·九”征文及纪念“一二·九”大型文艺演出等几十项活动，锻炼了社团成员。

从2005年开始，学校又推出了“大学生健身节”，倡导大学生“青春充满活力，健康面对未来”。

第二节　高校实践育人中的思想育人系统

人类社会的历史是一个艰苦奋斗的历史。中华民族在五千多年的奋斗历程中，创造了辉煌灿烂的中华文明。艰苦奋斗精神作为中华民族的传统美德，成了激励我们继往开来，开拓创新的动力源泉。继续保持和发扬艰苦奋斗精神具有重大意义，是站在新的历史条件下，对青年人发出的有力号召。矢志艰苦奋斗，坚持明德修身，做到知行合一，也成了大学生思想政治教育的重要主题。

一、切实加强思想政治理论课建设

（一）明确思想政治理论课教育目标

思想政治教育实践育人的理念是“以人为本”，一切从学生的利益和发展出发。因此，需要明确两大目标：突出学生主体地位和适应学生成长规律。

1. 突出学生主体地位

大学生相比于中小学生身心渐趋成熟，人格渐趋完善，个性也愈加分明。因此，高校的实践育人体系对于大学生应更加注重人性化、成人化培养。

为突出学生的主体意识，首先应鼓励他们自尊自爱、自立自强。其中，自立自强又是自尊自爱的基础。所以，无论是组织学生成立自治组织，如宿管会来自我管理、自我规约、自我服务，还是鼓励他们通过勤工俭学来尽早实现经济独立，都是以自立自强为培养方向的。德国教育家洪堡提到，教育不应是教人去适应传统世界，而是培养自我决断的能力；不应以知识和技能为先，而是以理解力、适应力和自学力为培养目的。通过“授人以渔”令他们在应对未知、多变的局势时能够自主抉择，不至迷失方向。其次，尊重学生的主体性还在于尊重他们的个性差异。在实践育人中，应引导学生根据兴趣爱好去创新创业，并在多人项目团队中营造民主氛围，让他们敢于发表个人意见，并对个人言行负责，从而获得多元互补的效果。只有尊重他们的个性，才能激发最大的主动性，发挥出最大的潜力。最后，对于学生主体的关怀还在于建立和谐的师生关系。师生在实践中互相信赖、互帮互助，缩短了距离，让学生感受到被尊重和关心的同时，也能更清楚地分辨自己想要效法的对象和道路，让榜样成为强大的精神力量。社会前辈们优良的工作习惯或职业操守能帮助他们树立正确的社会观和道德观，或许会成为他们终生的指引。

尊重学生的主体性，有利于提高他们的责任意识，意识到自己是社会的一分子，已经有能力去改造自然、改造社会了。

2. 适应学生成长规律

高校思想政治教育实践育人体系的目标体系和内容体系应当分层次、分阶段，以适应不同阶段学生的特点和接受程度。

大一阶段，很多学生首次脱离对父母的依赖，处在独立生活的适应期。这一时期他们的主要目标是实行自我管理和自我规划，尽快适应大学环境和自主学习模式。有很多大学生初次接触实践活动，实践能力较弱，实践定位不明确，对课业和实践尚不能较好地兼顾。大二阶段，由于学习强度仍旧不大，而学生渐已适应大学生活，空余时间较多。很多自控能力不强的学生就放松了学习，沉溺于淘宝、网游等，散漫地封闭在象牙塔环境中，缺乏社交实践经验和社会责任感。到大三，一方面由于专业课任务加重，能用于实践的时间减少；另一方面，在毕业择业的压力下他们有很强的危机感和焦虑感，不能从容地进行很多实践活动。大四阶段，学生在完成学业任务后拥有足够的时间来投身社会服务或就业岗位，成为社会人。但是有调查显示，近年来毕业生就业人数有所减少，出现两极分化，积极的开始不断实践就业，消极的待在宿舍或家里无所事事。根据问卷调查的反馈，他们在心理上呈现出害怕未知社会、不愿出门受苦、不愿看人脸色等特点。背后的原因是多方面的，可能有家人溺爱、学校管理疏忽、个人情感和社交受挫，不良的社会环境或经历的影响。但也有很大一部分原因是没有养成正确的价值观和实践观，在大学阶段疏于尝试和锻炼。

因此，为了帮助大学生更好地过渡到社会，高校在实践育人体系上要按年级做出不同的调整。按照学生的成长规律和需要，制定阶段性的培养任务，在整个大学时期循序渐进却又不间断地达成实践育人目标。此外，还要根据不同水平和适应程度的学生采取不同的培育计划，从合格公民，到特长人才，再到领军人物。相信通过“四年一贯制”和“项目阶段化”，能一步步为学生建立起正确的实践观和价值观，为他们融入社会打下心理基础和实力基础。

（二）高度重视思想政治理论课建设

要从国家发展和民族未来的战略高度，充分认识加强和改进大学生思想政治理论课的重要性和必要性，进一步增强紧迫感、责任感。要充分认识到政治理论是社会主义大学本质的体现，是对学生进行思想政治教育的重要途径。因此，高校要高度重视，把这项工作作为办好社会主义大学的一项重要政治任务抓好，切实抓出成效。

（三）明确思想政治理论课建设的任务

当前和今后一个时期，思想政治理论学科建设的需求不断增长，用马克思主义武装大学生，能够保持课程的准确方向，形成比较完整的学术体系和课程体系，不断完善教育内容、教育形式和方法。加强定位和组织，针对思想政治理论专题建设和发展，解决了各学校思想政治理论专题建设的难点，维护了各学校思想政治理论专题建设的利益。

要组织力量对思想政治理论课建设中的有关问题进行深入调研并提出具体方案。特别在教学科研组织机构、学科建设、师资队伍建设、课程建设、教学改革、条件保障等方面要认真研究，以形成学校的具体实施意见。

（四）增强思想政治理论课建设的信心

高校要坚定改进和做好思想政治理论课建设工作的信心。这种信心主要来自三个方面：

一是中央高度重视。中央领导同志多次批示，召开会议听取汇报并进行专题研究，中宣部、教育部都做出了相应部署，特别是全国高校思想政治理论课建设工作会议的召开和《关于进一步加强高等学校思想政治理论课教师队伍建设的意见》的下发，使我们进一步提高了认识，增强了信心。

二是高校有很好的工作基础。多年来，学校党委和行政都十分重视大学生思想政治理论课的教育教学工作，人文学院的领导和广大教师紧密结合学校的实际积极探索，积累了许多宝贵的经验，为下一步高校进一步改进和加强这项工作奠定了坚实的基础。

三是大学生精神面貌非常好，思想主流积极、健康向上，因此，高校有信心把这项工作做好。

（五）突出思想政治理论课建设的重点

要做好这一点，高校要在以下三个方面抓好落实，开展工作。

1. 在思想政治理论课教师队伍建设上狠下功夫

这是问题的关键。从我们学校的情况看，无论从教师的数量上、素质上，还是从教学科研的组织上，都与中央的要求和面临的形势任务不相适应，离学生的需求也有很大差距。所以，我们一定要采取有效措施，建设一支高素质的思想政治理论课教师队伍。只有抓好这个问题，教材、教法、学科等一系列问题才能更好地解决。

2. 在贴近实际、注重实效上狠下功夫

主要是贴近实际、贴近生活、贴近学生，突出针对性和时代感，增强实效性和感染力。特别在开放的环境下，在网络信息技术快速发展的背景下，我们面临着很大的挑战，不论教师还是学生，都要认真地思考和研究这个问题，探索出好的形式和办法，切实做到贴近实际、注重实效。

3. 在做好日常思想政治工作上狠下功夫

在抓好思想政治理论课这个主课堂、主渠道的同时，进一步加强日常思想政治工作这一主阵地建设，真正做到课堂内外互动、网上网下同步，进一步形成加强和改进思想政治理论课的工作合力和良好氛围。

总之，做好学校思想政治理论课建设工作责任重大，任务艰巨，使命光荣。高校要以高度的政治责任感，以改革创新的精神和求真务实的工作作风，开创高校思想政治理论课建设新局面，为培养中国特色社会主义事业的合格建设者和接班人做出更大的贡献。

二、开展志愿者行动，增强学生奉献意识

（一）强化品牌建设，创新活动形式

青年志愿者行动指导中心和红十字会通过各项特色品牌活动，将学生的技能培训与素质拓展有机融入于志愿服务中，将志愿服务作为大学生思想政治教育的生动教育载体。大学生在思想道德素质层面上具有天然的优点，在志愿服务中具有特有的活力，我们应当发挥好青年大学生在志愿服务领域的正能量作用，加强大学生志愿服务的组织化、规范化、品牌化建设。

校园青年志愿者行动应在原有的基础上进一步注重对活动的设计，挖掘活

动的思想内涵，拓展活动的形式，使志愿活动宣传到位，传达到各学院的学生中，真正做到志愿者从群众中来，激发广大学生的参与热情。例如，开展“学雷锋志愿服务文化巡礼月”系列活动，旨在弘扬和继承雷锋精神；鼓励高校毕业生到基层去，到西部去，到祖国最需要的地方去奉献青春；开展以全校募捐、旧衣回收、成果展、大型义卖系列活动为募捐项目的“N 帮 N”爱心助学系列活动，资助贫困学子，为他们点燃希望的同时，激发师生参加公益活动的热情。

校红十字会应积极弘扬“人道博爱奉献”精神，通过举办医疗知识竞赛等活动，一方面，在原有的基础上挖掘活动的思想内涵、拓展活动的形式，进一步阐释服务的理念和精神、丰富服务活动的内容；另一方面，在普学活动、医疗知识讲堂、一对一义教等活动中展现光彩，致力于开展服务工作。

（二）注重知行合一，实践检验真理

实践活动既是一个自我锻炼的机会，又是一个服务社会的窗口，当代大学生用无限的动力，为当地社会的经济、文化发展出谋献策，从而更好地塑造德智体美全面发展的社会主义事业的接班人。

校红十字会应积极参与高校急救培训的经验交流，校园青年志愿者行动指导中心可以每年组织社会实践服务队参与暑期“三下乡”社会实践活动。实践活动既提高了大学生的社会实践能力，为其实现理论和社会实践结合提供平台；又培养了大学生吃苦耐劳的坚忍精神和服务社会的意识，提高团队凝聚力与协调能力；同时，大学生的精神境界和道德水平也进一步提升。

三、新媒体环境下高校宣传工作与思想政治工作新模式

新媒体的迅猛发展给高校宣传工作与与思想政治工作带来巨大的影响和冲击，使高校宣传工作与思想政治工作在观念和方式、方法上都产生根本性的变革。为主动适应这种变革，高校积极转变工作观念、创新工作机制、深化沟通交流，探索构建了适应新媒体环境的宣传工作与思想政治工作新模式。

（一）广泛动员、全面参与，着力强化宣传主体建设

高校传统的新闻宣传观念认为，宣传部门是宣传工作的唯一主体。新媒体时代，由于媒介手段的增多，任何个体都可以通过博客、QQ、手机微信等进行大众传播。任何人的言行经过新闻媒体的放大后，都可能产生巨大影响，甚至形成重大“新闻事件”。针对此种情况，为实现正面引导和充分发挥所有个体的宣传价值和意义，学校党委确定了“人人皆是宣传员”的工作理念，高度

重视和充分挖掘学校每一个师生员工、校友、合作伙伴等主体的宣传价值，通过有针对性的新闻宣传培训和激发师生员工的自豪感和荣誉感的校史教育以及爱校荣校教育，充分发挥“人人”宣传的作用，达到正面宣传教育的目的。

1. 层层参与，注重发挥各单位、部门的宣传作用

学校设有宣传思想工作领导小组，组长为校党委书记，成员为各单位主要负责人，定期研究学校宣传与思想工作中的重大问题，对全校宣传与思想工作进行协调部署。学校还不断优化各级部门之间的协作，注意协调各方面的力量，建立了全员参与宣传的全校性的网络体系，各级党组织和单位负责人是宣传工作第一责任人。围绕宣传思想工作的热点和难点，积极组织各单位、各类新闻宣传队伍开展各种形式的专题研讨和交流，增强宣传工作的针对性和实效性。

2. 人人参与，注重发挥师生主体价值

学校在发挥各单位作用的同时，注重加强四支队伍建设，以此为主导带动全员参与宣传。

（1）宣传员队伍。各单位都设有专职宣传干事，并将二级党委书记和副书记纳入宣传员队伍主抓工作，定期培训研讨，进行双向交流和信息沟通。

（2）通信员队伍。由各教工或学生记者担任，负责信息报送工作。

（3）网络管理员队伍。各类网络管理员、舆论引导员队伍，负责本单位网络工作的安全、高效运转。

（4）校友联络员队伍。通过合作发展处和国际交流处，发动海内外校友成立宣传队伍，负责校友和学校之间的交流沟通，并及时传达各方面信息。通过加强专职队伍建设，积极引导师生进行自我宣传和展示，以开设博客、建立各类工作交流群等方式宣传和展示学校良好形象。

（二）优势互补、深化融合，大力推行“1+1+N”模式

新媒体传播方式的出现，进一步推动了高校媒体的融合发展。近年来，高校按照先进的传媒理念，创新工作机制体制，积极进行资源整合，实现优势互补，形成高校新媒体的整体合力。在工作中，高校坚持一个突破、四个抓手，即以深化新闻中心内部机构改革、加大外宣力度和加强新闻网建设为突破口，坚持抓重大事件，抓重点环节，抓言论引导，抓深度报道的工作思路，持续加强校内媒体的深度融合和机制改革，逐步实现了新闻采、编、播的一体化和同步化，提高了工作效率和新闻报道的时效性，形成了“多种手段，一个声音”的动态立体新闻宣传格局。

目前，在新闻宣传工作中高校采用的是“1+1+N”模式。一是办好一张校报，引领舆论导向。校报体现内容的权威性和深度性，负责议程拟定，策划近期报道重点，强化深度报道、深度解读，确定舆论引导方向，并成为深度新闻和观点新闻的内容制造者和观点提供者。二是反应迅速，创设内容丰富的门户网站，吸引师生。新闻网充当的角色是发挥实效性和集纳性作用，一方面成为动态新闻的主要播报地，另一方面为其他媒体提供展示平台。三是发挥好广播台、电视台、手机报、电子屏幕以及其他传播媒介的作用，打好宣传思想工作“组合拳”。

（三）切合需求、强化引导，切实增强宣传内容吸引力

内容始终是新闻媒体的生命力。在宣传和媒体内容建设上，以价值引导和价值共享为首要目标，注重提供能够传达价值理念的、影响学生思想的内容，大力宣扬社会主义核心价值观体系等主流思想和价值观。高校按照“贴近时代发展、贴近任务使命、贴近师生实际”的原则，积极改进方法，强化价值引导，增强宣传内容的针对性和吸引力。一是贴近时代发展，大力宣传师生关注的国际国内热点、焦点问题。在校内各媒体上开辟专栏专题，引导师生进行互动交流，定期邀请相关专家做形势报告，就一些热点、焦点问题，进行现场解答，强化正面引导。二是贴近任务使命，大力宣传国家和学校的重大战略部署和政策法规，例如，积极宣传国家教育发展规划纲要、山东蓝色经济发展战略、国家能源战略以及学校的“十二五”规划等内容，详细解读学校的学生工作、教学、科研工作等方面的重要进展，增强师生员工的使命意识和责任感、自豪感。三是贴近师生实际，深入开展调查研究，详细了解师生关心、关注的问题，以及工作生活和思想领域的困惑和难题，强化沟通了解。广大教师要积极利用现代传媒，放低姿态，以网友和博友身份与学生平等交流，开展正面引导和全方位沟通，深入解决思想问题。

（四）创新技术、科学利用，积极推进新型载体建设

新媒体技术的推广和应用，为推进学校新型载体建设提供了强力技术支撑。为主动宣传学校党委声音，深入了解师生员工的诉求，高校积极利用新媒体优势，建设了师生现实和虚拟的双重精神家园。

1. 建设主题网站，发布正面信息，引导校园文化

为适应新媒体发展趋势，高校加大投入力度，建设了“创造太阳”主题网站。创造太阳网以弘扬主旋律、强化学术气息、展示丰富文体活动、凸显大学精神

文化为主，大力宣传了师生中的优秀事迹和感人事例，用身边的典型感动师生员工，营造蓬勃向上的精神氛围。高校举办了二级网站评比活动、网页设计大赛、网络知识竞赛、编辑手机健康短信竞赛等活动，将学生的精力从沉迷网络和手机游戏中转移到利用网络和手机平台来学习知识、掌握技能方面上来，以进一步增强网络文化的针对性、实效性和吸引力、凝聚力。

2. 开发建设互联网、手机、数字电视等新媒体平台

目前，在大力推进学校内涵式发展的进程中，高校积极开发和建设新媒体平台，将其作为提高教育教学质量、稳定师生思想、激发员工动力的新办法和好抓手。

（1）精心打造辅导员博客群。

学校积极推进和鼓励辅导员开设个人工作博客，要求全体辅导员建立自己的工作博客。工作博客要遵循弘扬育人主旋律、有利于促进学生对辅导员工作的了解、有利于增强辅导员自身的影响力、有利于吸引学生讨论和交流的原则，针对学生关注的问题撰写博客文章，引导学生形成正确积极的观点和看法。

（2）建立学生群体“QQ 群”和学生班级管理系统、微博平台。

学校鼓励和提倡建立各种形式的班级或社团“QQ 群”和班级管理系统。据调查，学校 99.5% 的班级和社团建有“QQ 群”或微博平台。通过构建“QQ 群”等形式，克服课堂教学的时间限制，通过传递信息、交流思想、聊天谈心等方式，主动将思想政治教育功能扩展到网络中，渗透到学生群体中。

（3）开发手机短信平台。

学校应利用手机短信传播信息，将短信作为与师生沟通的情感纽带，即时了解和洞察师生工作、学习、生活和思想动向。目前，高校在办公会务通知以及制止留言散播等方面，已基本实现手机短信平台化。同时，高校还利用就业信息短信平台等新媒体手段，广泛宣传西部企业动态需求和国家西部开发战略的新进展，取得了良好的效果，每年有超过 500 名的毕业生主动赴西部就业。

（4）编发手机报和电子杂志。

手机报和电子杂志是广大师生非常喜欢的阅读载体，除了文字和图片外，还包含了视频、超链接、及时互动等网络元素。其中，手机报以其独特的内容和运作模式，成为最具即时性、广泛性的信息播报形式。目前，高校正在尝试编发手机报。在电子杂志方面，高校创造太阳网，根据不同时期、不同主题，编发不同内容的电子杂志，深受师生好评。

（5）建设数字电视平台

高校利用电子大屏幕和校内电视网络，积极构建了动态电视播报系统。校内的学术动态、主要新闻以及专题视频节目，通过电视平台及时呈现在师生面前，营造了良好的校园文化氛围。

今后，高校要在实际工作中不断创新实践理念，进一步丰富和完善新媒体环境下的宣传工作与思想政治工作模式，切实增强针对性、实效性和可操作性，努力开创新媒体环境下高校宣传工作与思想政治工作的新局面。

第三节　高校实践育人中的管理育人系统

一、着力三种能力培养，推动创新型人才发展

创新人才匮乏是我国经济社会发展的最大瓶颈。培养创新人才是高水平研究型大学的使命和责任。中国著名科学家钱学森问：中国为什么不能培养一流人才？答案是，中国没有一所大学能够按照如何培养科技发明创造人才来办学。近年来，随着我国高等教育的快速发展，人才培养能力、科技创新能力和为经济社会发展服务能力大大提高，我国已成为高等教育大国。在建设创新型国家的过程中，要按照新形势新任务的要求，不断推动我国由高等教育大国向高等教育强国迈进。建设研究型高水平大学，培养创新型人才，首要任务是以科学发展观为指导，进一步明确办学理念，求真务实，开拓创新，不断加强对大学生综合素质和综合能力、创新意识和创新能力、创新创业能力的培养。注重三才培养是培养创新型人才的必由之路。

（一）转变教育理念，加强对大学生综合素质及能力的培养

受应试教育的影响，我国高校人才培养方式特别注重知识。传统的以课堂为中心、以教师为中心的教学模式固化了学生的思想，对学生个性的发展和综合能力的提升都有不利的影响，因此创新人才的培养，关键是教育理念和模式的创新。

1. 实施通识教育，营造宽松、自由、独立的育人氛围

教育家蔡元培领导北京大学时，主张“沟通文理”的通才教育。他指出：“教育是帮助被教育的人给他能发展自己的能力，完成他的人格，于人类文化上能尽一分子的责任；不是把被教育的人造成一种特别器具。”教育家梅贻琦指出，

“教育中心所倚，应在通而不在专”，要“通识为本，专识为末”。大学的根本任务是培养人才，就必须按照受教育者的特点去培养，做到“人尽其才”“因材施教”。因此，高校要强化基础课教学，加强文体艺术公共选修课建设，激发学生的学习兴趣，打牢学生的思想基础，营造宽松、自由、独立、和谐的育人氛围。

2. 加强实践教学，重视实践能力培养

随着我国工业化进程的加快，经济社会发展对人才创新实践能力的要求越来越高。但是，由于近年来大学生规模的不断扩大，以及对企业安全和效益的实际考虑，许多高校在教学实践中存在着一些问题，如与实际生产脱节、实习时间大幅度压缩、实习质量不高、实践过程流于形式等。实践教学质量难以保证，学生实践创新能力的培养受到很大影响。高校要进一步增强创新意识，注重技能培养，充分发挥产学研效益，注重实践育人。此外，高校还要抓好内容优化、条件改善、方式创新等关键环节建设，切实保障学生实践创新能力的培养和提高。

3. 加强社团建设，重视实际能力锻炼

大学生社团是大学生根据自己的兴趣爱好自愿组成的，按规定独立开展活动的一种学生组织，是实施素质教育的重要而有效的途径。大学生社团是第二课堂不可或缺的组成部分。它在培养学生兴趣、发展个性、拓展知识领域、培养思维、提高综合素质等方面发挥着重要作用。高校要鼓励和引导大学生根据自己的兴趣爱好，自觉组织和参加各种社团活动，在加强职业培训、锻炼人才的过程中，充分发挥大学生的主动性和自主学习能力，通过广泛的渠道增加他们的知识、激活他们的思想、发展他们的个性和感知他们的价值。在社区建设方面，高校要大力支持理论学习型社团，积极鼓励学术技术型社团，妥善引导兴趣爱好型社团，积极维护社会福利型社团，将社团建设与大学生课堂内容和素质发展计划相结合，努力提高社区的渗透力、吸引力和保障性。在积极建设品牌社团的过程中，必须增强大学生的实践意识，提高大学生的实践能力和实践技能水平，使他们更好地走向社会、服务社会。

（二）采取有力措施，促进对大学生创新意识及能力的培养

高校的根本任务是为人类的不断进步，培养和造就不断创造新知识的创新型人才。培养一大批这样的人才，要有长期从事创新科研的传统，要有一大批能够传承这一传统的优秀教师，要有良好的学术环境，要有长期的历史积淀，要有自己的校园文化精神以及先进的教育理念。

1. 加强创新与实践中心建设，培养学生的创新意识

为了适应现代高等教育对创新型人才的培养要求，高校在坚持实践育人与实验室建设的基础平台的前提下，积极整合资源，加强创新实践中心建设，注重开展对学生的创新教育，树立学生的创新意识。一是搭建全面的实践教学平台。高校积极探索大学与企业合作建设实验室的新模式，尽可能突破本科教学实验室与科研实验室之间的壁垒，强调推进综合性、设计性和创新性研究型实验项目的发展，从而丰富实验的内容，扩大受益领域，实现高度集成的功能，培养学生的创新意识，为创新能力的提高提供坚实的实践基础。二要加强创新实验室建设。例如，高校可投资建设一系列创新实验室，并为大学生建立创新和实践中心，通过与学科竞赛、创新测验计划和特区建设相结合，培养一流的创新人才，这对培养大学生的创新意识和能力具有重要的现实意义。

2. 加强教学与科研的紧密结合，培养学生的创新能力

高校创新人才的培养是一项高度专业化的学术活动。仅依靠课堂教学或科学研究活动不可能培养出高水平、高素质的创新型人才。教学和科学研究都是培养创新型人才的重要课程，高校要重视二者的紧密结合。一是重视教学在培养学生创新能力中的基本作用。高校在教学的全过程中进行创新思维和创新能力的培养，围绕学科的核心知识体系开展基于问题、基于项目和基于任务的研究教学。二是突出科学研究在培养学生创新能力中的支撑作用。高校要积极促进科研成果、教学内容和课程建设的更新，发挥重大或重点项目在创新型人才培养中的支持作用，加强对学生创新能力的培养，有效地发挥高水平科学研究在高水平创新人才培养中的重要支持作用；要重视向大学生开放高质量的科研资源，鼓励学生参加科学研究训练，鼓励学生参加学科竞赛，有效提高学生的科研创新能力。

3. 改革人才培养模式，改进教学方式，培养学生独立思考和创新思维的能力

高校围绕培养学生的质疑精神、独立思考和创新思维能力，致力于通过改革人才培养模式、改进教学方式，培养社会需要的高层次创新型人才。一是构建实践育人体系。近年来，高校集中选取实践教学作为切入点、突破口，加强对实践教学的整体规划、资源统筹和综合改革，建立起“以实践创新能力培养为目的，以人才培养方案优化为统领，以实验教学资源共享为平台，以实习基地建设为依托，以创新实践活动为载体，以毕业设计改革为着力点，以机制制度建设为保障”的实践育人体系。二是变革教学理念，改进教学方式。“不愤不启，不悱不发”就是强调要实行启发式教学，培养学生独立思考和创新思维

的能力。要通过研究性、启发式教学，培养学生的问题意识，探索创造性解决问题的方法，获得体验，这是培养创新精神和实践能力的有效途径。教师要把研究的思维、方法与最新成果引入课堂教学，通过研究的方式组织教学活动，打破传统的课程设置、知识传授顺序和思维定式，以解决问题为导向，设置综合课程，加强知识之间的横向联系，引导学生发现所有知识中隐含的意蕴。教师要让学生在问题中学习、成长，培养他们独立思考的能力，提高创新思维能力。

4. 开展产学研合作，增强学生的实践能力

产学研合作是科学研究，教育和生产等不同社会部门系统的功能和资源优势的协调与整合，是实现技术创新和建设创新型国家的重要内容。多年来，高校以产学研结合为实践育人的基础，深入挖掘高校资源，大力拓展校外空间，建立了较为完善的产学研结合人才培养体系，为经济和社会发展培养了一大批高素质的优秀人才。一是积极与国内外知名大学和研究机构合作，或进行交流培训，通过各种培训，提高学生的动手能力。二是建立“校内外互补、产学研结合”的实习实践基地。系列实习实践基地的建立，可以给学生提供深入生产实际和社会实际的机会，系统接受综合教育，使学校教育与社会教育实现紧密结合，促进大学生实践能力和创新能力的提高。

（三）锐意创新，着力培养大学生的创新创业能力

在高校积极开展创新创业教育、着力培养学生的创新创业能力既迎合了经济全球化背景下世界高等教育改革的发展趋势，也顺应了我国经济发展方式转变和经济结构调整，着力推进改革开放和自主创新的时代潮流。

1. 加强职业生涯规划，创新创业指导课程建设，培养学生创新创业意识

大学生职业发展与就业指导课程的核心任务是培养学生的创新创业意识、发展学生的综合竞争力，帮助学生明确职业发展目标，科学设计自己的未来并在大学期间着力培养自己的生涯管理能力。要达到预期课程效果，增强课程实效性，必须扬弃“以知识体系为导向”的传统课程理念，建立“以创新创业能力培养为目标”的课程理念，并构建起与创新人才培养体系相得益彰的课程教学体系，以增强教育教学的实效性。一是明确课程目标，积极培养大学生的职业管理能力。通过本课程的教学，帮助大学生树立职业发展的独立意识，树立积极正确的人生观、价值观和世界观，并将个人发展与国家需求和社会发展结合起来。二是科学设计课程内容，以满足不同层次、不同类型学生的发展需求。

有必要对不同年级的学生进行不同的教学，以便在整个大学范围内进行职业生涯规划教育。根据不同专业的学生，坚持分类，坚持个性化辅导。同时，还要对课堂组织形式进行改革创新，优化资源配置，加强校企合作，实现第一、第二课堂的有机融合，全面增强学生的创新创业意识和综合职业能力。

2. 构筑创新创业人才培养的实践平台，着力培养学生的创新创业能力

创新创业人才培养的实践平台主要包括校内、校外两个平台。一是充分发挥大学科技园的作用，加强就业与创业中心建设，建立校内创新创业教育服务平台。将创新创业教育教学和社会实践、实习实践课、毕业论文设计、丰富多彩的创新创业教育竞赛等系列活动相结合，通过开设创业园区，建设创业孵化基地，为大学生的创业实践提供必要的创业指导，在资金、场地、设备等方面给予创业扶持和帮助。二是加强创新创业基地建设，拓展校外创新创业教育服务平台。校外创新创业教育服务平台的拓展，则主要是通过拓宽渠道，整合社会资源，加强大学生创新创业基地建设，帮助大学生更多地接触社会、了解社会、服务社会。高校应积极借助社会资源，共建各类实践实习基地、爱国主义教育基地、德育实践基地，并以此作为创新创业教育的平台和重要依托。系列创新创业基地的建设，为大学生提供了充分的校外实习、实验和社会实践锻炼的机会，有力提升了大学生的实践能力和创新创业能力。

3. 建设一支高素质的创新创业指导教师队伍，引领学生走向正确职业道路

培养和提高大学生的创新创业意识和能力的关键之一是培养和建设一支既有理论知识又有实践经验的创新创业教育教师队伍。高素质的师资队伍是推动大学生职业发展与就业指导课程体系实施的关键。师资队伍建设要同时注重对理论型教师和实践型教师的培养。在理论型教师的培养中，要注重对教师创造性思维的培养，为学生创造性活动的开展提供精神示范。在实践型教师的培养上，要注重创业型教师的企业经验，积极聘用有创业经验、曾经或现在仍在企业管理岗位的教师。这些教师具有较高的学术素养，较丰富的社会阅历和生活阅历等，能够引导学生走上正确的职业道路。

高校创新型人才的培养取决于多种因素，开展教育的方式也各不相同。高校可通过着力提高大学生的综合素质及能力、创新意识及能力、创新创业能力，全面推进创新型人才发展。但对于创新型人才培养的探索这仅仅是开始，还需要高校进一步加强研究和实践，不断完善培训机制，进一步加强创新人才培养，推进高校的建设和发展。

二、加强学生工作队伍建设，提高育人能力，促进学生成长成才

人才培养是高等教育的本质要求和根本使命。提高质量是高等教育的生命线，是国家中长期教育改革和发展规划纲要确定的重要方针。衡量高等教育质量的第一标准就是看人才培养水平，核心是解决好培养什么人、怎么培养人的重大问题。多年来，高校学生工作始终围绕人才培养这一中心工作，着力加强学生工作队伍建设，提高这支队伍教书育人、管理育人和服务育人的工作能力，引导学生“以学习为中心，走全面发展之路”，始终服从和服务于学生的成长成才。

（一）坚持关爱学生、以人为本、着眼未来的学生工作育人理念

关爱学生、以人为本、着眼未来的学生工作育人理念，就要求每一名学生工作者在工作中以身作则，言传身教，做到感情上贴近学生，生活里深入学生，工作中服务学生，切实把对学生的关爱之心转化为工作的责任感、主动性和创造性。

1. 坚持关爱学生：一切为了学生

关爱学生，确立学生在人才培养中的主体地位，树立以学生为中心的工作理念，想问题、定办法、抓工作都要从学生发展的切身需求出发，将学生工作与帮助学生解决具体问题结合起来，千方百计为学生提供更多的选择、创造更多的机会。切实把学生的呼声当作紧急的命令，把学生的发展当作永恒的目标，把学生的平安当作不变的牵挂，把学生的成功当作无上的光荣，真正体现“一切为了学生”。

2. 坚持以人为本：为了一切学生

以人为本，充分了解学生，充分尊重学生个性，尊重学生的个体选择和个性发展，因势利导，因材施教，以一颗宽容的心善待学生，多发现他们身上的闪光点，多给他们一些温暖和鼓励，增强他们的信心，调动他们自觉学习和自我提高的积极性和主动性。和而不同，在全面发展的前提下鼓励创新、在合格达标的基础上支持冒尖、在规范要求的同时发展个性，使学生工作的育人方式从标准化向多样化转变，真正实现“为了一切学生”。

3. 坚持着眼未来：为了学生一切

着眼未来，全面贯彻党的教育方针，着眼于学生长远发展，以政策为导向，以教育为依托，以管理为抓手，以服务为保障，着力增强学生服务国家服务人

民的社会责任感，激发勇于探索的创新精神，真正培养出德智体美全面发展的社会主义合格建设者和可靠接班人。积极为学生的健康成长与和谐发展创造条件，促进学生的全面发展、协调发展、可持续发展，真正做到“为了学生一切”。

（二）培养德才兼备、乐于奉献、潜心育人的学生工作育人队伍

教育大计，教师为本。提高人才培养质量，关键在于教师队伍。高素质专业化的学生工作队伍是提高学生工作育人质量的基石。保证高素质的学生工作队伍，一是要有足够数量的学生工作者，具有合适的师生比；二是要千方百计激励和动员学生工作者在工作中增加投入，增强关爱学生、培养学生的责任感；三是要采取各种措施，加强学生工作者的师德建设，努力提高学生工作队伍的育人能力。近年来，高校大力加强学生工作队伍建设，着力提高科学化水平，明确职业化要求，推进专业化发展，拓展国际化视野，培养了一支德才兼备、乐于奉献、潜心育人的学生工作队伍。

1. 建立健全育人队伍

校领导、管理干部、行政管理人员、专业教师、辅导员、班主任、学生干部等各类群体都参与学生工作。现在高校学生工作队伍主要由学生工作者和学生干部组成。学生工作者包括主管学生工作的校领导、学生工作职能部门管理干部、专兼职辅导员和班主任，学生干部包括学生党支部、团支部和班委会的学生干部。各类人员从不同角度发挥不同作用，以保证学生工作自始至终既有领导的高度重视与关心，又有高校有关职能部门和院部学生工作者的积极落实，还有由专业教师担任的班主任和学生干部的共同参与，努力形成合力育人的良好氛围。

2. 主动开展多元培训

培养与培训是加强学生工作队伍建设的重要抓手。高校把加强队伍的师德建设放在培养和培训的首要位置，突出社会主义核心价值观的统领作用，提高学生工作者的职业道德修养，以其自身的学识魅力和人格魅力，潜移默化地影响和教育学生。高校正逐步建立和完善学生工作队伍岗前培训、日常培训、业务培训、专题培训和骨干培训相结合的分层次、多渠道、多形式、重实效的多元培训工作体系，并积极创造条件，选拔优秀学生工作者参加国内国际交流。同时选拔具有实际经验和研究能力的学生工作者，通过持续性的课题支持、经费资助和成果展示，帮助一批骨干人员成长为学生工作专家。

3. 努力搭建发展平台

高校高度关注学生工作队伍的发展。通过搭建职业化和专业化发展平台，让广大学生工作者拓宽专业视野、丰富专业知识、提升理论水平、提高职业素养，积极引导学生工作者明确职业发展方向，鼓励他们努力学习，善于思考，勇于实践，不断完善和提高自己，走好职业化、专业化的道路，争做专家型的学生工作者，实现职业价值和人生价值的整合。

高校在加强多元培训的同时，积极搭建各类发展平台，如通过举办学生工作论坛、评选优秀辅导员、组织辅导员职业技能大赛、开展课题研究和交流考察等形式，让全体学生工作者有更多的展示、学习、交流的机会。高校还搭建研究创新平台，专门设立专项研究基金，加强学生工作研究。

4. 培养历练学生干部

多年来，高校高度重视学生干部队伍的组织建设，坚持以“高标准、严要求，强素质”的标准培养学生干部队伍，坚持把塑造学生干部的个人形象和组织形象有机结合起来，充分调动了学生干部及学生干部队伍的积极性，发挥了他们的主动性和创造性。

高校充分发挥各级团校的作用，加大了对学生干部培训的力度。通过较为系统的培训，学生干部增长了见识，提高了思想修养、业务素质和工作能力，改进了工作艺术和技巧，培养了一大批坚强有力、素质较高的学生干部，很多优秀拔尖人才就出自这支队伍。

（三）构建贴近实际、突出主题、注重成效的学生工作育人体系

成长成才是青年学生的最大愿望，也是党对青年学生的厚望。高校学生工作必须积极探索促进大学生成长成才的有效途径。经过多年的努力，高校基本构建了贴近实际、突出主题、注重成效的学生工作育人体系，紧密依靠学生工作队伍，扎实开展工作，取得了良好的育人效果。

三、塑造师德师风，不断增强教师队伍的责任使命感

育人是立校之本。高校历来重视学生工作和辅导员的队伍建设，近年来，高校坚持特色发展、开放发展、和谐发展，在学生工作中积极探索新思路和新方法，取得了一系列显著成果。

（一）树典型，以精神塑造师德师风

依托党建和思想政治工作的优势，用榜样的示范作用带动和影响全体教师，

引导教师树立正确的教育观、质量观、人才观，把立德树人的理念内化到教师灵魂深处。加强职业道德教育，强化教师对学术道德、敬业精神的认知。发挥老教师传帮带作用，在教学及日常工作中给予指导，以自身的言行影响新教师。树立典型，发挥模范带头作用。例如：召开教师节庆祝表彰大会，开展优秀教师、优秀教育工作者和优秀科研团队表彰活动；对从事教学工作满 30 年的教师进行表彰，增强教师的职业认同感和荣誉感；等等。

（二）重建设，以制度规约师德师风

把师德作为教师职业准入门槛，完善师德建设规章制度，贯彻教师职业道德准则，建立师德考评制度与师德档案，营造良好的教风和学术氛围。建立师德建设长效机制，重视校园文化的熏陶作用，通过开展多层次、高品位的校园文化活动，如举办丰富多彩的教书育人主题活动、教育思想大讨论活动等，提升教师的道德素养。

（三）建机制，以考核落实师德师风

坚持推行年度考核、专家督导、学生评教、信息反馈制度，对教师的师德、职责履行情况及教学质量进行综合考评，考核结果与教师的评聘、晋级、津贴等挂钩；健全学术不端行为惩治查处机制，有效提高教师的思想政治素质和职业道德水准；落实考核评价，对教师年度及聘期考核实行师德考评，一票否决。高校积极构建协同创新平台体系，深化政校企合作。

第四章　文化自信视域下高校实践育人现状

本章主要分析了目前大学生文化自信视域下实践育人的现状和所面临的一系列问题，着重分析了造成该现象的原因，并有针对性地提出在新时代背景下进一步加强大学生文化自信实践育人的路径。

第一节　我国高校实践育人的现状

一、高校实践育人现状

（一）教育认识缺失

如今，依然有很多教育工作者认为实践育人是一种保守的教育方法，没有将其上升到教育理念的高度。以“思之学”为基础的传统教育依然十分顽固，教育方法、教育观念落后，教育管理者没能适应新时代实践育人发展的新局面，没有对实践育人进行科学合理的规划和布局，没有制定相关的规章制度。一方面，一线教师的大多数行为习惯很难改变。他们习惯于课堂教学，具有较强的“被动性”和“封闭性”，保持传统的教育观念，不能主动学习、创新，难以接受新的教育方法，不能及时转变教学角色。另一方面，大多数大学生从小学到高中，都是在教师灌输知识、学生被动接受的教学模式下成长的，没有形成自主学习、积极获取知识的学习意识。

1. 对实践育人的政策认知

高校师生对于实践育人的政策认知程度，将直接影响实践育人的开展。本节选取了《关于进一步加强和改进大学生思想政治教育的意见》（以下简称《中央文件》）、《关于进一步加强高校实践育人工作的若干意见》（以下简称《实践育人若干意见》)、《关于全面提高高等教育质量的若干意见》(以下简称《高等教育若干意见》)、《国家中长期教育改革和发展规划纲要(2010—2020年)》(以下简称《规划纲要》)等相对来说较重要的实践育人政策文件，采用抽样调查的方式，调查了高校教师对上述政策的了解程度，见表4-1-1。

表4-1-1　高校教师对实践育人政策的了解程度

文件名称	教师对文件的了解的程度	人数	占比(%)
《中央文件》	十分了解	54	11.9
	大概了解	192	42.7
	听说过该文件	175	38.8
	完全不知道	29	6.6
《实践育人若干意见》	十分了解	40	8.8
	大概了解	225	50.0
	听说过该文件	147	32.7
	完全不知道	38	8.5
《高等教育若干意见》	十分了解	39	8.7
	大概了解	210	46.5
	听说过该文件	185	41.3
	完全不知道	16	3.5
《规划纲要》	十分了解	36	8.0
	大概了解	179	39.8
	听说过该文件	197	43.7
	完全不知道	38	8.5

根据表4-1-1的调查结果，大部分回答者都或多或少听说过前面提到的实务教育政策，完全没有听说过前面提到的政策的教师比率低于9%。这说明政策的普及率是可以的，但是到了了解阶段，十分了解政策内容的只有不到10%。大多数教师对这些政策的了解程度仅停留在听说阶段，或者大致了解阶段，可见大部分教师对政策的理解还是不足的，需要加强这方面知识的教育。

2. 对实践育人的地位认知

不同的主体经验不同，知识水平也不同，所以要从教师和学生两个角度来研究他们对实践育人地位的认识。

（1）学生对实践育人的地位认知。

通过研究学生对“实践是大学生成长的必由之路”“实践育人是高校人才培养的重要环节”“理论与实践相结合是教育的基本规律”等观点的赞同度，以及对实践教学活动与理论教学活动的重要性比较，来探究学生对实践育人的地位认知。

由表 4-1-2 调查数据可以看出，十分认可“实践是大学生成长的必由之路”这一观点的学生占 70.7%，完全不认可或者不是很认可的学生占接受调查的学生的 0.8%，3.3% 的学生对此观点的态度模糊。这说明，大多数学生认可实践育人有十分重要的地位，将实践视为大学生成长的必由之路。

表 4-1-2　学生对“实践是大学生成长的必由之路”的认知

认知	人数	占比（%）
十分认可	698	70.7
相对认可	249	25.2
不好说	33	3.3
不是很认可	6	0.6
完全不认可	2	0.2
合计	988	100.0

根据表 4-1-3 调查数据可以看出，大部分学生对“实践育人是高校人才培养的重要环节”这一观点持认可态度。被调查的学生中高达 96.9% 的学生认为实践育人是高校人才培养的重要环节，2.5% 的学生不了解，所以对这一观点持中间态度，仅有 0.6% 的被调查者不是很认可这一观点。由此可见，大多数学生认为实践育人有十分重要的地位，认为实践育人是高校人才培养的重要环节。

表 4-1-3　学生对“实践育人是高校人才培养的重要环节”的认知

认知	人数	占比（%）
十分认可	569	58.5
相对认可	373	38.4
不好说	24	2.5
不是很认可	6	0.6
合计	972	100.0

根据表 4-1-4 调查数据可以看出，大部分学生认可“理论与实践相结合是

教育的基本规律”的观点。接受调查的学生 94.3% 认可“理论与实践相结合是教育的基本规律”这一观点，5.2% 的学生对此观点的态度模糊，不认可“理论与实践相结合是教育的基本规律”这一观点只有 0.5%。在对该观点持认可态度的学生中，60% 的学生十分认可这一观点。由此可见，大多数学生认为实践育人的地位比较重要，认为理论与实践相结合是教育的基本规律。

表 4-1-4　学生对“理论与实践相结合是教育的基本规律”的认知

认知	人数	占比（%）
十分认可	593	60.0
相对认可	339	34.3
不好说	51	5.2
不是很认可	4	0.4
完全不认可	1	0.1
合计	988	100.0

实践教学活动和理论教学活动是当今学生学习的两个重要工具，学生对两个教学活动之间的关系的认知影响着参与。根据表 4-1-5 调查数据可以看出，73.0% 的学生相信实践教学活动和理论教学活动一样重要。另外，16.8% 的学生认为实践教学活动更重要，4.2% 的人认为理论教学活动比实践教学活动更重要。因此，实践教学活动在学生参与的教学活动中占有重要的地位。

表 4-1-5　学生对实践教学活动与理论教学活动的重要性比较

比较内容	人数	占比（%）
实践教学活动更重要	164	16.8
二者一样重要	712	73.0
理论教学活动更重要	41	4.2
二者无法一起比较	59	6.0
合计	976	100.0

（2）教师对实践育人的地位认知。

通过调查教师对“实践育人是高校人才培养的重要环节”观点的认知，以及教师对于实践教学活动与理论教学活动的关系的认知，来探究教师对实践育人的地位认知。

根据表 4-1-6 调查数据可以看出，教师对“实践育人是高校人才培养的重要环节”这一观点持认可态度。97.7% 的教师认为实践育人是高校人才培养的重要环节，仅有 0.6% 的教师不是很认可这一观点。由此可见，实践育人在高校教师群体的认知中地位十分显著。

表 4-1-6　教师对“实践育人是高校人才培养的重要环节”的认知

认知	人数	占比（%）
十分认可	340	70.1
相对认可	134	27.6
不好说	8	1.6
不是很认可	3	0.6
合计	485	100.0

根据表 4-1-7 调查数据可以看出，78.0% 的教师认为实践教学活动与理论教学活动同等重要，9.8% 的教师认为实践教学活动比理论教学活动重要，仅 3.3% 的教师认为理论教学活动比实践教学活动重要。由此说明，实践教学活动在教师的实践育人认知中占有重要地位。

表 4-1-7　教师对实践教学活动与理论教学活动的关系的认知

比较内容	人数	占比（%）
实践教学活动更重要	48	9.8
二者一样重要	383	78.0
理论教学活动更重要	16	3.3
二者无法一起比较	44	9.0
合计	491	100.0

（3）探索学生和教师之间知识水平的差异。

作为高校实践育人的另一个主题，学生和教师对实践育人的认知差异会影响他们的行动和参与的效果。

根据表 4-1-8 调查数据可以看出，教师与学生对“实践育人是高校人才培养的重要环节”这一观点的认知差异比较小，基本都是持认可的态度。即大多数师生（97.7% 的教师与 96.9% 的学生）均认可在高校人才培养的所有环节中，实践育人是十分重要的一环，不过二者认可的程度还是不同的，十分认可的教师（70.0%）所占比例要高于学生群体（58.5%），相对认可的教师（27.7%）比例低于学生群体（38.4%）。

表 4-1-8 师生对“实践育人是高校人才培养的重要环节”的认知差异

	十分认可	相对认可	不好说	不是很认可	完全不认可
教师	70.0%	27.7%	1.8%	0.5%	0
学生	58.5%	38.4%	2.4%	0.7	0

根据表 4-1-9 调查数据可以看出，大多数教师和学生（78.0% 的教师和 73.0% 的学生）认为实践教学活动和理论教学活动一样重要，其次是认为实践教学活动更重要的教师占 9.8%、学生占 16.8%。仅有一小部分认为理论教学活动更重要（教师占 3.3%，学生占 4.2%）。

表 4-1-9 师生对实践教学活动与理论教学活动的关系认知差异

	实践教学活动更重要	二者一样重要	理论教学活动更重要	二者无法一起比较
教师	9.8%	78.0%	3.3%	8.9%
学生	16.8%	73.0%	4.2%	6.0%

3. 对实践育人的作用认知

表 4-1-10 主要是对学生的实践育人作用认知的调查，分别调查了学生对于“实践锻炼对人的思想觉悟和认知能力的提高都有很大的益处”“实践与人的全面发展息息相关”“实践是认识的源泉”“实践可以帮助塑造健全的人格”“实践出真知”“实践对大学生社会责任感、创新精神以及实践能力的培养有利”等观点的认可度。学生认可上述观点的比例依次为 91.0%、91.1%、87.3%、84.5%、87.9%、85.2%，其中对于“实践可以帮助塑造健全的人格”这一观点的认同度明显比其他观点的认可度低。与此同时，在认可上述观点的学生群体中，持“十分认可”态度的学生比例都比持“相对认可”态度的学生比例高，高出比例都在 10 个百分点以上。由此可见，大多数学生对实践的作用持认可的态度，认为实践对促进人的全面发展、综合素质的提升都有重要的帮助。

表 4-1-10 学生对实践育人作用的认知

问题	十分认可	相对认可	不好说	不是很认可	完全不认可
实践锻炼对人的思想觉悟和认知能力的提高都有很大的益处	54.9%	36.1%	7.8%	0.9%	0.3%
实践与人的全面发展息息相关	60.2%	30.9%	8.0%	0.5%	0.4%

续表

问题	十分认可	相对认可	不好说	不是很认可	完全不认可
实践是认识的源泉	50.0%	37.3%	8.9%	2.9%	0.9%
实践可以帮助塑造健全的人格	51.2%	33.3%	9.9%	4.7%	0.9%
实践出真知	51.7%	36.2%	9.6%	2.1%	0.4%
实践对大学生社会责任感、创新精神以及实践能力的培养有利	53.1%	32.1%	10.0%	2.8%	2.0%

表4-1-11是对教师对实践育人作用认知的调查，分别调查了教师对于“实践锻炼对人的思想觉悟和认知能力的提高都有很大的益处”“实践与人的全面发展息息相关”“实践是认识的源泉”“实践可以帮助塑造健全的人格”“实践出真知”“实践对大学生社会责任感、创新精神以及实践能力的培养有利”等观点的认可度。调查数据表明，大多数教师对上述观点持认可态度，比例都在80%以上，基本没有不认可的，这说明在教师的认知里培养学生的实践能力是十分重要的一项工作，对实践育人的作用给予正面肯定。

表 4-1-11 教师对实践育人作用的认知

问题	十分认可	相对认可	不好说	不是很认可
实践锻炼对人的思想觉悟和认知能力的提高都有很大的益处	55.2%	36.1%	7.8%	0.9%
实践与人的全面发展息息相关	61.6%	29.9%	8.0%	0.5%
实践是认识的源泉	50.9%	37.3%	8.9%	2.9%
实践可以帮助塑造健全的人格	52.2%	33.2%	9.9%	4.7%
实践出真知	52.0%	36.3%	9.6%	2.1%
实践对大学生社会责任感、创新精神以及实践能力的培养有利	54.1%	32.7%	10.4%	2.8%

同时，表4-1-12考察教师对参与各类实践活动的作用的认知，其中主要包括参与实验教学实践活动、毕业实习实践活动以及创新创业实践活动。就实验教学实践活动的数据来看，将教师的选择比例从低到高的顺序进行排列，其中实验教学实践活动的作用依次为：增强学生对专业的认同感（4.5%）、锻炼学生的各种能力（4.5%）、锻炼学生的科学精神（5.7%）、提升学生的实践动手能力（39.8%）以及帮助学生掌握专业知识（45.5%）。

表 4-1-12　教师对实验教学实践活动作用的认知

作用	频数	百分比（%）
帮助学生掌握专业知识	80	45.5
提升学生的实践动手能力	70	39.8
锻炼学生的各种能力	8	4.5
增强学生对专业的认同感	8	4.5
锻炼学生的科学精神	10	5.7
合计	176	100.0

通过比较教师和学生对实践育人作用的认知，从收集到的数据中可以看出，大多数教师和学生对实践育人在高校人才培养中起到的作用给予肯定，二者承认了实践育人活动在其中的实际意义，并认识到实践是提高教育教学质量、发展和培养大学生能力的重要基础和手段。然而二者对于实践育人的具体作用在认知方面仍然存在明显区别，高校教师以人才培养的视角对实践育人的作用予以肯定，而学生对实践的作用的认知和感受则是从个人发展方向的角度产生的。

（二）教学体系缺漏

自提出实践育人的教学思想以来，经过不断地讨论和调查，实验、实习、实训、竞赛、课程设计、毕业设计或毕业论文等诸多具有实践参与意义的活动和环节都被纳入实践育人体系的范围，但第二课堂的社会实践活动始终没有被划分为实践育人体系的重要组成部分。一直以来都有来自多方不同的想法和建议，许多人认为想要展现本校独有的教学特色和真正实践育人活动的实际意义就要制订相应的教育计划，只有教育计划之内的教学实践活动才有相应的作用，而不被包含在教育计划之内的教学实践活动则对实践育人活动的展开没有帮助。也正是这些想法的提出，导致一部分高校在教学计划设计过程中忽视了实践育人的重要性，在宏观和微观层面上缺乏适当的安全体系，严重地打破了实践育人各个环节之间的联系，进而也无法形成具有科学性、高效率的教育体系。教育体系的脱节，也影响了教师和学生的思想意识，使教师的教学和学生的学习都受到了消极的影响，从而影响了学生对于知识、技能等方面的获得。

（三）条件保障缺位

实践育人的落实，在于切实保障实践育人条件。一些大学还没有认识到实践育人的实际工作的重要性。在资金支持、制度保障、师资队伍、硬件等方面对实践育人的支持不足，体制也保守落后，对于新形势的需求也不能完全适应。

缺乏资金是实践育人中普遍存在的问题，但这些早已成为“习惯”。在实践育人的师资队伍中仍然存在着许多隐性问题，如“传帮带”优良传统的逐渐丧失，学生干部缺乏对教育的深刻认识，并且也不能对教育展开深入研究等。许多大学在硬件设备上投入巨资，却没有改进软件设备。创新教育、创业教育、文化艺术教育与社会中各行各业的标准有很大区别。校外实践育人基地缺乏，通常采用单一的管理模式。企业对学徒制和培训实习生也呈现出一种消极的态度，实践育人和社会现实需求之间也没有有效的联系。

1. 政策保障

通过调查可以发现，实践育人是伴随着一定的政策保障的。相关政策的出台是开展实践育人工作的主要保障，为实践育人工作的开展提供了合法合理的途径。表 4-1-13 为教师对实践政策保障的评价。

表 4-1-13　教师对实践政策保障的评价

评价	非常认可	比较认可	说不清楚	比较不认可	非常不认可
实验教学实践：学校重视，政策支持充分	31.5%	47.9%	12.1%	7.3%	12%
创新创业实践：学校重视，政策支持充分	26.9%	49.3%	17.2%	6.7%	0
社会实践：学校重视，政策支持充分	24.7%	47.5%	19.6%	7.6%	0.6%

调查显示，不同类型的实践活动，其政策保障有所不同。在实验教学实践中，79.4% 的教师认为学校重视实验教学，政策支持充分；在创新创业实践中，同意该观点的教师占 76.2%；在社会实践中，72.2% 的教师认为社会实践有政策保障。总体而言，多数教师认为实践育人活动具有一定的政策保障。

2. 时间保障

师生参与实践活动需要时间保驾护航。根据表 4-1-14 和表 4-1-15 调查数据可以看出，89% 的学生认为实践活动的时间充裕，11% 的学生持反对意见。83.7% 的教师认为指导教师在实践活动中时间和精力投入充足，持反对意见的教师占 4.4%。可见实践育人具有一定的时间保障。

表 4-1-14　学生对实践时间保障的评价

时间充裕	频数	百分比（%）
符合	179	36.4
比较符合	259	52.6
不符合	54	11.0
合计	492	100.0

表 4-1-15　教师对实践时间投入的评价

教师时间精力投入充足	频数	百分比（%）
非常同意	44	32.6
比较同意	69	51.1
说不清楚	16	11.9
比较不同意	6	4.4
合计	135	100.0

3. 经费保障

实践育人的经费获得渠道是否畅通和教育活动经费的充足与否直接影响着教育实践的实际效果。通过对高等教育实践经费的研究和学生对经费保障的评价表明，实践活动经费主要来自学校和家庭。学生参与实践活动的经费来源主要是学校学院资助（36.8%）、家庭资助（30.7%）、社会团体或企业赞助（12.5%）、政府或党团机构支持（5.9）、师生私下筹集（11.4%）。由此可见，实践经费来源多元，以学校学院资助和家庭资助为主，政府或党团机构支持的较少（见表 4-1-16）。

表 4-1-16　实践活动经费来源

经费来源	频数	百分比（%）
学校学院资助	422	36.8
家庭资助	352	30.7
社会团体或企业赞助	144	12.5
政府或党团机构支持	68	5.9
师生私下筹集	131	11.4
其他	31	2.7
合计	1148	100.0

学生认为实践活动的经费有保障。88% 的学生认为参与实践活动的资金有保障，11.9% 的学生认为实践活动的资金没有保障。由此可见，当前高校实践育人的经费来源多元，且具有一定的保障，但保障力度可进一步加大（见表 4-1-17）。

表 4-1-17　学生对实践机会保障的评价

机会丰富	频数	百分比（%）
符合	322	40.5
比较符合	378	47.5
不符合	95	11.9
合计	795	100.0

4. 安全保障

学生参与实践活动缺乏一定的安全保障，学生安全意识较为薄弱。调查显示，仅有 9.8% 的学生在参与实践活动中，实践单位为其购买了保险。但在对实践活动的安全保障进行调查时，91.6% 的学生认为实践活动的安全有保障。对比两组数据可知，学生在参与实践活动中安全意识有待提升（见表 4-1-18）。

表 4-1-18　学生对实践安全保障的评价

安全有保障	频数	百分比（%）
符合	221	45.0
比较符合	229	46.6
不符合	41	8.4
合计	491	100.0

二、原因分析

透过现象能发现本质，而且本质能通过现象表现出来。高校实践育人面临的挑战表明，高校存在着许多固有的问题，其中包含了思想理论上的误解和偏差，以及教育运行机制上的不全面和资金短缺等问题。

（一）认知存在偏差

“态度强度决定行动强度。”当前，高校实践育人教育工作存在诸多不足和不确定因素，家庭、大学、社会和个人都还不能充分认识到实践的重要性。

1. 高校认知不足

高校的实践工作往往促进了自身的内在认识，大学生实践的重要性没有得到充分的认识。大学生是国家的未来，是社会主义现代化的建设者。随着社会的发展，各种新兴技术如雨后春笋般出现，各行各业对人才的需求越来越大。新型人才必须要有充足的理论知识、开阔的视野和完整的实践技能。但是大部分高校仍然按照传统教育模式培养学生，重视课堂教学中理论知识的学习，却忽视了更加重要的实践技能的培养，没有把提高思想道德素质作为重要目标和抓手，主要体现在以下几点。在具体评价细则中，理论课评分占多数，实践课学分很少。硬件方面，学校图书馆的规模越来越大，但可供大学生实践的场所非常有限。这是高校缺乏实践认识的根源。因此，高校育人实践要理解教育改革的精神与意义，就必须首先认识到育人实践的重要性，实践是解决问题的根本因素。目前，大学生在学校的活动有限，很少有时间和机会接触校外的生活。而且高校没有设置专门的实践活动时间，这导致实践活动的效果无法发挥出来。如果高校认识不到自身工作和学生成长在实践方面的重要性，不及时转变落后的教育观念、组织科学有效的实践育人活动、为学生树立正确的实践意识，那么将会使学生缺乏进行实践活动的积极性，严重影响实践育人的成果。很多学生都将成绩作为自身成功的唯一标准，即使他们意识到目前的竞争非常激烈，如果不能在实践中运用，也是毫无用处的。在现实的奖惩制度和分数的影响下，学生们每天关注的只是理论研究，很多大学生热衷于评奖、考证，以证书的多少衡量自己的实力，却没认识到要在实践中运用这些知识的重要性。

2. 家庭认知上存在的偏差

如今，我国大多数大学生都是独生子女，这加剧了父母对孩子的溺爱，很多父母不愿自己的孩子受苦受累。而且父母更加重视考试成绩，让自己的孩子参加各种补习班，却不重视实践。这种家庭观念对学生的成长产生了一定的负面影响，虽然有些学生也认识到了实践的重要性，但也很少能够亲自参与其中，在实践中表现不佳，导致了不协调的问题。有的家长认为对知识的学习只要掌握书本知识即可，而外部实践是浪费时间。然而，当今科技水平不断提高，大学生所处的社会环境不同，思想观念较多样化，因此，他们更需要提高实践能力，去适应新环境。总之，无论是社会、学校、家长，还是学生自己，都应该支持社会实践，认识到实践的教育功能。

3. 社会认知上存在的偏差

高校涵盖了广泛的范围，具有广泛的影响力，因此必须在社会各个层面提供支持和实践平台。但现在许多人认为，社会实践会浪费资源和时间，而且流于形式，不能真正起到作用。例如，高校和企业建立合作关系，为在校学生提供企业实习机会。企业认为大学生实力不足，不能给企业带来回报，还会浪费企业资源，耽误工作。但如果大学生没有充足的实践机会，最终只会给企业生产带来负面影响。因此，企业和大学生之间应该是相辅相成、相互促进的关系。

（二）缺乏创新

大学生的社会实践活动形式单一，缺乏创新。大学里学生的教育实践只限于社会调查和社会访问等社会实践活动。高校应开设实验室，为学生提供“试验研究”的机会，鼓励和支援科学和技术基金，实施项目设计等，通过更多的渠道，创新教育内容和手段，提高学生的积极性。

（三）存在薄弱环节

“体制因问题而生”，高校实践育人虽然已经经历了数十年的发展，但很多高校依然没有建立起系统的管理和监督机制，这是阻碍高校实践育人发展的重要因素。

1. 组织机构不健全

组织机构需要多层次的管理、各部门的合作、有效的支持。但是，很多高校还没有系统、全面的组织结构，几乎所有相关部门都是各自独立的。例如，在学校，教务部门和学工部门主要管理学生的实践活动，其支出都来源于学校财务部门，但财务部门有自己的资金使用和分配原则，所以很难保证实际支出，适用的资金和实际收入之间存在很大的差距。由于上级组织缺乏科学和系统的规划，没有具体的安排和实施细节，很难有机地将所有部门、教师和学生统一起来。大学生的实践活动很难起到适当的作用，最终导致大学的实践活动没有确切目标、形式单一。

2. 监督机制缺乏

任何系统或组织的顺利运行，必须有完善、合理的监督机制的约束。高校实践育人运行不顺畅，没能发挥重要作用的原因，很大一部分来源于没有相应的监督机制，主要表现在对学生的实践成果没有进行有效监督。

3. 考评机制不够科学

将定量和定性考评相结合是一种科学的考评方式。由于两种考评机制都是优点和缺点并存的，所以单一的考评制度不可能是完全公正、客观的，所以一定要建立定性和定量研究相结合的体制。目前，很多高校以学生的实践报告作为考评学生成绩的依据，这样做不仅无法有效评价学生的实践成果，还会让学生对实践的认识产生偏差。考评制度的完善有利于促进高校实践育人工作的开展，因此，高校应不断完善实践教学体系。

（四）保障机制有欠缺

1. 资金匮乏是制约实践育人教育活动的重要因素

随着时代的发展，高校需要逐步加强对社会人才的培养，需要大量的资金作为支撑。随着教育事业的逐步深入，对大学生的实践育人教育无论在形式上还是在内容上都有许多新的要求。但是实践育人工作花费巨大，特别是普及大学教育之后，大学生数量大大增加，同时也提高了实践育人教育的成本，导致了实践育人教育与理论教育争夺教育经费的局面。过去，高校教育偏重应试教育，很少注重实践，课堂教育成为日常教育的中坚力量。因此，日常教育的成本也向课堂教学倾斜，实践育人难以获得充足的资金支持，实践成果无法得到有效保障。

2. 实践育人受到阻碍的另一个重要原因是指导教师不足

我国高校还普遍存在一个问题，即师生比例失衡、师资短缺。第一，许多教师由于教学任务繁重，没有时间同时兼顾课堂教学和实践育人教学，而且也没有专门配备实践育人方面的专业教师。第二，由于实践育人教育的特殊性、实践性和复杂性，教师必须具有较强的指导实践的能力，但我国高校教师培养活动范围仅限于高校，其研究成果很少转化为生产力。第三，一些在公司工作经验丰富、素质高、专业技能强的员工，由于自身原因以及校企之间缺乏沟通，在实际教学活动中也面临很多困难。第四，即使教师真正参与到实践育人教育中，也仍然有很多不足。因此，在实践育人教育的平台上，高校实践育人的效果还有待加强。

3. 构建实践平台是大学生进行实践活动的重要载体和组成部分

国内高校虽然都建立了自己的教学实践基地，并且有配套的实践平台，也进行一定的社会实践活动，但与日益增长的大学生数量相比，目前已有的平台数量显得微不足道。一方面，高校在实践平台中投入的资金、师资、设施资源还不足，加之实践场地等原因，使实践活动的开展存在很多困难。因此，大多数高校很难有一个操作性强、学生积极参与的广泛实践育人教育平台。另一方面，大部分校外实践平台的观赏性大于实用性，也无法为学生提供合适的实践机会。

第二节 高校文化自信现状和培育措施

一、大学生文化自信缺失的主要表现

随着我国社会经济的快速发展和社会文化多样性的逐步形成，我国的社会主义文化建设面临着严峻的挑战。学生缺乏社会经验，不能准确、及时地认识到社会中的差异和矛盾。此外，受西方文化的影响，中国特色社会主义文化的发展和自信问题日益严重。

（一）对中国传统文化缺乏一定认知

自文化自信命题提出以来，国家、教育界、高校和教育工作者都十分重视大学生的文化自信问题。目前，我国高校广泛开展了思想政治教育活动，以期对大学生文化自信进行培养，同时也为此展开深入研究和探索，并取得了令人满意的效果。然而，我国大学生文化自信的总体情况还不容乐观。据有关部门的调查，即便如今中国对世界有深远的影响，但很多学生仍然没有深入了解中国传统文化。即使是许多文科学生也不能完整、清晰地描述中国的历史发展。在对中国传统文化的研究和理解中不能表现出主观能动性，不仅会影响对传统文化的理解和感知，而且会严重阻碍文化自信的培养。现代学生对中国传统文化没有一定的了解和理解，主要集中在以下几个方面：

1. 对中华民族传统文化的形成及发展过程把握不足

每个民族都有自己的历史进程，包括文化发展的历史。无论是从中华民族的历史发展来看，还是从中国文化的历史发展来看，中国传统文化发展的辉煌历史都是我们必将学习的。从黄帝部落的公孙轩辕时期起，中国至今有五千多年的历史，在这五千多年的历史发展中，经过代代相传，古代中国人逐渐创造了一种特有的、具有时代特征的文化，使我们的国家成为延续中国传统文化的国家，使中国成为历史上四大古老民族之一。隽永的中华传统文化，始终蕴含着中华民族最深厚的精神基因和价值观，同时也是中华民族独特精神文化的象征。而我们没有理由不承认这种中国固有的精神追求、精神基因和精神象征，因为每一个中国儿女都是中华民族生存和发展所需要的根本。很明显，现代的学生如果不了解中华民族传统文化的历史发展，就不可能有高水平的文化知识。没有足够的文化知识和教养，伟大复兴的中国梦是不可能实现的。这是因为，

作为中华民族伟大复兴的起点，不仅需要科学文化素养，而且需要足够的文化知识和技能。

2. 对中华民族优秀传统文化的内容不理解

泱泱中华历经五千多年的文化发展，文化传统得到了长足的发展，在不断继承与创新的过程中，文化的内容和内涵都得到了丰富。而中华民族经过历史积淀形成了丰富的文化体系，在现代社会中被世人看作人类文明和智慧发展的重要体现，这些都源自其千百年来绵延不断的发展和延续。

中华文化中所蕴含的特有的价值理念、知识智慧、气度神韵等，为我们中国广大人民增添了自信和自豪。但是，武汉大学一些著名学者所做的关于大学生思想政治状况调查的分析显示，高校青年中仅有 42% 的大学生全部或部分读过“四书”，其中能够完整阅读《大学》《中庸》《论语》和《孟子》的青年大学生，所占比例分别为 12%、9%、38% 和 12%。还有程为民等学者在 2016 年对武汉大学、浙江大学等十多所高校的 700 名大学生进行的问卷调查也显示，多数大学生对中华优秀传统文化仅限于“了解部分代表性作品”。这些数据表明，目前有一定数量的学生无法主动学习古典文学，学习和理解传统文化知识的途径仅限于课堂，学习的目的并不是提高自身的文化修养，而是为了通过相关的测试。这种对传统文化的被动学习，必然导致文化内容的缺乏、文化视角的缺失和文化自信不坚定。

3. 对中华民族传统文化的现代价值认识不足

纵观人类社会发展史，一个民族的文化的传承和发扬取决于这种文化的价值。通常能够得到发展的文化在一定意义上都是具有传承价值的，而没有价值的文化则会在发展的过程中消逝、灭亡。中国传统文化流进所有炎黄子孙血脉中，是中国特色社会主义文化形成和可持续发展的源泉。中华传统文化在中国社会的发展和中华民族精神的形成过程中，始终发挥着重要的作用。中华民族具有五千多年的历史，这也是中华文明能够成为唯一延续至今的灿烂文明的重要原因，同时也是中华民族认同和继承传统文化所体现的思想、伦理等价值观的根本。尤其是在社会主义革命、建设、改革的过程中，我们党始终坚定不移地从中国传统优秀文化中发掘有益的资源，为使传统文化能够适应时代的发展，对其进行了创新性发展和创造性转换，实现了传统文化和当代文化的融合发展，从而使传统文化焕发出新的活力。然而，部分学者通过调查研究发现，部分青年大学生认为中国优秀的传统文化相较于西方文化差异巨大，传统文化是落后文化，因而在面对外来文化时，竟然出现了对本土文化的否定。这说明一部分学生对传统文化的认识不够充分，对传统文化价值观的认识不足。这是因为学生缺乏传统文化价值观的意识，中国的一些传统文化被认为是过时的，他们对中华民族的传统文化缺少敬畏之心，以至于盲目地追崇西方的圣诞节等多种不同方面的文化，而并不热衷本民族的文化。

（二）对我国革命文化的精神内涵了解不够

自1978年进入改革开放以来，“革命”两字逐渐远离人们的生活，特别是对当前的大学生而言，是十分生疏的，从而对我国的革命文化并没有充分的了解和认识。目前，相当一部分大学生对于我国革命先辈在革命实践中铸就的革命精神，如井冈山精神、长征精神、西柏坡精神，缺乏足够的了解和深刻的认识。

每个国家都有自己的文化遗产和历史传统，都有自己独特的特点。此外，由于各个国家和民族的基本民族环境的差异，每个国家都有自己的发展道路，展现着各自的民族特点。自1840年以来，中国逐渐成为一个半殖民地半封建社会。在中华民族陷入危难的时刻，中国共产党对中华民族的独立承担了更大的责任。中国共产党带领广大人民群众走上井冈山、踏上长征路、走向西柏坡，在这条道路上经历了一系列革命运动，形成“坚定信念、艰苦奋斗、实事求是、敢闯新路、依靠群众、敢于胜利”的井冈山精神，以及“不怕牺牲、勇往直前、坚忍不拔、众志成城、团结互助、克服困难、忠诚爱国”的长征精神。这是中国文化发展史上独特的时刻，不能被遗忘。然而，当代高校学生出生在一个和平发展的时代，他们并不了解这个时代所经历的困苦，因为他们有足够的物质条件和稳定的环境。甚至在个别人看来，物质生活已经足够，社会环境足够稳定，也不再需要学习革命文化。

合起来看，由于当代学生对“革命”的陌生，一些学生不了解我国革命文化的精神内容，尤其是在各种错误的社会观念中，尤其是在历史虚无主义的影响下，一些学生对我国的革命文化乃至历史文化表示怀疑，最明显的表现就是对我国的革命知之甚少。

（三）对社会主义文化先进性的认识不足

中国共产党不仅是优秀传统文化的最强继承者，还是优秀传统文化的最忠实拥护者。中国共产党通过带领中华民族和人民走过社会主义革命、建设和改革的各个阶段，把中华民族传统文化的传承和发展提高到一个新的历史水平，形成、发展并完善了中国传统文化、中国革命文化和社会主义先进文化。社会主义先进文化是一种民族的、科学的和大众的文化。它是一种专注于现代化、世界和未来的文化。它以社会主义核心价值观为核心，旨在培养具有理想、道德、文化和纪律的新人。

这种社会主义文化新形态，是随着新中国社会主义制度的确立和社会经济的蓬勃发展而逐步形成和不断发展的。这也是中国共产党融入中国特色社会主义发展道路，推进社会主义文化建设的一条正确的道路。回顾我国历史发展历程能够发现，先进的社会主义文化充分体现了社会主义制度的优越性，它是马克思主义的理论基础，其基因和灵魂是社会主义核心价值观，这属于当代中国的新的文化形态，也是中国特色社会主义文化体系的重要组成部分。因此，党的十九大正式将“中国特色社会主义文化”写入中国共产党党章，把中国特色社会主义文化和社会主义的历史地位提高到前所未有的水平。然而，随着改革开放 40 多年的发展，我国不断参与经济全球化进程，不断接触西方文化。个别学生因为受到各种西方思想的影响，不能全面地学习、认知西方文化，所以对先进的社会主义文化认识不足。

1. 大学生对马克思主义科学理论的认识不足

马克思主义思想在社会主义国家占据了非常高的地位，它引导着社会主义国家的发展，在我国是中国共产党领导中国发展的根本思想。因此，马克思主义是中国社会主义先进文化的重要理论基础、核心内容和灵魂价值，是中国社会主义先进文化建设的正确方向。马克思主义理论在探求其根源的同时，科学地论证了人类社会发展的历史规律和对事物科学、方法论认识的提高。自中国共产党成立以来，在马克思主义的领导下，我党始终坚持建设有中国特色的社会主义文化，既与我国传统文化有所区别，又不同于西方资本主义文化。它为不同于两者的文化发展铺平了道路，也为举世瞩目的发展铺平了道路。另外，在发展中国特色社会主义的过程中，要始终坚持结合具体实际行动，在实践中不断推动马克思主义理论的创新和发展。在当今世界，马克思主义理论仍然是最具说服力和生命力的科学制度。显然，大学生作为中华民族的希望和未来社会主义发展和建设的生力军，是否认同马克思主义理论的科学性，是否坚信马克思主义理论在历史发展中的关键作用，这将直接影响到加强中国共产党的执政地位，同时也影响建设中国特色社会主义的成败。然而，面对经济全球化和互联网的双重冲击，大学生在学习马克思主义理论的过程中出现了一些令人担忧的问题。一些大学生认为马克思主义是诞生于西方社会一百多年的理论，不能解决现代中国社会的发展问题，对马克思主义的发展观持悲观态度；有的大学生还认为马克思主义原理与个人生活毫不相干，严重损害了他们对马克思主义的坚定信仰，这导致其对马克思主义理论体系的具体内容缺乏全面深入的认识。以上研究充分表明，如何进一步加强当代大学生的马克思主义理论教育，进而大幅度提高青年大学生对马克思主义理论的心理认识，实际上已经成为当代高校思想教育问题中的一个重要组成部分。

2. 大学生对社会主义核心价值观的认识不足

民族文化中最重要的组成部分就是核心价值观，其决定了一个国家或民族的社会形态和公民类型。社会主义核心价值观是具有新时代中国特色的社会主义先进文化的核心，它不仅决定了社会主义先进文化的发展方向，同时也对当代中国民族精神的构建起着非常重要的作用，并具有非常重要的意义。因此，每个社会成员对社会主义基本价值观的认可度和自信程度，反映了文化认同的高度和对中国特色社会主义的自信程度。大学生作为在现代社会中发挥重要作用的一群人，其对核心价值观的认知度和自信状况在一定程度上决定了未来社会成员的价值观选择，对社会主义先进文化的发展产生重大影响。所以说，了解大学生的个人发展状况，对于促进社会乃至国家的和谐发展具有重要意义。新时期青年大学生对社会主义核心价值观的选择呈现出积极乐观的发展趋势。他们大多对中国共产党和国家捍卫的社会主义核心价值观有正确认识和充分肯定，也能理性地认识到自己对社会主义核心价值观的信心，有利于国家、社会和个人的发展。然而，根据相关研究成果，一些青年大学生可能了解社会主义核心价值观所包含的国家、社会和个人的价值目标，却无法理解每一个价值目标的确切含义。需要特别指出的是，有一小部分的大学生受到西方价值观的影响，对政治不了解，认为社会主义基本价值观的实施是中国共产党和国家的事业，他们没有什么可担心的，他们的实践对社会发展没有重大影响。这部分大学生侧重于个人发展，忽略了国家和社会的发展以及价值观的形成。巩固青年大学生社会主义基本价值观的教育基础，增加青年大学生践行社会主义核心价值观的机会，仍然是新时期学生思想政治教育过程中十分重要的一个任务，不能忽视。

（四）对西方文化呈现盲目崇拜的态度倾向

十一届三中全会后，中国走上了改革开放、现代化建设和发展的道路，经济体制已由计划经济转为市场经济。通过向世界敞开中国的大门，我们引进、学习和传递西方最新的科学技术，大大提高生产力，极大地改善了人们的生活条件。但是，随着经济的发展，多元文化涌入还是对我国的本土文化造成了冲击，崇洋媚外的现象在年轻群体中开始产生，大多数学生被外来文化吸引。

1. 西方节日在我国盛行

数据显示，大概有50%的大学生认为中秋节、端午节、元宵节等节日重要，但是也认为圣诞节、情人节等西方节日一样重要。随着西方文化不断进入我国，西方的一些节日也在我国盛行，每当到临近西方节日之时，过节的气氛十分浓厚，例如西方的情人节，许多情侣都会在这一天约会、送礼物作为庆祝，但是真正的东方传统情人节——七夕，庆祝的人相对较少，节日气氛也远不如情人节浓厚。许多学生非常了解西方节日的来源、庆祝方式，但是令人惊讶的是，有些学生在谈到我国的传统文化假期时却变得支支吾吾，不知所言。

2. 当代大学生消费行为的偏差

崇洋媚外的心理在日常消费中尤为明显，因为大环境和商家渲染，个别大学生会有外国的东西就是好的想法，买东西首先就会考虑洋品牌，比如大学生经常购买外国的运动品牌。近几年，国内品牌虽然因为宣传得当，挽回了不少顾客，但是不少学生还是认为国外品牌更能显示自己的消费观。

综合以上两点可以看出，当代部分大学生对西方文化并不是经过深层次的了解而形成的认同，只是处于表面、表层上的认同，集中表现为盲目认同。

二、当代大学生文化自信缺失的原因

只有深刻而又科学地分析当代大学生缺乏文化自信的原因，才能提升他们对中国文化的自信。

（一）多元文化并存弱化了大学生对社会主义文化的认同

改革开放四十多年以来，我国社会、经济等都发生了翻天覆地的变化。当前，我国正站在社会转型的新的历史阶段，这一转变不仅仅是社会、经济发展方式的转变，更是我国文化发展模式的转变。随着全面转型程度的逐渐加深，我国的社会经济要素、利益结构和分配方式等呈现出多样化的特点。相关的研究学者认为，目前我国正在快速形成多元文化社会。因此，社会经济发展模式、组织形式和类型等也逐渐变得多样化。与此同时，社会分工和社会组织结构也越来越灵活，这促使当今社会生活体现出利益主体多元化、取向多元化和差别显性化的重要特征，这些特点又映射到文化建设领域，从而实现了异质型文化的共存。一般来说，异质型文化是随着社会文化趋于多样化而逐渐产生和发展起来的。一方面，异质型文化具有积极的作用，特别是在促进社会文化繁荣、加强不同国家之间文化和谐交流等方面；另一方面，异质型文化又很容易使正处于转型中的社会出现价值标准和价值体系混乱的问题。因此，多元化社会中文化形态的形成，对我国社会主义文化的形成、发展和繁荣起到重要的作用。

1. 多元文化带来了多样选择

文化多样性造成了选择的多样性。这是因为，西方文化在我国的广泛传播为当代大学生提供了前所未见的多元文化选择。与从小就接触的中国传统文化相比，新鲜的西方文化貌似更具吸引力。在西方文化大肆传播的背后却暗藏危险。西方文化善于利用表象隐藏真实的一面，它敏锐地抓住了大学生好奇心强的特点而诱导他们。大学生以为自己掌握了西方文化的全部内涵，但其实，他们也只不过是粗略明白了西方文化的些许皮毛而已，并没有真正弄明白西方文化的含义。同时，随着社会网络化、信息化和数字化的快速发展与普及，互联网成为当代大学生日常获取各种新闻、信息、知识，了解国内外大事的主要途径，这确实为大学生提供了便捷，提高了信息获取的效率。但网络是把双刃剑，其中充斥着各种虚假消息，质量参差不齐。西方文化正是利用了互联网这一特点，传播其文化和价值观的。

2. 网络文化的发展强烈地冲击了社会主导文化

对于网络文化的理解可以分为狭义和广义两种，人类一切与现代信息技术的运用有关的活动和成就，都可以说是一种更广泛的网络文化，而狭义的“网络文化”概念则意味着利用虚拟的网络环境作为获取、传播信息和在日常生活中分享信息的外在表现。随着社会网络化程度的加深，网络文化已经成为当今社会举足轻重的亚文化之一，它以“非凡的力量来控制人类的行为和思想”。不同于其他类型的中国传统文化，网络文化具有明显的特征，主要表现为通信主体的隐匿性、传播内容的共享性、传播技术的先进性、传播时间和空间的即时性和广泛性、传播过程的互动性和价值的多元性。这些突出的特征融入人们的日常生活和行为习惯中，将世界上各个国家、各个民族的人们联系在一起。对于当代大学生来说，互联网已经成为他们生活、工作和学习中必不可少的工具。当代大学生是最重要的网络平台受众群体，他们受互联网的影响也是最大的。因此，互联网的发展不仅对于当代大学生的政治观和价值观的形成产生了重要影响，还改变了他们的日常通信方式。值得肯定的是，大学生确实从广阔的网络空间中收获了丰富的知识，开阔了视野，改变了思维方式，但网络空间中相互冲突的观念和对立的价值观也给许多学生的政治信念的形成、民族价值观和身份认同的选择带来了诸多困惑。我们完全有理由相信，现代社会的网络规模将不断扩大，文化之间的冲突将不断升级和加剧，由复杂的网络文化所产生的社会主义文化所面临的问题将更加严重。只有充分增强学生的政治认同感，才能正视控制论文化中的消极文化，增强学生对社会主义文化的信心。

3. 大众文化的发展影响了大学生文化自信的培育

王一川学者指出，大众文化是通过文化商业化而产生的一种日常文化形式，其主要目的是使文化产品受益，遵循文化产品的市场运作规律，并满足社会大众对各种文化的精神需求。因此，本部分所指的大众文化主要包括消费文化和娱乐文化。大众文化最初萌芽于 16 世纪，经过数百年的发展，在 19 世纪逐渐形成，并在 20 世纪实现了快速发展。进入 21 世纪，随着信息科学技术的蓬勃发展，大众文化通过互联网逐渐融入公众的日常生活中，成为世界范围内的主流文化。正如西方学者所说："大众文化无处不在，它塑造了我们的日常生活，同时也被我们的日常生活塑造。"总体而言，由于大众文化特殊的消费倾向，因此很容易在内容和形式上变得低俗化、庸俗化甚至媚俗化。这一趋势会对人类社会的文化传统、伦理和价值观产生重大影响。自我国改革开放以来，大众文化迅速发展并广泛传播，已经成为我国现代社会中的一种主流文化形式。随着我国教育指向从"精英"到"大众"的转变，成千上百万的学生进入高校，开始接受现代高等教育。

如今，学生群体已经成为当今社会中追求时尚和先进生活理念的消费群体，他们具有天生的好奇心，对社会发展进程中的任何新事物、新理念都十分敏感，所以他们可以快速发现、接受和享受新兴的大众文化。如今，校园各个角落的流行文化正在融入学生的生活、学习中。大众文化在丰富当代学生的文化生活的同时，对他们的文化、教育和文化价值观产生了不可忽视的影响。我们知道，无论是消费文化还是娱乐文化，它们最主要的特征都不在于商品性和娱乐性，因为它们还承载着一定的社会价值观。虽然这些文化有助于学生增强自我意识，展示自己的个性，实现自己的价值观，但与主流社会主义文化所倡导的许多价值观背道而驰。这无疑阻碍了学生文化自信的建立。

（二）思想政治教育工作者不够重视对大学生文化自信的培育

无论国家性质如何，发展各类教育是国家社会文化建设的重要基础，在建立社会成员之间的文化自信方面发挥着重要作用。因此，继承和有效发展中华民族传统文化、革命文化和社会主义先进文化，增强中国人民对中华民族传统文化的文化自信，是思想政治教育的重要职能。用马克思主义科学理论武装现代学生思想，将中华民族先进的传统文化纳入青年学生的学习过程，对高校思想政治教育具有重要意义，通过传播先进的社会主义思想、政治理论、科学和文化知识，提高学生的文化自信。具体分析大学文化自信可以发现，近年来，虽然大学生思想政治教育在传播马克思主义思想和培养学生文化自信方面有了很大的进步，但在建设中国特色社会主义文化的过程中，我们也发现学生的文化自信有待增强，这已成为我国一个非常重要的社会问题。这是由多种因素造成的，既有不同文化在社会中的共存，也有西方文化的持续渗透，还有政治教育工作者对建立文化信心表现出的漠视。

1. 大学生思想政治教育中文化自信的理论教育的地位不高

自从习近平总书记提出文化自信的重要思想以来，全面增强我国人民的文化自信已成为我国文化建设的重要目标。通过分析我国文化建设的历程和文化发展的规律可以清楚地发现，一个国家对自身文化的自信不是与生俱来的，而是与后天的文化教育和自觉接受民族文化息息相关。当代大学生是我国发展特色社会主义先进文化的中心力量，其文化素养对我国整体文化水平的提高有着深刻的影响。因此，增强大学生对中国特色社会主义文化的自信，提高他们的综合文化素养，将是未来我国思想政治教育的重要工作。

在当前大学生思想政治教育实践过程中，关于文化自信的基本内容主要有马克思主义基本理论教育、社会主义思想教育、政治教育、中国近代史和革命传统教育等。这些主要教育内容对于培养当代大学生的文化自信产生了积极的影响，但同时也忽视了贯穿于文化自信理论教育的内容体系。这是因为，目前的大学生思想政治教育不是一个单独的文化自信理论教育范畴，而是间接地从马克思主义教育理论、人生价值观、理想信念和社会基本价值观等方面进行教育。这些要素虽然都有其自身的含义、特征、作用等理论问题，但它们却无法代替文化自信一般理论的形成。因为对中国的社会主义文化充满信心，这是一个基于现代理论实践的科学结论。这一科学结论不仅是务实的，而且是有道理的。理论是行动的指导，如果没有先进而充足的理论支持，那么一个人的行动很可能会误入歧途甚至最终失败。很显然，如果大学生在思想政治教育实践中缺乏文化自信的理论教育，大学生就不能正确理解和把握文化自信的内容、来源、特征和机制，会严重危害当代大学生的文化自信教育和文化素养的形成，会对中国优秀的传统文化的传承和发扬产生重要影响，甚至会直接动摇马克思主义在我国意识形态中的主导地位，这些后果都直接关系到中国民族的未来发展和伟大复兴。

2. 部分思想政治教育工作者本身对本国文化不够自信

思想政治课最显著的特点是思想政治教师与学生群体的积极互动。思想政治教育能否有效地对学生进行教育，最终取决于思想政治教育者能否与学生建立良性互动。因此，要培养学生对社会主义文化的高度信任，思想政治教师必须具有高度的文化自信。然而，也有一些思想政治教师不能理解高校工作与我国社会主义文化建设的辩证联系，或从意识形态上怀疑高校思想政治教育对塑造学生正确世界观的重要作用，甚至有个别教师在不同社会价值观的影响下，逐渐对马克思主义和社会主义理想的坚定信念产生了动摇。因此，只有广大教育工作者坚定自身理想信念，提高思想政治水平，树立正确的新时代中国特色社会主义文化信念，才能将学生文化中的自信培养有效融入思想政治教育的教学过程，才能完成党和国家提出的文化使命。

（三）教育内容和方法的单一

教育是传承人类灿烂文化的过程。在这一过程中，人类历史进程中诞生的优秀文化可以实现更广泛的传播和发展。文化也是人类的一种生存方式，它包括物质、精神和社会的内容。从内容上看，人类文明中诞生的文化是丰富多彩的，具有多元化的特征，而教育的目的是促进人类的多元化发展，因此传承人类文化至关重要，绝不能出现任何差错。从形式上看，教育也是一种社会活动。教育不能只局限于枯燥单调的课堂教学，还要在此基础上开展广泛生动的综合实践育人活动。只有将理论教学和实践教学结合起来，才能更好地实现教育的真正目的。从当前教育发展的历程中可以看出，教育在内容和形式上都或多或少存在某些问题，这些问题影响了当代大学生的文化自信，主要体现在以下三个方面。

1. 重理性科学，轻人文精神

中国是具有五千多年悠久历史的文明古国，拥有深厚的文化底蕴和宝贵的文化典籍，这些都是中华民族珍贵的文化瑰宝。但纵观我国的教育情况，我们对优秀传统文化的传承和发扬却面临许多问题。一句“学好数理化，走遍天下都不怕”使人文学科受到冷落，每年各种级别的数理化竞赛都可以成为高考加分的重要途径，却很少看到通过文学竞赛而加分的。这种情况在中小学阶段就已十分明显，很多家长从小就给孩子报名各种奥数班；高中选修理科的人数也多于选修文科的。如今，我国部分地区已经开始实行“3+3”教学改革，除语数外三门必修课之外，在物理、化学、生物、历史、政治、地理中任选三门，以改善重理轻文的局面，但是这一局面造成的影响是无法改变的。这种形式的教育忽视了对我国优秀传统文化的传承，不利于帮助当代大学生树立正确的文化观。如果我们对自己民族、国家的文化都不了解，又何谈实现文化自信呢？

2. 忽视历史观教育，造成民族感缺失

大学生是中国传统文化的传承者，只有大学生能够真正了解、认识我国优秀文化的优点和内涵，才能在思想上真正尊重我国的文化，并上升到实际行动，表现出文化自信。文化是中华民族悠久历史的印证，更是指引我们创造未来的明灯，忽视历史、歪曲历史甚至忘记历史的民族注定是没有未来的。教育承担着传承我国优秀文化、培养国家未来人才的重要职责，如果连教育都不注重我们的历史和文化，当代大学生又如何能够拥有文化自信呢？

3. 缺乏实践育人，实效性差

目前，我国教育普遍存在重理轻文、忽视历史教育观等弊端。但从教育形式上看，教育实用性不强、教育效果不理想的原因主要在于以枯燥单调的课堂教学为主的教学模式。我国教育一直采取灌输式的应试教育模式，但当代大学生是一个思维活跃、好奇心强、勇于接受新鲜事物的积极群体，他们不再满足于教师单向灌输知识的教学模式，更愿意通过与教师交流、互动的方式学习知识。这是当代大学生乐于接受知识、增强教育实效性的途径。每个时代都有其独特的时代特征，身处不同时代的人们也有不同的爱好。因此，当代的教育工作者应该紧跟时代发展的潮流，不断创新教育方法，满足新时代学生多元化的学习需求，达到教育的目的。从当前的教育发展形势可以看出，教育工作者普遍有了这样的教育思想和认识，但整体上缺乏实践。当代大学生无法通过教育感受到中华文化的深厚魅力和中国先进文化的价值，却总能感受到西方文化的力量，这必然会影响当代大学生的文化自信。

三、大学生文化自信培育的主要对策

（一）加强大众文化建设，增强大学生的文化自信

中国改革开放四十多年以来，大学生日常生活的各个方面都体现了大众文化的影响。大众文化虽然丰富和娱乐了大学生的自由生活，但对他们的意识形态、价值观和行动规范的指向产生了极大的影响，在一定程度上削弱了他们对社会主义文化的信任。因此，为了确立和增强大学生的文化自信，首先要综合强化大众文化建设，促进具有中国特色的大众文化实现从数量到质量的转变。

1. 用社会主义核心价值观引导我们国家大众文化的持续发展

社会主义核心价值观是社会主义社会的主流文化，也是每一个当代炎黄子孙追求的价值取向。

毫无疑问，社会主义核心价值观是当代大众文化建设的标准和指引，只有这样，大众文化才能具有渗透力，才能在发展中更鲜明地体现出中国特色，满足最广大人民群众的文化需求。这是因为社会主义核心价值观和大众文化建设是相辅相成的关系。一般来说，大众文化具有通俗性，主要以娱乐为目的，可以进行批量生产，其产品性质和内容都深刻影响着大众的日常生活。因此，如果没有社会主义核心价值观的指引，大众文化最终将变得低俗化、庸俗化甚至媚俗化，不利于中华民族精神文化层面的建设。

第一，要用社会主义核心价值观指引大众文化的发展。因为大众文化深受我国大学生的喜爱，同时也是我国社会主义文化中的重要一部分。在大众文化的建设过程中，必须坚持正确的发展方向，给大学生带来积极良好的影响。只有将社会主义核心价值观融入大众文化的建设中，才能保证文化产品体现中国特色、传承中国文化，鼓励大学生肩负起弘扬中国优秀传统文化的职责。

第二，要用社会主义核心价值观铸造大众文化的价值内涵。任何一种存在和延续的文化都有其特殊的内涵，大众文化也是如此。作为大众文化产品，无论是在语言表达上的大众化程度，还是发展方式的多元化程度，都渗透着价值内涵，不同程度地影响着大学生的价值选择。我国的大众文化发展时间较短，许多文化产品质量差，严重影响了社会主义先进文化的发展。只有用社会主义核心价值观铸造大众文化的价值内涵，才能使我们的大众文化产品趣味十足，避免低俗化、庸俗化、媚俗化，才能推动社会主义核心价值观的传播，激发当代大学生的文化自信。

2. 规范大众文化市场秩序，确保大众文化的有序发展

大众文化衍生出丰富多彩、通俗高雅的文化产品，深受人们的喜爱。然而，通过流通和市场交易，最终融入公众视野和生活的，是什么样的文化产品并不重要。改革开放以来，我国大众文化虽然发展迅速，拥有巨大的文化市场，但由于社会主义经济市场体系不完善，各种法律制度不完善，特别是我国文化市场发展不协调，管理存在漏洞，导致大批文化产品只注重满足人们的娱乐需求，却忽视了更加重要的精神需求。在越来越商业化的今天，我们的文化产品为了追逐更高的商业利益，一味迎合人们的娱乐审美，没有创造更广泛的文化价值。

因此，政府只有通过一系列法律手段，严格并进一步规范大众文化的市场秩序，才能保证大众文化沿着法制轨道有序发展。首先，应该强化当前的文化市场立法工作，建立健全相关的法律法规。因为立法工作是重中之重，只有完善法律保障，才能确保大众文化沿着法制轨道蓬勃发展，形成一个健康、可持

续的文化市场环境，真正做到有法可依、依法经营。其次，加大文化市场监管执法力度，做到执法必严、违法必究。不光要有健全的法律支持，还要切实做到依法管理。因此，各级政府要发挥带头作用，积极参与到文化市场的监督管理工作中，及时清除当前文化市场中存在的文化垃圾，给人民群众一个健康、文明、安全的文化环境。

3. 加快实施大众文化领域中人才培养的发展战略，提高文化产品的创新创作水平

文化发展需要专业人才的推动。目前，无论是大众文化产品的创新，还是文化市场的繁荣，都急需一批具有专业能力的优秀人才。随着大众文化的快速发展，相关的产业链不断扩大，文化产值逐年提高，但与此不相匹配的是我国薄弱的专业文化人才队伍和不合理的文化人才结构。这一问题已经严重阻碍了我国大众文化的进一步繁荣。目前，我国的专业文化人才创新能力较差，极大地限制了我国文化产业部门的发展，制约了我国文化产品的国际化。因此，加快大众文化领域专业人才的培养，尽快形成一批具有高能力、高素质的文化人才队伍，是当前我国文化产业发展进程中的紧迫任务。

第一，加速培养大批的文化创作人才。目前大众文化产品主要包括电影、电视、音乐、舞蹈、文学、艺术等多种形式的内容。为了提高这些文化产品的创新和创造水平，我们不能没有创造性的文化人才。因此，各级政府必须把文化人才培养放在非常重要的战略位置上，采取积极的发展对策，培养具有创新和领导能力的人才，为大众文化的繁荣和发展提供新的动力。第二，要以人为中心，满足国民的需要，生产中国式文化产品。

中国优秀的文化产品应该体现中国精神、传播中国文化，只有这样，大众文化才能实现繁荣发展，中华民族才能实现伟大复兴。优秀的文化作品不仅是一个民族文化软实力的体现，更代表了民族在文化方面高尚的精神追求。如今，随着中国经济水平的提高，人们的物质生活有了翻天覆地的变化，理应追求更优秀、更有内涵的文化产品。因此，每一个文化创作者都要以人民为中心，倾听人民群众最真实的诉求，这样才能创作出真正具有中国气魄、群众喜欢的好作品。

（二）深入整合革命文化精神，坚定文化自信

革命文化是中国优秀文化的重要组成部分，是与我国先进社会主义文化相通的文化，是实现中华民族伟大复兴的中国梦的文化基础。即使在今天，我们也应该继续学习、弘扬优秀的革命文化。革命文化是我国无数革命先辈们用牺

牲和热血保留下来的一种文化形式，象征着中国人民勇敢顽强、舍身为国的精神追求。学习和弘扬革命文化，是培养当代大学生文化自信的重要一环。

1. 梳理革命文化家谱，加快推进对我国革命文化的研究

中国共产党在领导人民群众参与革命斗争的过程中，留下了许多宝贵的革命文化，但是当前的思想政治教育者却忽视了革命文化的重要性。在培养现代大学生的文化自信时，在课堂上增添文化自信的过程中，在提高现代大学生对我国革命文化的认识时，在开展思想政治教育理论课的过程中，又该如何阐释和了解革命文化呢？要做到这一点，就需要整理革命文化家谱，促进革命文化的研究。

首先是革命文化历史阶段的界定。革命文化中的“革命”具体指哪一历史阶段呢？革命文化的诞生应该从近代开始，还是从五四运动开始呢？革命文化的结束应该以新中国成立为标志，还是以三大改造完成，或社会主义体制基本建立为标志呢？如果革命文化指五四运动到新中国成立这一历史时期内诞生的文化，那么它不就与“新民主主义文化”同时期了吗？如果在新中国成立时结束，那么我们广为称颂的大庆精神、“两弹一星”精神、抗洪斗争精神等又应该包含在哪里？从这个角度来看，对于革命文化历史时期的界定，需要教师在一定程度上进行更加深入的研究。

其次是革命文化含义的界定。上海交通大学教授胡涵锦指出：“一些学者认为，‘在革命战争年代，我们形成了一种独特的、个性鲜明的革命文化，它突出表现为井冈山精神、长征精神、延安精神、西柏坡精神等。’难道这样‘革命文化’的含义就‘狭隘’了吗？”如果把我国社会主义发展过程中形成的精神都包括在革命文化中，如雷锋精神、航天精神、抗震救灾精神，那么革命文化只包括革命时期，还是也包括社会主义建设期？此外，值得注意的一点是，革命文化是精神吗？与民族精神和时代精神的关系是怎样的？从这个角度看，革命文化的含义也必须进行进一步研究。

为了促进思想政治理论教师更好地从事教学工作，帮助思想政治理论教师更好地把握革命文化，提高当代大学生对革命文化的理解，当前有必要整合革命文化资源，加快革命文化研究，明确革命文化的历史时间和基本内涵。只有这样，才能更好地传承革命文化，提高当代大学生对革命文化的认识。

2. 整合革命文化精神，深入挖掘我国革命文化中的资源

革命文化体现了我国人民不怕牺牲、勇于斗争、自我发展的精神，是我们党的理想信念和精神追求的集中体现，蕴含着中华文化的高度信任基因，是思

想政治教育的丰富资源。政治思想理论课教师必须整合革命文化精神，挖掘政治教育资源。

（1）信念坚定的精神追求。

中国共产党人有坚定的理想信念和充实的精神家园，他们坚信革命终有一天会胜利，更坚信共产主义最终会实现。抗日女英雄赵一曼因在战争中腿部受伤而被日本军队逮捕。日军为了获得有价值的情报，连夜对赵一曼进行审讯，并使用了多种酷刑。即使满身伤口，有着坚强意志的赵一曼并没有一丝动摇。她被日本军队的鞭刑折磨得晕过去了好几次，但是依然没有屈服，没有告诉日军任何有价值的信息。此外，赵一曼还在住院期间对保护她的警察和护士进行爱国教育，让他们参加爱国抗日运动，为国家独立做出了努力。他们深受感动，决定帮助赵一曼摆脱日本控制。虽然赵一曼逃跑后又被日军俘虏，并壮烈牺牲，但我们仍能从她身上看到她坚定的理想、不屈的精神。当代大学生在多元文化和复杂网络信息的影响下，理想信念变得越来越薄弱。我国拥有丰富的革命文化，思想政治理论教师应该充分利用其中有价值的部分，帮助当代大学生树立正确的价值观和坚定的理想信念。在学习过程中，学生也可以互相交流，通过互相学习的方式加深对中国革命文化的了解，提升当代大学生的文化自信。

（2）勇于担当的鲜明品格。

近代的中国受到“三座大山”的压迫，面临着各种内忧外患，全国上下混乱一片。当时，中国共产党积极动员广大人民，组织各种农工运动，领导全国人民争取民族独立。共产党人永远不会忘记自己的使命，越是在更加困难、更加危急的时刻，他们反而更加坚定、更加勇敢、更加自信。在革命战争时期，共产党人用鲜血和牺牲完成了民族独立的使命。在社会主义建设时代，共产党人用自己的意志完成了推进社会主义建设的任务。从中，我们可以清楚地看到每一个伟大的人物，他们是勇敢和负责的。现代大学生普遍缺乏强烈的责任感，他们是中国社会主义事业的接班人，如何推进中国的现代化，中国社会主义建设又将依靠什么？为此，思想政治理论课教师在对大学生进行教育的过程中，要自觉利用中国革命文化资源，把革命文化带进课堂，提高大学生对中国革命文化的认识，培养他们的文化自信。

思想政治教育工作者需要开发利用各种思想政治教育资源，把革命文化带进课堂，让当代大学生了解和认识中国的革命文化，自觉抵制各种错误倾向的影响，建立文化自信，构建和谐社会。

3. 发挥第二课堂的作用，增强革命文化的教育针对性

想要增进当代大学生对我国革命文化的了解，不仅要培育他们的文化自信，还要充分发挥第二课堂的教育作用，让他们身临其境，通过直观的感受，使他们敬畏和热爱我国的革命文化。

（1）积极有效地开展相关的社会实践活动。

大学生的社会实践活动虽然比较丰富，但以弘扬革命文化为主题，影响现代大学生对中国革命文化的理解和感悟的社会实践活动并不多。当代大学生要提高思想道德水平，不仅需要开展社会实践活动，还要通过社会实践活动增强他们对中国革命文化的认识。例如，在辅导员的指导下开展社会实践活动，慰问退伍军人。在活动中，学生可以听到革命老兵的英雄事迹，与他们进行交流，了解他们背后的伟大故事。活动结束后，学生可以自由抒发活动感受，并互相交流。通过这种形式，学生可以从思想层面和老兵们一起深入了解我国的革命文化，并加深他们对革命文化的认识。

（2）持续开展社会实践活动。

一次社会实践活动对大学生的影响是非常有限的，要想真正发挥社会实践活动的作用，就需要对社会实践活动进行持之以恒的坚持，使此类活动在思想政治教育过程中成为经常性的活动。长期坚持可以使大学生在提高认识的过程中，将这种行为转化为习惯。如前面提到的慰问退伍军人的活动，学生在辅导员的带领下多次前往退伍军人居住地，与他们热情交谈和沟通，可以更深入地了解我国的革命文化。

为了增加现代大学生对中国革命文化的了解，真正把中国革命文化融入现代大学生的思想，不仅需要把革命文化引入课堂，对革命文化的思想政治教育资源进行课堂探究，还要加强对当代大学生的教育。另外，要增加对革命文化的了解，就要充分发挥第二课堂的教育作用。因此，有必要离开教室开展实践活动。

（三）加强校园精神文化建设，营造大学生文化自信的良好环境

今天，大学校园文化正在演变为一种关注人的亚文化，在育人中发挥着重要作用。培养大学生的文化自信离不开思想政治教育，离不开校园文化的根基。因此，要加强校园精神文化建设，营造良好的文化环境，使之成为培养大学生文化自信的重要组成部分。

1. 全面加强校园的精神文化建设，发挥好校园环境的育人功能

培养大学生的文化自信是一项综合性的工作，需要显性教育的灌输和隐性

教育的渗透。

对于高校来说，校园文化不仅是精神力量的源泉，也是核心竞争力的重要体现。因此，校园文化环境的建设，不仅影响高校的发展水平，也影响我国社会主义人才的培养。校园文化环境的建设，基本上是以校园精神和文化的建设为基础的。如果没有精神文化内容的建设，校园环境建设就会失去根本，并对大学生文化自信的培养产生负面影响。

（1）将精神文化内嵌于校园的建筑景观。

总的来说，校园精神文化不仅包含教师和学生的思想意识和价值取向，还包含教师和学生的行为规范和精神。任何学校的校园文化精神都是维持该校长盛不衰的重要精神力量，这种精神力量不仅体现在教师和学生的日常行为规范上，也体现在学校的办公楼、教学楼、图书馆等重要建筑上。因为只有这些地方充满浓厚的校园精神文化，才能潜移默化地影响每一个学生的思想和行为习惯。因此，在建设过程中，高校应将物质文化环境、精神文化环境进行有机的补充和融合，将精神文化融入建筑景观中，为师生营造良好的文化氛围，让学生在文化熏陶中树立坚定的文化自信。

（2）将校徽、校歌和校训等注入文化因素。

高校良好的精神文化不仅体现在校园建设上，还体现在校徽、校歌和校训上。学生每天佩戴的校徽、不断演唱的校歌、时刻铭记的校训代表着学校的形象，一旦融入文化因素，不仅会成为继承学校精神文化的象征，也会在一定程度上成为继承社会主义文化的象征。因此，在校园文化符号中注入文化因素，是提升大学生文化自信的有效途径。

2. 组织高雅的学生社团活动，丰富大学生的校园文化生活

学生对文化的信心不仅来自理论学习，也来自实践活动。随着高等教育文化自信的发展，不仅要认识中国文化，更要将中国文化的价值观转化为实际行动。因此，对于以校园生活为主的大学生来说，学生社团的活动对于增强大学生的文化自信也非常重要。它作为一种教育手段对大学生思想政治教育有积极的影响。

首先，需要加强对学生社团的管理。高校党组织只有在学生社团建设过程中加强领导和管理，才能为学生在未来社会实践过程中指明正确的方向。特别是作为高校，共青团组织要在高校党委的统一领导下，全面贯彻落实党的教育方针，使学生社团活动成为提升文化自信的有效手段。

其次，全面提升社团的文化品位。高校的学生社团组织通常是根据大学生

的专业爱好和学生对某一问题的爱好和整体兴趣来组织的。这些社团虽然都是独立的，都是学生自己组织的，但也需要高校共青团组织和相关管理人员的指导和管理。因此，必须自觉引导学生通过社团的文化活动促进中华文化的传播，从而培养和提高学生的文化意识和文化创新能力，对我们民族文化有坚定的信心。

（四）理性审视西方文化，彰显文化自信

面对现代大学生哈韩、哈日、哈欧美的现象，除了发展中国优秀的传统文化之外，我们还要认识到我们自身文化中的丰富内涵和深厚底蕴，同时引导大学生在思想意识中对我国文化产生认同，认可我国的文化，坚持捍卫我国文化的地位。

1. 增强高校教师的文化自信，坚定文化发展信念

教师对于学生来说具有人生导师、职业规划师和心理学家的职能。教师对学生本身和他们的生活有很大的影响。我们要培养现代学生的文化自信，就要发挥大学教师在教育领域的作用，帮助学生形成正确的西方文化观，自觉抵抗西方文化中消极的部分，同时也要增强高校教师的文化自信，有坚实的文化自信基础。

第一，高校教师要完整准确地把握相关理论知识。思想政治教育工作的实践表明，增强大学生的思想免疫力和抵制力，首先要求教师有足够强大的免疫力和抵制力；提高马克思主义理论的感染力，首先要求教师要有坚定的思想信仰。为了让当代高校的学生正确地认识西方文化，首先需要教师找到如何正确地理解西方文化的方法，要求其能够发现在西方文化的美丽外表下试图通过西方文化的极端思想腐蚀我们的根本目的，同时也要及时找出西方文化中的优点，将其与中国的文化进行合理的融合、创新。西方文化危害当代高校学生的主要途径是以各种不同的手段对我国社会主义发起攻击和渗透，这就要求高校教师，特别是思想政治教育教师要充分、准确地吸收马克思主义理论、毛泽东思想和中国特色社会主义思想，并正确运用这种理论知识，坚决抵御西方文化的有害影响，以思想为指导，保护我国社会主义制度的合理性。

第二，高校教师应旗帜鲜明地表明自身的文化态度。作为学生的导师，教师对文化的态度影响着当代高校学生对文化的态度，教师在面对传统文化、西方文化、先进文化时如何处理这些文化，当代高校学生也会跟随教师的思路进行相似的处理。通常来说，教师都受到过良好的教育，并且能够自主地、合理地接收文化信息，在教学工作中要时刻表明自身的文化态度，引导学生朝着正

确的方向前进，让当代高校学生正确看待西方文化，使他们在认识到西方文化的不足时也能够发现西方文化的优点，以填补本民族文化中的空缺。

2. 重视对当代大学生辩证思维的培养，形成批判思维

马克思说："辩证法，在其合理形态上，引起资产阶级及其空论主义的代言人的恼怒和恐怖，因为辩证法在对现存事物的肯定的理解中同时包含对现存事物的否定的理解，即对现存事物的必然灭亡的理解；辩证法对每一种既成的形式都是从不断的运动中，因而也是从它的暂时性方面去理解；辩证法不崇拜任何东西，按其本质来说，它是批判的和革命的。"当代高校学生在多元文化主义的浪潮下，面对西方文化的"糖衣炮弹"的猛烈攻击时，非常容易在缤纷复杂的外来文化中迷失，无法及时分辨出善恶对错，对现有的价值观很容易放弃，同时很容易崇拜其他文化和价值观，而这一现象的出现是由于当代高校学生对于辩证法的掌握并不完善，同时也没有建立完整的辩证思想。个别大学生对于西方文化的输入不能进行客观的思考，盲目追求西方节日，大量购买外国品牌，甚至质疑我们的社会主义制度和价值观。这就要求现代大学生不断学习和自觉提高自己的辩证思维能力。

习近平总书记指出，提高辩证思维能力，就要认真学习辩证唯物主义，客观地而不是主观地、发展地而不是静止地、全面地而不是片面地、系统地而不是零散地、普遍联系地而不是孤立地观察事物、分析问题、解决问题，在矛盾双方对立统一的过程中把握事物发展规律，克服极端化、片面化。辩证思维是以辩证唯物主义为基础的思想，只有全面掌握、深入学习辩证唯物主义才能增强当代高校学生的辩证思维能力，进而也就推动当代高校学生学会利用发展的眼光看问题，利用普遍联系的观点和一分为二的方法将西方文化进行正确的剖析，同时也能对我国传统文化、革命文化和先进文化保持正确的态度，帮助学生建立辩证思维模式，对西方文化产生正确认知，提高当代高校学生的辩证思维能力，使当代高校学生能够综合考虑不同的文化，理解事物发展的规律，能透过现象看本质。

3. 引导当代大学生形成正确的文化态度，树立文化自信

教师在课堂上必须发挥教育的作用，对现代学生进行文化自信的教育，给他们正确的定位。在日常生活中，教师要注意维护自己的角色，要正确引导学生的发展方向。通过课上、课下两种途径，深化指导，给予当代大学生正确的示范，形成正确的文化态度。

首先，在课堂上发挥教师的教育作用。讲台是教师充分发挥自身职能的地

方，是教师终身为之奋斗的地方，当以教师的身份站上讲台时，那么自身的言行都要时刻注意，要通过积极的态度和言论给予学生正确的引导，因此，教师必须高度重视三尺讲台的作用，牢记育人使命，履行自己的职责，帮助学生合理地看待西方文化，建立文化自信。高校教师中特别是思想政治教育学科的教师在课堂上发挥着重要的教育作用，应树立正确的文化态度，向学生灌输正确的文化思想，有意识地抵制文化自卑和文化自大两种不正确的文化态度。

其次，在日常生活中，要注意教师的影响作用。中共中央国务院发布的《关于进一步加强和改进大学生思想政治教育的意见》指出："广大教师要以高度负责的态度，率先垂范、言传身教，以良好的思想、道德、品质和人格给大学生以潜移默化的影响。"教师不仅在课堂学习中起到教育作用，而且在日常生活中也具有十分重大的影响。即便作为教师从三尺讲台上走下来，自身的每一个举动也都会深深影响着学生。而在日常生活中，教师会给人一种引导的感觉，让人不自觉地跟随教师的引导。因此，为了更好地引导当代高校学生，使他们形成正确的文化态度，教师在课堂上要时刻关注自己的一言一行，并且要将自己在课堂上教授的内容应用到实际生活中去，通过行动来证明自己在课堂上所说的内容，从而使学生对西方文化产生正确的认知，培养当代大学生的文化自信。

第三节　高校文化自信实践育人的特征和价值

新时代，对高等教育提出了文化自信的育人新理念和新要求。文化自信的育人思维有助于提高高校育人的实效性和科学水平。下面将从文化与人类发展的关系、文化与教育的关系，以及时代背景三个方面来阐述文化自信的重要性。

首先，文化与人类发展是一种相互促进的辩证关系。人类推动文化发展，文化又反作用于人类发展。可以说，人类塑造了文化，文化也塑造着人类。马克思在《1844 年经济学哲学手稿》中曾说："人使自己的生命活动本身变成自己的意志和意识的对象。"这句话暗示文化是人意识的体现，是人类的一部分。文化是人类所特有的，是人类的特征和标识，而不同文化是个体获得认同感和归属感的凝聚核。因此，文化教育活动对于个体、社会和国家无比重要，而文化自信对于建立这些主体的自信、自尊、自爱、自强无比重要。

其次，文化与教育的关系比人们想象的更加紧密。我国著名哲学家贺麟曾对"文化"一词解释说："文化是名词，同时也是动词；'化'字有改变的意义；

‘文’要‘化’，要影响其他的一种东西，要感化或支配别的一种东西。”似乎文化的存在，本身便是在昭告、在传播、在教化。文化的教育力量可以说是无孔不入、无所不在的，因此高校等教研机构作为文化的航标，肩负着树立标尺、良性引导的重要责任。而作为领头人和开辟者，高校自身的文化信仰不可不坚定，文化信心不可不强烈。

最后，当今时代经济全球化日益加深，各种文化的联系也不断加强。面对诸多文化思潮，面对多元文化的碰撞、冲击和交锋，青年学生不可避免地会陷入迷茫，对自身的价值观和文化结构产生怀疑、动摇。此时，就需要高校在育人上做好文化自信建设，培养他们对本民族文化的自信心，增强对复杂文化的分析力和辨识力，始终保持清醒的头脑，有效地摆脱文化焦虑。大学生在高校课堂上面临古今中外百家争鸣的思潮，在课后要迎接“象牙塔”内外不同价值观的落差，生活中还见证着不同文化习俗、信仰上的差异，只有保持民族自信心和自豪感，将思想信仰根植于心中，才能方寸不乱。从文化归属感的层面来说，文化自信的育人思维有助于增强高校育人的亲和力，通过拉近教学双方的心理距离，增强教育的实效性。因此，从各个角度来说，高校都应提高对文化自信的育人理念的重视和应用程度。

一、不忘根本：实现高校育人对传统文化的准确回归

如今的高校要从根本上帮助学生树立文化自信，主要目标是积极引导大学生深入了解传统文化的历史背景，深入挖掘、总结传统文化的发展过程、形成特色、价值地位，从而在根本上实现新时代的学生对传统文化的认同和敬畏心的建立。中华民族拥有五千多年的文明历史，中华民族历来都是勤劳智慧的，拥有世世代代传承和发展中华文化的愿望，力图创造灿烂的中华文明，为人类文明进步做出贡献，在这一过程中体现出一种不屈不挠的精神。如今，一些大学生对中国传统文化没有深刻的了解，一些大学生对中国文化也不感兴趣。因此，在新时代大学生文化意识的形成过程中，我们将积极地以多种方式展示中国传统文化的魅力，强调中国文化的多样性和丰富性，准确回归传统文化，帮助新时代的大学生更清楚地定义现代价值观和中国传统文化的重要性。

二、立足当下：实现高校育人与先进文化的同向同行

改革开放 40 多年以来，我国进入了民族文化教育发展的黄金时代，为大学生文化自信的培养创造了有利的环境。要适应现代文化的发展，高校教师必

须及时引导大学生对中国传统文化和当代文化进行传承与发扬。高校必须采取有效措施，提高中华文化的国际号召力和影响力。与此同时，高校必须解决现代文化发展中一些亟待解决的问题和矛盾。新时代的大学生受到文化多样性的影响，西方文化对大学生的思想和生活产生了一定的影响。这样一来，为了让现代大学生对本民族的文化有信心，在高校建立教育体系的任务就成了一个重要的问题。随着中国国际地位的稳步提升，讲述中国故事、传播中国声音、塑造中国形象都是新时代发展的使命。一方面，高校教育机制的建设应始终鼓励大学生正确认识现代文化精神的重要性，看到先进文化的积极影响。另一方面，高校和院系教育机制的建立，就是要考虑如何通过继承传统文化，在改革过程中为传统文化提供新的内容，从而进行文化体制的改革和创新。

三、赢得未来：实现高校育人对未来文化的自信展望

习近平总书记指出，当今世界，要说哪个政党、哪个国家、哪个民族能够自信的话，那中国共产党、中华人民共和国、中华民族是最有理由自信的。经济的快速发展将从根本上改变如今的中国，影响当今世界形势的发展。在新时代，中国人民对未来发展前景和文化发展充满信心，这是提升文化自信的重要力量。因此，文化自信在高校教育机制中取得的重要成果，展现了对未来文化的信心和憧憬，充分展示了中华文化在新时期大学课程和大学生中的价值和吸引力。从新时期文化自信的角度看，高校教育建设要更好地面向未来，吸收中华优秀文化，而不是忘本、吸收外来文化。

第四节　高校文化自信实践育人面临的困境及原因

一、大学生文化自信实践育人面临的困境

中华优秀文化是实现中华民族伟大复兴的重要支撑力量，自中国共产党十八大召开以来，习近平总书记高瞻远瞩，指出了要坚定中国特色社会主义道路自信、理论自信、制度自信，说到底就是要坚定文化自信。始终坚持对中华优秀文化的自信，有助于建设社会主义文化强国。思想政治教育是培养文化自信的主渠道，将文化自信融入思想政治教育的全过程有助于大学生文化自信的树立。大学生文化自信实践育人实施至今，已取得了突出的成绩和效果，然而整体看来，也隐蔽了一些问题，需要认真研究并加以解决。

（一）大学生文化自信实践育人的受重视程度不够

尽管有关机构和高校承认和认可在文化自信实践育人方面的作用和地位，但在执行和教育实践过程中，并没有得到应有的重视，这样的落差使实践育人活动的展开受到了阻碍。

首先，在我国的教育领域，教师往往受到“重视理论教育，轻视实践育人”的传统教育观念的影响。我国一些教师大多注重学生对理论知识的学习，重视理论知识的迁移。在这种情况下，有的教师投入大量的精力和时间在理论研究上，而在实践经验方面有很大的缺失。此外，我国的一些高校教师在对新鲜事物的掌握上十分有限，他们不能紧跟时代潮流，在认知方面过于稳定，导致出现认知僵化的现象，从而导致在教学中不能够及时接受新的知识，不能突破自我，在研究实践育人的方法创新上也不能找到新的突破口，进而出现故步自封的情况。这样的观念和思维模式影响了文化自信在高等教育教学实践中的作用和效果，在推进文化自信实践育人的发展方面也起到了反作用。

其次，一部分实践活动的指导教师虽然对文化自信实践育人的地位和作用持认同的态度，他们甚至认为这样的作用就像思想政治理论课实践教学的地位和作用一样；但在开展思想政治理论课实践教学活动时却对思想政治理论课实践教学活动所能产生的效果没有抱什么希望，对思想政治理论课实践教学活动没有制定合理的实践教学目标。文化自信实践育人活动没有得到真正的贯彻落实。文化自信实践育人的重要作用是由其本质决定的。实践知识、能力的形成和发展与理论知识的形成一样，需要教师和学生在实践教学过程中的良性互动，充分发挥学生参与实践教学活动的积极性。在文化自信实践育人的过程中，学生不仅是实践育人活动的主体，同时也是该活动的客体，唯有正确预测出实践育人活动的效果，注重对学生的文化自信的建立与培养，关注学生在活动中的个人感受，在这一主动参与的过程中充分调动学生的积极性，提高学生对中华优秀文化的认识，才能进一步达到文化自信育人实践的预期效果。

（二）大学生文化自信实践育人的师生参与度不高

教师在面对实践育人活动时所表现出来的积极性，对于学生文化自信的成功建立非常重要。研究表明，教师和学生的作用还有待进一步发挥。

教师实践中的文化自信是一门强调实践的重要课程，要求教师既要有较强的理论知识，又要有较强的实践领导能力。然而，在现阶段，一些高校中的教师，特别是青年教师，虽然教育水平较高，但社会或生活经验较少，理论知识的实际应用空间并不大。他们作为实践育人指导教师由于经验不足而不能帮助学生充分进行实践学习。同时，随着学生人数的增加，高校的师资队伍并不能得到较为及时的补充，随着学生数量的增加，教学任务量也不断地增加，教师在这样的环境中为了满足教学任务的需求开始更多地关注理论研究。个人实践技能的缺乏是由于教师忽视实践课，而教师并不是唯一一个在文化自信精神实践过程中负责策划、组织和开展各种活动的人。教师也要参与到学习过程中来实现教育目标，与学生共同参与活动，在整个过程中真正体验活动内容，以实现育人目标。然而，在目前的文化自信实践育人过程中，一些教师实际上没有在实践过程中给予学生指导，更重要的是，越来越多活动的发起者和组织者不参与实践活动。这一切无助于提高教师的教育实践技能水平，无助于发展良好的师生关系，也无助于在实践育人中形成文化自信，达到人文育人的效果。

高校学生是实践育人的主要对象，通过培养他们对学习中国文化的兴趣，进而在日常的文化自信实践育人活动中调动他们参与的积极性，在实践中增强他们的文化自信，提高学习的有效性。现代的学生大多是“00后”，他们追求个性，反对束缚，自我意识较强，独立生活能力不足，无法达到展开实践育人活动的需求标准。此外，当前的就业形势越来越严峻，学生更喜欢通过考试来提高职场竞争力，而不是参加文化自信实践育人活动。加之文化和思想的作用并不是外在显现的，不能立即产生直接的物质效果，导致学生参与文化实践育人活动积极性不高。

（三）大学生文化自信实践育人形式相对单一

虽然单一管制型教育的弊端在社会中逐渐暴露出来，但由于以往严谨的教育观念和教育方法严重阻碍教育执行的现状，大多高校都选择不管不顾、放任自流。目前来看，大多数高校的文化自信实践育人都在采用一种相对统一的形式，而不是根据不同的教育目标和学习内容的实际情况，合理优化学习内容，进而利用所有有效的资源选择一种实用的形式。就像课内实践育人，部分教师仍采用“一言堂”“满堂灌”的传统教育方式，每一板块的内容传授仍以章节目录为教学大纲，对问题的定位、学科的选择、教育内容的选择缺乏新意，一般都是之前的教学者留下的固有课题。不可否认，这些课题有一定的教育意义，但是时代在发展，环境在变化，一成不变、不知道创新的课堂内容只会越来越偏离现代大学生的真实状况，不能产生预期的效果，这其实也削弱了大学生群体的创造力和灵活性，消磨了他们对学校教育内容的兴趣。一些高校只是把实践教学作为上级主管部门派发的任务，并不了解实践作为一种有效的教育手段的真正价值，因此让它成为一种被动的学习形式，教育活动也没有创新，教育内容也不够丰富。

二、大学生文化自信实践育人面临困境的原因

文化自信是我们寻回自我、发展自我、阐扬自我的重要路向，是我国重塑大国雄风的重要支撑。要从文化自信实践育人活动的实际情况出发，深入探讨、研究文化自信的根本和相关问题，总而言之就是通过文化自信实践育人为我国社会主义现代化建设提供有力保障。通过对上述主要问题的了解和对学习文化自信实践育人中学生自信问题的提出，发现这一问题的存在对学生文化自信、对高校实践育人都产生了重大的影响。通过研究发现，文化自信实践育人的真正价值并没有得到充分体现，因此在实践发展中也受到了阻碍。文化自信实践育人活动开展的重大意义，让实践育人的顺利开展再次提上日程。然而，在这一过程中所面临的困难迫使任课教师尽其所能去克服他们。下述内容有效地分析了大学生文化自信实践育人在思想认识层面、教育管理层面、师资队伍层面、基础保障层面面临的困境。

（一）思想认识方面：实践育人理论相对滞后

文化自信实践育人是高校领导、高等教育部门、相关技术部门、优秀文化课教师和学生共同参与的教育实践。当前在思想认识方面，实践育人理论相对滞后。

1. 对实践育人的地位存在认识上的不足

在多次会议中都揭示了教育的实用价值，但一些高校仍然无视规定，我行我素，甚至过于注重文化自信的理论教育，并且认为实践育人理论体系是“形式教育”，并没有实际意义。这种错误的意识形态导致了高校领导对相关问题的不重视，影响了教师对文化教育领域活动和实践工作的态度和工作热情，影响了学生参与实践活动的积极性，进一步阻碍了文化自信实践育人的有效实施。

从这种错误认识上我们可以看出，随着经济的发展，高校的教育活动越来越呈现出功利化的现象。从高等教育认识论哲学基础的角度解释，大学精神文化体现在具有勇于创新、追求卓越的精神，大学人以求真务实、笃行进取、勤奋严谨的态度投入实践、参与实践，从而提升思想高度与生命境界，完成自我超越。实践活动是学生技能发展的逻辑起点，是实现价值、奉献社会的逻辑前提。然而，西方资本主义价值观对学生的思维产生了强烈的影响，同时也使高

校教育的实施和发展受到了冲击，在这种影响下进而产生了许多认知误区。在高校教师评价中，指标评价变得越来越功利化，教育者因为压力而更多地关注文化自信课程的硬性指标，失去了课程开发的真正价值。因为缺乏对文化自信的正确认知，而忽略了大学生真正需要的优秀文化是什么，对大学生将文化自信理论知识转化成价值认同产生了不可估量的负面影响，不利于提高大学生对中国文化的认识，影响学生的健康发展。

2. 对实践育人的内涵及方法缺乏科学的把握

一些高校对文化自信和实践育人的理解不同，认为“文化自信教学实践”和“文化自信实践育人”是相同的。但从本质上讲，大学生文化自信实践育人的中心思想主要侧重于对中华民族优秀文化的教育和学习，增强学生对本民族文化的认同感，并在教育实践中帮助学生建立、增强文化自信，而大学生文化自信教学实践是实施优秀文化理论教育的方式与途径，除了在方法论上的教育实践理念和原则之外，两者在本质上具有明显差异。在一些高校，实践育人和教学实践被认为具有完全相同的意义，学生在实践中学习等同于在课堂之外展开实践活动，这种想法在本质上是不正确的。在这种误解中，忽略了实践育人的内在本质，简单地组织文化自信的活动，参加一些比赛，参观红色革命基地等实践育人活动不符合自信实践的要求。

如前所述，文化自信实践育人的主要目标不是仅仅离开课堂进行形式上的实践，而是在实践育人的指导下，帮助大学生了解中国优秀文化，并对其产生认知。总之，使大学生在精神层面认同中国的优秀文化，无论他们是否在形式上离开课堂，是这门课程的实际目标，也是这门课程的本质。但一些高校存在另一个极端，就是将实践育人完全理解为课堂上的实践育人，如组织学生观看中华优秀文化视频、开展课堂讨论、设置情境教学等，并认为这样类似的活动可以被称作实践育人。许多教育工作者认为，在课堂上创设的实践育人活动与真正意义上的实践育人活动具有相同的教育意义，因此他们也认为，既然在课堂上就能够进行实践育人，那么就没有必要花费时间、精力和物资在课堂以外的场合开展实践育人活动，也正是这样的思想使这些高校陷入了形式主义的泥潭。

（二）教育管理层面：实践育人管理相对缺乏

从目前来看，大学生文化自信实践育人有些虚化，教学方法存在片面现象，甚至教育者和大学生对文化自信实践育人缺乏积极性。从这个角度看，文化自信实践育人活动由于有更多的课外教学活动，在实施过程中难度较大，而且这类课程中基本上都是大课堂的教学，很少有小班制，因此组织和活动的开展难度很大。然而，笔者经过深入的了解和研究，发现文化自信实践育人难的深层次原因是管理不够科学，教育实践管理缺乏秩序，规章制度不健全。

1. 文化自信实践育人的制度建设相对滞后

制度是被指定出来保障和约束人们的行为，以求得价值最大化的准则、规则体系，把人类的行为规则化、有序化、确定化，这就是制度的本质。习近平总书记重点强调了制度建设具有重要地位和作用，指出我们要将制度“关进制度的牢笼”中。造成这些困难的主要原因之一是管理工作的相对延迟。文化自信实践育人是一个复杂而完整的课题。有效完善的教育规章制度能够确保规章制度的实施，同时也能够保证文化自信实践育人的实施过程具有资料依据，使文化自信实践育人活动有序推进。在我国各大高校，教育管理中有许多规章制度，其中关于实践也有许多明确规定。然而，在这些文件中几乎都没有提到文化自信实践育人活动的实施方法和指导方针。这种情况在我国高校中是普遍存在的。正是因为相对滞后的文化自信实践育人制度，使得实践育人的过程显得无序、随机，甚至是消极的，难以达到预期的效果。因此，部署和完善文化自信实践育人制度是促进文化自信实践育人有序、高效和科学发展的重要保证。

2. 文化自信实践育人与教育之间缺乏联系

目前，大多数高校都为学生提供文化自信方面的实践育人活动，这是文化自信能够建立的重要因素，也是实践育人活动中必不可少的。但是，一些优秀的、能力较强的文化课教师与这些大学生实践育人活动毫无关系，他们并不在这些活动中扮演领导者和组织者的角色。这些活动通常由高校团委、学生会和其他组织处理。事实上，所有的实践育人教育活动，都是由高校组织的，以展示本民族杰出的文化，如青年志愿者活动、“三下乡”活动和参观红色革命基地等。开展这些活动的根本目的主要就是更好地进行实践教学。然而，在实际执行过程中，全国各地的高校往往将活动与教育分开进行。因此，现在的主要任务是将高校建立的以增强大学生文化自信为目的的实践育人活动融入教育领域，更好地培养大学生的文化自信。

3. 文化自信实践育人缺乏科学、有效的考核评价体系

在中国优秀文化实践育人活动中存在着一些问题，如缺乏秩序和管理；同时，参与文化自信实践的大学生热情不高。造成这些问题的主要原因就是缺乏内部激励措施，导致学生缺乏对文化自信实践育人活动的兴趣。总的来说，对文化自信课程的评价主要包括课堂讨论、出勤和检查，但是，当前对课堂实践

的评价仅限于课堂内部的情况，这种单一的评价显然是不完整和不合理的。长期以来，基于文化自信的实践学习成果的特点是隐性的、间接的，不能直接向教师表达。因此，大多数教师难以确定文化自信实践育人的评价标准，并且很少有高校将实践育人纳入高校课程，也较少有研究文化自信评价的人，而如何认识到文化自信实践育人评价过程中存在的困难，制定科学有效的实践育人评价方案，是促进文化自信实践育人规范化的重要举措。

（三）师资队伍层面：教师饱受多方面的压力

教学资源匮乏，实践经费的相对短缺，高校对实践活动的不够重视，使得多数思想政治理论课教师尤其是青年教师并未真正走出校门参加社会实践，而在实践教学体系中尤其要求教师具备实践教学素质，实践教学对教师提出的要求更高。任课教师饱受来自多方的压力，这也是致使实践育人出现问题的一个重要原因。

1. 现实教育急功近利的倾向严重打击了任课教师的积极性

中国优秀的文化课教师在实践育人中起着主导作用，这对教育质量有直接影响。作为教育领域的领路人和开拓者，教师是传授理论知识和实践活动开展的领导者和组织者，以及文化自信教育的创新者和积累者。但在现实社会中，功利主义思想影响着我们的教育业。

目前，国家教育领导层和相关专家充分认识到在高校开设文化自信课程的重要性，然而，在真正的教育进程中，文化自信的实际情况并没有很好地反映出来。一些落实国家政策的高校都追求形式主义和“面子工程”，看似为了落实实践育人而开设了相关课程并展开实践育人活动，然而这些课程和活动并没有任何实际价值，对于学生对相关课程的接受能力和接受程度并不在意，同样也不在意这些活动最终呈现出来的效果。相对来说高校众多领导、任课教师、大学生自身甚至其家长都直接关注所报考专业的开课质量及效果问题，甚至个别高校采取关闭文化自信课程的方式增强其专业学习效果。高校在资金、教师安排、考试和活动场地审批等方面无条件地支持相关专业课程，导致学生重视专业课程，而认为实践课程是一种对时间、精力的浪费，认为这些活动都是没有实际意义的，也起不到真正的作用，逐渐打消了一些学生的积极性。

2. 任课教师的能力大小直接影响了实践育人实施的实际效果

高校学生文化自信实践育人教育活动的特点是具有实践性，而在具体施行的过程中，要求教师要结合理论和实际情况，时刻跟紧时代的发展步伐，对社会上的热点新闻予以更高的关注，并进行适当的把握。同时，教师不仅要有理论知识，还要有丰富的实践经验。但现在大多数教师都是年轻的教师，甚至其中大部分都是应届毕业生，他们从高校的校园生活转入工作生活，中间的过渡阶段并不完整，只是经历了简单的培训。这些教师缺乏社会历练和社会氛围的熏陶，使他们无法对本民族优秀的文化产生深入的了解。因此，许多文化自信的任课教师在实践经验方面仍有欠缺，他们在实践活动组织能力方面并不完备，致使他们不能完全胜任文化自信实践育人的相关工作。并且文化自信实践育人在活动组织方面具有较高的难度，任课教师在选择教学内容时要注意选择大学生更有兴趣的、更愿意关注的内容，同时也要具备能够反映文化自信教育目标的特点，不仅如此，领导并组织实施实践育人活动取得优异的成绩也具有非常大的难度。在文化自信实践育人活动展开的过程中，多数活动的整体安排都不是以课堂为主的，此时，学生的安全问题主要由任课教师负责，而任课教师以其本身的能力承担相应的责任也会为其本身带来许多顾虑。

3. 缺乏合理的考评机制，任课教师的教育中心仍停留在理论教育层面

与理论教育相比，实践育人需要更多的时间和精力。引导并组织高校学生展开、参与实践育人教育活动需要大约六个月的时间。在外出前，教师应当认真研究活动地点的地理位置以及他们与大学生的匹配程度，调查核实后与活动地点的负责人取得联系，并与他们协商有关的情况。同时，他们还必须向高校财务部门和有关管理人员报告活动情况，以便获得批准。在户外活动中，教师要做好领导团队的工作。一方面，教师必须记住相关的活动知识，在活动过程中与考察的内容有效地结合起来，并给予学生相关的指导，以便更好地了解和认知优秀的中国文化。另一方面，教师在活动中应始终关注大学生的安全问题，要保证所有学生都能安全返回学校。活动结束时，教师应向学校提交相关材料，批改大家在活动结束后递交的实践报告，然后再对整体活动进行总结。然而，在目前阶段，几乎没有鼓励文化自信的措施，文化自信实践育人课程的工资的计算方法与其他理论课程的方法是一致的。本身文化自信实践育人教师在大课堂上课比其他专业课就更加辛苦，按理应该提高薪资，但大多数高校都没有这样做。此外，当代大多数高校的评估机制仍然侧重于研究，导致实践育人的关注度也就相对降低。

（四）基础保障层面：实施的保障机制不健全

保障体系是实践育人体系的物质基础，包括制度、队伍、基地和经费保障

四个方面。通过分析高校实践体系的构建背景，我们发现在师资筹集、资金投入和基地建设方面有着共同的不足。

1. 师资力量不足

过去的教育体系由于“重理论、轻实践”，在实践模块分拨的师资力量明显薄弱。思想政治教育实践育人教师队伍在人数、结构、水平和心态上都有一定问题。

第一，人数不足。由于高校对实践育人的政策落实不到位，导致实践育人经费有限、实践教师待遇较低、教学环境不稳定，加上传统教育观念对实践的弱化，都影响了教师参与实践育人队伍的积极性。如今随着高等教育普及，高校扩建、学生扩招，实践型教师的缺口越来越大，目前很多高校都难以满足实践教学需求，更别说细致地照顾到每个学生的需要。

第二，教师队伍的结构不合理。目前的师资团队以老教师和青年教师为主力，要么实践育人经验不足，要么实践育人精力不足。在职称高、专业技能强的中年教师看来，实践型教师的资历要求低，学习深造机会少，待遇和发展空间都有限，因而不愿从事实践工作。

第三，水平低。由于前两项问题，实践育人部门始终难以吸引到高水准、高素质的人才，导致实践教学和研究团队总体专业性不足。有的教师知识结构落后，经验陈旧，甚至对一些先进的现代教学技术了解和掌握甚少。有的高校为了弥补人数不足进一步放低招收门槛，甚至对师德建设、知识结构、心理素质、合作精神等影响师资团队效能的品质也降低了要求，这对提高实践教学水平而言是致命的。

第四，心态差。由于实践型教师的业界定位和发展环境不良，恶性循环地反馈到在职教师和意向教师身上，使他们对自身岗位和工作的心态不稳定，教学效果大打折扣。

总的来说，师资队伍建设中的人数、结构、水平和心态问题相互牵制、相互削弱，要想改观还需要整个改变轻视实践的风气和环境，而这是一项长远而艰巨的任务。

2. 经费投入不足

实践活动，尤其校外实践，由于形式和场地多样，从入场资格、活动器材到运营、交通，都需要额外开支，更别说大学生创业项目的启动资金，总的来说是一笔庞大的费用。目前一所高校平均有 2 万～3 万学生，以实践活动平均每人每次 100 元计算，对于学校也是不小的开销。而全国大学生的数量更是庞大，教育部、财政部能颁发的补助有限，因此高校中能保障实践育人的专项经费少之又少。

通常，各大高校要么设立实践基金团队竞标，即只补助优秀的实践项目或团队，其余者则自己筹措解决。或者直接“上有政策下有对策”，走形式、作报告，省掉中间的实践活动环节，省掉这笔开支。例如，有的学校思想政治理论课的实践教学课，就是让学生根据主题准备 PPT 和演讲材料，然后轮流上台展示、回答提问，之后由教师、同学评价打分，颁发奖品等。其操作流于形式，局限于课堂之内，没有实现实践育人真正“重视参与、重视体验”的功能。造成这一状况并不全是师生为了省力而敷衍，有两大根源，即资金立项不足和学生外出安全无保障。经费不足这座大山压缩了实践活动空间，也打消了师生参与实践活动的积极性。这是长久以来普遍存在的弊病，要改变绝非一朝一夕之力。

3. 基地建设不足

一方面，由于前两项师资来源有限、经费短缺，高校能够开发的实践基地和场所有限。相对来说，以提供义工服务的场所偏多。另一方面，愿意提供参观或实习机会的企业大多有担心泄漏内部信息或影响生产秩序方面的顾虑，不让学生逗留太久或进入核心区域实习。因此学生实习的收获非常有限，并不能得到切实的专业技能培训。有些高校没能在校外建立起长期、稳定的实践合作基地，存在着许多零散、临时、随意的做法，教师无法系统化地、稳定地指导学生，学生也无法养成爱岗敬业的工作习惯。实践基地建设存在不足导致教学环境和实践安全都缺乏保障，为实践育人工作埋下很多隐患。

4. 评价体系不完善

有些高校，尤其是理工科和综合型院校，确实对思想政治教育实践育人体系提起重视，对导师团队做出规范，对实践内容和过程进行落实，但是在评价体系上却出现了短板。原因是他们采用的是传统的评价方式，即笼统而模糊的定性评价，多数时候只有合格与不合格两级；而且评价主体单一，只有校方，具体表现在以下三个方面。

（1）指标不详细。

要解决评价体系模糊、单一的问题，就需要对各项评价指标做更详细的规定。评价指标包括评价内容、评价方式和评价主体。其中，内容可以包括知识与技能的获得、道德修养的提高、合作精神和奉献精神的培养等指标；方式可以分为定性与定量指标，定量如实习工作时长、解决问题量或工作产量等；主体应当是校方与社会方面共同评价，过去的评价常常忽视实践基地的专家或领导的评价，不能有效地反映社会实践的效果。评价体系的指标如果不从多层次、多角度着手，必然不能对高校实践育人体系做出全面的评估和反馈，不利于体系建设的深化改革。

（2）缺乏可行性。

评价体系对于学生的实践表现和教师的指导表现虽然总结出很多问题，但没有提出切实可操作的解决办法。无论是相关部门还是责任人对于问题都是束手无策，也不去自主地寻找解决办法，下次活动或调研时还是存在。由于对评价结果缺少后续操作和跟进，本质上剥夺了评价的现实意义。如果实践活动只是为了学生过关升学，对于高校育人模式的改进毫无影响，对于社区协同育人的目标毫无影响，甚至连参与实践的师生本人也不甚在意，那么任何一方都不会有进步，违背了思想政治教育实践政策的目的。

（3）缺乏创新性。

现有评价体系对教师的教学也是模糊评估，不但反映不出其教学水平，更没有考察其先进性和创新性。我国高校的思想政治教育实践育人体系总体上还处在探索和改进阶段，能否制定有效的改进方案在很大程度上依赖于这些处于实践工作一线的教师的改进意见。加上如今时代在飞速发展，社会对人才的需求和要求也在改变，因此要求实践导师们与时俱进地调整教学方向。所以，教育评价体系应当注重考察实践育人理念、内容、方法和管理上的创新程度和效度，帮助教师自我监督和自我检讨，共同推进实践教学质量的提高和教学系统的完善。

第五章　文化自信视域下高校实践育人的具体措施

文化自信是高校中华文化实践育人课程有效开展的精神底蕴，而高校的文化自信实践育人是培养大学生文化自信的一个重要途径。本章将对文化自信实践育人的具体措施进行分析，主要内容包括构建高校文化自信实践育人长效机制、丰富文化自信实践育人内容建设、搭建文化自信实践育人载体和平台、完善文化自信实践育人评价体系。

第一节　构建高校文化自信实践育人长效机制

一、强化大学生文化自信教育理念

教育理念的好与否对开展大学生文化自信教育工作有着至关重要的作用。新时代新时期新阶段要坚持以人为本、文化育人等现代化的先进教育理念，进而为今后一个时期高校教育的顺利开展给予科学的指导。

（一）强化“以人为本”的教育理念

思想政治教育的对象是人，促进人的全面发展是思想政治教育的根本。在当代大学生文化自信教育中，“以人为本”是以当代大学生的需求为基础的，充分发挥大学生文化主体的巨大潜力，使其不断在学习、生活和实践中认清自身文化价值观念是否健康向上、积极正确，是否符合社会发展的主流，从而树立起科学的文化观念。同时，文化自信教育也应以学生能够接受和理解的水平为基础，接近大学生的思想水平和生活现实，并善于利用现有的校园文化和各种社会文化背景开展实践活动，逐步使大学生树立正确的文化价值观。简而言之，我们应该从人的实际需要出发，尤其要根据当代青年大学生的客观实际，开展文化自信教育，始终坚持和加强以人为本的教育理念。

（二）强化“文化育人”的教育理念

文化的本质就是人化，文化的最大功能就是促进人的全面发展，对人的交往行为、交往方式以及人的认识活动、思维方式等都具有潜移默化和深远持久的影响。在教育教学中，要促进大学生德、智、体、美、劳等全面的发展，而大学生文化自信教育归结起来属于高校德育方面的内容。目前，高校的教学理念在一定程度上出现了偏差，更多的是强调注重培养大学生的专业知识技能，而忽视了其文化价值观和道德素养的培育，尤其是文化自信方面的教育。因此，高校要重视文化自信教育工作的重要性，以大学生为中心，加强对高校教师文化素养的培养，广泛开展文化教育实践活动，满足大学生在文化层面的不同需求。

二、提升高校相关人员对文化自信实践育人的认识

思想观念是行动的先导和动力，文化自信实践育人工作是否能够有效展开，主要取决于当今社会高校领导、任课教师、在校大学生等相关人员能否树立对文化自信实践育人的正确态度，牢固树立“实践育人”的新型教育理念，有助于提高对文化自信实践育人重要性的认识，转变教育理念。

（一）提高高校领导对文化自信实践育人的认识

加强高校相关领导人员对开展中华优秀文化实践育人活动的积极认知，发挥中华优秀文化对大学生群体文化素养方面的积极作用，是当前我国每一个高校领导人员都不可推卸的责任，是保障文化自信实践育人活动的各个环节依次推进的关键。

提高高校领导对文化自信实践育人的认识，主要可以从以下几个方面着手。第一，加强高校领导班子对文化自信实践育人的理论学习，对文化自信实践育人的基本内容、方式、作用以及管理等众多方面进行掌握。第二，高校应及时发布实施文化自信实践育人方面的明文规定。第三，成立专项负责文化自信实践育人的领导小组，专门对文化自信实践育人的每一项活动进行统筹规划和有效安排。第四，加强对文化自信实践育人队伍的建设，确保文化自信实践育人有足够数量和质量的教师。第五，确保文化自信实践育人有充足的课时、有效的基地及稳定的经费。

（二）提高任课教师对文化自信实践育人的认识

中华优秀文化授课教师应当勇于承担实践育人的重要责任，这是由其工作

职责决定的。因而中华优秀文化授课教师对文化自信实践育人的认识情况，是影响文化自信实践育人活动效果的关键因素。在教学中，中华优秀传统文化的宣扬、文化自信的培育能够让青年学生在文化的沉思中对社会主义核心价值观深刻理解和充分认同，进而自省和自觉，达成牢固树立及积极践行的目的。提高中华优秀文化任课教师对实践育人的认识，不只是需要对文化自信实践育人的长远意义有准确把握：更要深入认识文化自信实践育人本身。总体来说，我们可以从以下几方面把握。一是中华优秀文化授课教师在头脑中首先要对实践育人的重要意义有准确的把握，必须认清文化自信实践育人活动对大学生产生的影响，这是每一位任课教师在文化自信实践育人过程中有效地发挥主导作用的驱动力量；二是中华优秀文化授课教师必须对其实践育人活动本身有准确把握，即对何谓文化自信教育范畴的实践育人有准确认识，包括他们应如何指导实践育人活动，采取什么方式的实践育人，如何对大学生进行有效的评价等。

（三）提高大学生对文化自信实践育人的认识

教育对所有培训课程的实际效果是共同努力的结果。在这个过程中还涉及教育工作者的指导和有关部门的支持，以及大学生的热情和主动性。教育的有效性不仅取决于个人在课程上的努力，在很大程度上也要看受教育者，看他是否有了解周围世界的欲望、能激发自我的学习热情，是否能学习科学文化成果，以及自觉掌握社会主义生活规范。显然，现代大学生是否能有效地理解教育实践，是否能积极参与教育活动，直接影响文化自信实践育人的效果。只要我们每个人都增强了中国文化的认同感和自豪感，通过我们周围的小细节和具体的实践，使之成为真正有影响力的文化软力量，文化自信就不难实现。应根据现代大学生的实际需要，在文化自信实践育人过程中，激发大学生参与活动的兴趣和热情，加深对文化自信实践育人的理解。第一，分析和研究大学生参与文化自信教育实践的兴趣和动机，帮助大学生正确理解文化自信实践育人的价值。教师要把握生活中不同学生的需求，准确把握文化自信实践育人的内容，寻求两者之间的联结点，选准在文化自信实践育人过程中提高大学生积极性的切入点。第二，通过诱因引导的方法，提高大学生参与文化自信实践育人活动的积极性，在满足大学生需求的情况下，潜移默化地提高大学生学习中华优秀文化的积极性，增强大学生对中华优秀文化的认同。一方面，在实施课堂教学的过程中，要有效地创设问题情境，激发大学生的学习动力；另一方面，及时评价实践活动，及时反馈大学生在实践活动中的表现，可以在一定程度上激发大学生参与实践育人的积极性。

三、建立健全文化自信实践育人管理体制

高校文化自信实践育人在提高现代大学生对中国传统文化的认识方面有天然的优势，要想将这种优势好好利用起来，就要对文化自信实践育人进行有效的管理，制定合理的规则。

（一）建立健全高校相关部门通力合作的管理机制

全国高校文化自信实践育人是一项广泛而深刻的中国优秀文化教学活动，它不仅需要文化自信实践育人教师之间的协调，而且需要高校相关部门的积极支持。只有这样，文化自信实践育人才能顺利、有效地进行。

一方面，要加强文化自信实践育人各任课教师之间的合作与安排。在每个学期末之前，所有教师应在充分讨论的前提下，制订下一学期文化自信相关课程的课外实践育人计划。文化自信实践育人的教学和研究部分将完善总体计划，并详细确定组织者、经费、活动时间、注意事项、活动地点和其他有关事情。在实际的文化自信实践育人活动中，教师应按照计划进行各项活动，并做好各项实践活动的记录。另一方面，要加强文化自信实践育人部门与其他部门的联系，协调他们之间的工作安排，积极将其他部门开展的大学生文化自信实践育人活动纳入其中。文化自信教育实践中所包括的社会实践活动，不能仅由优秀的文化教师来组织和实施，还应依靠有关高校领导部门的力量。

（二）建立健全文化自信实践育人的评价方法

加强对文化自信实践育人的有效管理和组织，首先要加强对实践育人评价方法的管理。然而，目前我国文化自信实践育人的评价体系还不完善，还面临诸多困难，迫切需要建立和完善科学的文化自信实践育人评价方法。

一是牢固树立文化自信和实践育人评价的基本原则。文化自信实践育人是一种理论与实践相结合的教育实践活动。教师应根据活动目标的实际情况，以及大学生参与文化自信实践的表现特点和活动经历进行评价。一般来说，文化自信实践育人活动应遵循三维目标相结合原则和活动过程与结束相结合的原则。只有贯彻这些原则，评价结果才能客观有效。二是制定合理的文化自信实践育人评价方法。合理的文化自信实践育人评价方法贯穿于文化自信实践育人的全过程。有三维目标，如行为评价法、讨论法等，也有文化自信实践育人结束评价法，体现了对三维目标的综合考察，如考察报告评价法等。而选择什么样的评价方法应该根据高校的实际情况，做出合理科学的评价。

四、加强文化自信实践育人师资队伍建设

文化自信实践育人的效果与实践活动的实施有着密切的关系。教师在实践育人过程中起着至关重要的作用。他们应高质量设计每一项实践育人活动，并指导和组织每位大学生参加实践育人活动。在这方面，教师的素质，尤其是他们的实践育人专业能力，直接影响到实践育人的效果。此外，文化自信实践有其自身的复杂和多变的特征。如果仅依靠教师的能力，很难达到预期的效果，也就无法成功、有效地完成文化自信实践育人工作。因此，为了提高大学生对优秀中华文化的认识，就必须拥有一支高素质的实践教师队伍。

（一）提升文化自信实践育人教师的教研能力

要深刻理解中国优秀文化的丰富思想内涵，作为一名教育家，首先要做到的是实现马克思主义知识与实践的统一。教师要认真学习马克思主义经典著作，在思想上学习马克思主义，在教育教学中贯彻马克思主义，在行为上贯彻马克思主义。教师还要充分认识和发展马克思主义中国化的重大理论成果，研究和弘扬中华优秀文化，既要在学校领域进行调查研究，也要深入民族文化所在地开展调查研究，从多角度搜集我国文化发展演变的历史，从认识和发展的双重视角拓宽视野，除此之外，教师要了解中国优秀文化的历史脉络，把民族文化与新时期大学生文化自信实践育人活动联系起来，从理论和实践的角度把大学生文化自信实践育人与民族文化相结合。

高校思想政治理论课实践教师队伍要肩负起传播中华优秀文化的光荣使命，从民族文化本身的历史发展脉络来研究和传承我国的中华优秀文化，从多角度来理解我们民族文化的深层意蕴，以此形成具有研究价值的理论内容；从民族文化价值形成的多个角度出发研究本民族文化的独特风格与魅力；从文化认同感的角度专题探讨本民族文化与民族教育的关系；从研究收集我国的历史文化资源到实地考察研究集聚中华优秀文化教育资源。就文化自信实践育人教师而言，文化自信实践育人活动不仅需要教师认真钻研，及时设计相关活动，还需要教师与学生一起参与到每一次活动过程中。在活动开始之前，教师需要对每一次的文化自信实践育人活动进行周密的计划与安排；在活动过程当中，教师需要全面协调各个活动环节，加强管理；在活动结束之后，教师还需要对每一位参与的大学生进行多方面的考评与指导。通过将理论性研究成果与实践活动相结合，将课堂内教师讲授与课外实践育人活动相结合，真正做到科研教育的有效统一，调查研究大学生文化自信实践育人开展的手段与方法，建立和

完善大学生文化自信实践育人的方法和体系，真正地做到科研活动与教育活动的良性循环，传承与发展、传播与交流中华优秀文化，坚守本民族的文化阵地，从而进一步提升大学生文化自信实践育人的教学效果。

（二）提高文化自信实践育人教师的业务水平

高校文化自信实践育人是一项实践性和综合性很强的教育活动，要求教师有更为深厚的文化底蕴和更强的能力。因此，一定要加强对教师在实践育人方面的培育，提高教师在实践育人方面的专业素质和业务水平，加强高校文化自信实践育人的队伍建设。

加强专项数据建设。特殊教材对提高教师的专业能力具有重要作用。高校图书馆要加大对中华优秀文化教育科研所需各类资源的采购力度，帮助教师及时掌握文化自信和实践育人的最新研究成果，方便教师积极学习，丰富自己的实践教学内容，不断提高自己的业务能力。

经常开展教研活动。应定期开展教师间的互讲，共同学习，取长补短，提高自身的专业素质。

（三）打造立体的文化自信实践育人队伍

文化自信实践育人包括课内实践育人与课外实践育人两种活动类型，实施课外实践育人活动比课内实践育人活动的难度系数要高，不单单是依靠任课教师的引领与指导，还需要高校其他相关部门的鼎力支持，力求多角度、全方位地开展文化自信实践育人活动。因此，打造一支立体的文化自信实践育人队伍至关重要。

此外，高校领导干部、其他专业课教师、辅导员等相关工作人员也要从不同角度协助实践育人活动的开展，多方共同推动文化自信实践育人活动的顺利进行。

五、形成当代大学生文化自信教育合力

教育系统是由学校教育、家庭教育与社会教育三个子系统构成的，他们分别居于不同的位置，发挥着不同的功能和作用，彼此之间应该是相互独立却又紧密联系的。在当代大学生文化自信教育中，高校起着关键性的作用。此外，社会、家庭和大学生自身的作用也很重要，任何一个方面的缺失都会严重影响到教育整体性的深入发展。

所以这就需要社会、家庭、高校以及大学生自身的共同努力，拧在一起，紧密配合，从而形成促进大学生文化自信教育发展的强大合力。

（一）从社会角度加强当代大学生文化自信教育

社会是大学生成长的重要外部环境。社会整体的重视程度、整体的文化风气和氛围以及社会的价值导向会对大学生的文化自信教育起到非常重要的作用。要对当代中国大学生进行文化自信心教育，首先要为文化自信心教育的顺利开展提供必要的社会支持和保障。

1. 提高对文化自信教育的重视程度

文化自信教育的成功实施离不开社会各界特别是教育部门的重视。对此，我们需要逐步明确文化自信教育的意义，将文化自信教育纳入当前大学生成长和社会全面发展的规划之中。要充分了解高校一线教育工作者的建议和意见，细化指导，制定比较完善的教育制度，从政策上引导大学生文化自信教育活动的顺利开展。

2. 营造和谐社会文化氛围和优良社会风气

社会文化环境是保证文化自信教育顺利进行的重要资源。一些特有的宣传用语和标识能够营造健康向上的浓郁的文化氛围和文化风气，在潜移默化中影响着我们每一个人的文化价值观，特别是能激发当代大学生对文化现状的一些关注和反思，并有机会亲身参与到文化氛围的营造中，以此来不断增强文化自豪感。

3. 树立正确的社会价值导向

当前，以网络、电影、手机、新闻媒体等为代表的大众传媒对大学生文化自信教育的实施具有全方位的影响，它们不仅仅向大学生传递了信息，而且在无形中传播了一种价值理念和一种文化导向，这些也都在有意或无意地左右着当代大学生自身价值观念和文化心理的形成。因此，要自觉坚持弘扬社会主旋律，传播积极健康向上的文化内容和信息，以核心价值体系来引领全社会。

（二）从家庭角度加强当代大学生文化自信教育

众所周知，家庭是大学生的重要生活场所，尤其是在大学生进入高校学习之前，是对大学生实施文化自信教育的一个重要环境。家庭中的各位成员尤其是孩子的父母对开展文化自信教育具有非常重要的作用，甚至可以毫不夸张地说，在这个问题的研究上，家庭教育质量的优劣直接会对大学生文化自信教育的质量造成影响。

一方面，家长要不断地更新文化教育理念。作为孩子的启蒙教师，孩子首先受到家中各位长辈的教育，不同的教育观念便形成了家长不同的教育行为；另一方面，家长要不断提升自身能力。家庭教育是教育的源头，家庭成员尤其是父母是大学生接触、观察、模仿最多的对象，其自身的文化价值观甚至会给大学生带来一生的影响。所以家长要坚持从日常细节入手，从小就注重陶冶孩子的文化情操，营造浓厚的文化氛围，进而养成良好的文化习惯。

总而言之，家长要做到率先垂范，以身作则，不仅言教而且更要注重身教，营造积极和谐的家庭文化氛围。通过良好的家风，产生对中国优秀传统文化的认同心理，从而引导大学生树立正确科学的文化价值观。

（三）从大学生自身角度加强其文化自信教育

当前，全面分析探讨当代中国大学生文化自信教育的合力作用，大学生自身这一主体就是关键性的内在因素。

1. 坚持以大学生所处的实际情况为出发点

在研究大学生文化自信教育这一课题的时候，要真正从大学生自身的实际情况入手，这样才能从根源上使文化自信教育取得显著成效。大学生作为国家发展的后备军，要自觉地扛起屹立在肩上的文化大旗，力求在发展中不断提高自身素质。同时大学生要学会以平常心来看待文化多样化，善于接纳来自其他国家文化的精髓性东西，进而实现自我完善和自我超越。

2. 坚持增强大学生文化主体性意识

任何思想道德教育的过程实质上都是主体自我建构的过程，不通过教育主体自身的价值领悟与接纳，任何思想道德理论都无法让人真正接受。大学生要认真学习研读马克思主义文化观的基本理论，做到学思并重，理论联系实际，从身边的小事做起，加强文化自信，在自我教育中提升文化素养。

除此之外，大学生还要坚持学会独立理性思考，将自己的文化理念自觉实践到日常生活和学习中去，在实践中增强自己的文化自信感和认同感。

总之，当代大学生文化自信教育要从社会、高校、家庭以及大学生自身四个方面着手，形成强大的教育合力，各方面更加紧密配合，从而切实有效推进大学生文化自信教育。

第二节 丰富文化自信实践育人内容建设

一、丰富文化自信实践育人的内容与形式

丰富多彩的实践内容和形式是调动参与者积极性、增添实践工作活力的主要源泉。它是高校实践工作专业性的重要标志，也是形成特色性的重要启发。对当代大学生进行文化自信教育，就应该结合新时代发展的实际需要和大学生的心理特点，进一步丰富更新文化自信教育的内容，并把相关的内容适时地编写到大学生的必修或者选修课本之中，使其成为当代大学生价值观教育的重要组成部分，从而使教育内容更加科学化，更加符合社会文化强国的发展需要以及大学生成长成才的需要。

在实践内容的安排上，需要结合学生需求和地方群众的需求，依据学生的知识水平来搭建实践平台，开展实践活动。扩充实践的内容与形式可从增加实践的时段、创新实践的内容、拓宽实践的渠道三个方面着手。

（一）增加实践的时段

大学生实践活动的时间通常选在寒暑假，以暑假最盛。暑假历时两个月左右，活动时间宽裕，较远较近的地点都可以选，甚至能依次参加不同时间段的实践活动。但是，如果高校把实践计划全部押在暑期段，不仅给高校带来了组织压力，也给实践单位和基地带来了管理压力。实习人数密集，必然会降低实习的深入体验；访问人数过多，实践基地也无法一一妥善地接待和指导。所以，高校对实践活动的分派应本着一以贯之的精神，从学年平时就开始分散安排，包括利用每周固定工作日的晚上和周末时间，从而减轻寒暑假实践高潮的压力，努力让所有学生都有接触多种实践活动和深入体验的机会，为实践工作长期、稳定、扎实、深入地开展打下基础。

（二）创新实践的内容

实践育人工作应该向内容丰富化、形式多样化的方向不断改进。笔者建议各校以培养合格公民、个性化人才和领军人物三个层次为参考，结合本校办学特色来扩充和创新实践内容。

第一层，培养合格公民的初级目标。这一层主要是道德行为类实践，提升大学生的道德素质。具体措施如下：将思想品德实践课纳入必修课，设置学分，

促进学生对自身道德行为的反思和监督，加强社会公德意识和社会责任感；开展教学区和宿舍区的文明建设工程，组织学生做好卫生、安全、形象、礼仪等方面的建设工作，并以评优评星等为激励手段；建立学生自治组织，如社团管理委员会、宿舍管理委员会等，采用民主选举、民主监督、民主评价的形式，让学生体会到民主决策的意义和作用，提高学生的自我管理积极性，培养他们相互协作、相互借鉴、相互监督的能力。

第二层，培养个性化人才的中级目标。这一层主要通过多样化的实践类型和平台来提高学生的专业应用能力和社交能力。可以搭建的实践平台包括但不限于社团文化平台、创业支持平台、校外实践平台、志愿服务平台和心理拓展平台。社团文化平台是让学生根据兴趣爱好和专业能力创办或参与社团，鼓励学生发展爱好特长，并应用到实践生活中。它体现了文化育人和隐性品德教育的作用，有助于打造学校文化品牌。为了加强社团的规范性，每个社团应配一两名指导教师，并设置年度成果汇报环节。创业支持平台是为有创业想法的大学生提供各类支持，如开办创业培训课程和培训营、协助联系指导专家、协助申请创业基金、组织创业竞赛等。大学生创业考验市场调查、项目策划、队员组建、细节落实、运营监测、赞助拉动等多方面的综合能力，既与市场、职场接轨，又体现了冒险、创新、合作、竞争、利他等精神。相比于其他实践类型，通常它的难度更高、要求更高，投入的精力更大，收获也更大，因此有必要独立开辟出一块平台给它。校外实践平台是在校外实践基地进行参观、访问、实习等，旨在引导学生关注社会热点或焦点问题，感受行业中有代表性的企业环境，对平时少接触的社会各层面生活有所体会和思考。校外实践涵盖面较广，为了加强引导和管理，应当推动实践课题化、团队化、学分化。同时，实现成果深化，对出色成果予以展示和表彰，发挥以实践带动实践的示范作用。志愿服务平台是成立青年志愿者组织，或搭建志愿服务站，为展会、社区、偏远乡村、特殊学校等场所提供义工服务，增强学生的社会责任感和奉献精神。志愿者组织可能吸纳了不同学校的学生或社会人士，有利于学生跨校、跨界交流，以及发挥社会号召力，吸引更多人士加入志愿队伍。心理拓展平台是组织各类心理健康宣传教育活动，包括成立心理健康互助小组，开辟“心理能量魔方”等心理建设场地，举办世界精神卫生日、心理健康宣传月等活动。大学生处在向社会过渡阶段，接触面骤然增多，面临来自学业、职业、社交情感等各方面的压力，容易出现心理健康方面的问题。通过心理拓展实践让学生更深入地认识心理健康问题，并参与问题的解决，对于培养健康、稳定的人格有深远意义。

个性化实践育人这一块内容多而杂，对于学生综合品德素质和多维能力的发展极为重要。

第三层，培养领军人物的高级目标。这一层是针对能力层次较高的学生，搭建学生骨干培养实践平台。在这一平台上以“课程化辅导、项目化推进、团队化培训、社会化体验、开放化交流”的模式，在提高骨干们道德素质和专业水平的同时，强化其领导力素质，使之成为实践的中坚力量，提高他们在职场和社会上的核心竞争力。

（三）拓宽实践的渠道

受到人力、物力、财力的限制，现阶段高校的思政教育实践活动面较窄，无法满足学生的个性发展需求。在组织渠道上应做到“点面结合、以点带面”，在物质渠道上应做到多方开拓、充分挖掘。

在组织渠道上，“面”是指普通学生按个人意向和需求进行的，覆盖面较广、形式较多样的“一般实践”；而“点”是指学生党员、干部等骨干团队进行的“精英实践”，以高标准严要求的特征成为其他学生实践的模范。通过“以点带面”能够调动学生的积极性，使实践精神在青年学生群体中传递下去。

在物质渠道上，学校要加强与社会各方的联系，从地方政府、爱国主义基地、社区和企业等机构充分发掘实践基地资源。同时，征取学生和教师的意见，鼓励学生自主推荐和联系协作机构。拓宽实践渠道，能让更多学生有机会参与和挑选感兴趣的实践，既调动了学生的积极性，也减轻了学校的组织负担。

二、统筹课内、课外、校内、校外文化自信实践育人

（一）课内文化自信实践育人

实践育人可以科学地定位师生关系，阐明大学生在课堂学习中的主体性地位，更新我国的教育观念，改变教育思想。在实践育人的环境中，教师不再在讲台上唱独角戏，而是给学生更多的学习机会。教师应教会学生思考，发现和解决问题。文化自信心教育的实践使大学生能够认识自己，激发自己的兴趣，找到文化的根源，并培养他们对优秀的中国文化的认同感和自信心。

课内、课外，校内与校外的实践育人是文化自信教学按照实施的区域进行划分的两类基本形式。课内实践育人相对于课外实践育人活动的好处更多是让大学生能够主动地参与到其中去，而且活动涉及的成本相对较低，几乎没有额外的场地费用等，也突破理论教育的单一化形式。比如，某一地区的红色文

化，我们可以在课堂内组织与该地区红色文化相关的、与我们文化自信实践育人内容相关的一些活动形式，像演讲、辩论、讨论、模拟现场等很多活动形式都可以在课堂内展开。我们还可以在课堂内播放与该红色文化内容相关的影视作品，还可以组织大学生在课下阅读相关文献与上网查阅相关资料，课下做好功课，在课上进行交流，共同讨论等。

此外，学校可以设置中国优秀文化的“校选课程”，进一步拓宽学习中国文化的广度和深度。中国优秀文化“校选课程”应坚持让大学生阅读、学习、领悟经典，在不断学习、不断创新、深入学习、深入理解中，加深对中国优秀文化的理解和把握，了解和理解中国文化发展史。将中国优秀文化实践活动与学校更频繁的活动有效结合，有助于大学生深入了解和认识世界及当前中国的现实情况，增强对民族的历史使命感和社会责任感。在课堂上，我们可以通过多种渠道进行文化自信实践育人，增强大学生对我们优秀的中国文化的认同感和自信心。

（二）课外校内文化自信实践育人

文化自信实践育人与普通的校园文化活动虽然存在着主管部门不同等多方面的差异，但其教育功能其实是一致的。我们可以将中华优秀文化融入校园文化活动中，利用校园文化活动开展文化自信实践育人，让实践育人与中华优秀文化的精神内涵共同为校园文化活动提供价值指引和理论支撑，让校园文化活动能够真正成为文化自信实践育人和传播优秀文化的有效载体和有力渠道，真正实现一举两得的功效。

1. 高校联合，资源共享

高校联合，通过资源共享构成一种育人“社区”。“社区”概念最早由社会学家滕尼斯提出，指不同人或物组合成的关系网络。社区的形成既有利于个体利益，也有利于集体利益。在高校实践育人体系中，通过高校的战略合作联盟创建一种区域性的育人共同体，能够有效解决高校实践育人中存在的资源总量有限、分布不均、构成差异大等问题。近年来，高校界联合办学已经成为高等教育发展的新风尚。例如，在武汉地区，2001 年有武汉大学、武汉理工大学、华中科技大学、华中农业大学、华中师范大学、中南财经大学和中国地质大学七所重点大学以“资源共享、优势互补、平等互利、相互促进”为原则，展开了联合办学。这些联合大学的学生可以同时修习本校和友校课程，完成考核和学分也能得到友校的毕业证书。这种双学位计划不仅共享了师资和课程资源，还共享了图书馆、实验室、实践基地等设施资源。这些高校十多年的合作，实施之连贯，参与之普遍，成果之有效，成为国内成功的高校管理改革案例之一。实践育人“社区”就应当像这样集合地方特色和优势，实现教学资源的最大化利用。

2. 部门联动，组织完善

上到国家、地方政府，下到高校和校内外实践基地，对于实践育人工作需协调统一地部署和落实。政府层面提供制度保障和政策支持，学校层面形成党、政、工、团委勠力同心的组织机制。例如，高校成立以校党委为领导、各部门代表参与的决策小组，后者包括教务部门代表、财务部门代表、宣传部门代表、后勤部门代表、保卫部门代表等。

在具体实施上，有三方面需要注意。首先，实践育人运营方案的规划要保证政府、学校、校外基地三方同步统筹，做到同要求、同落实和同考核，以构成和谐共进的整体实践育人环境。

其次，各部门必须分工明确、各司其职。责任安排需尽可能细化，确保各方积极动员。例如，校团委负责团级、班级的建设，确定实践活动的主题，完成发文指示类工作，对大学生的素质教育起领导作用。教务处负责教学资源的合理配置，包括课程的划分、教师的管理、教师和其他设施的分配、教研和考核指标的界定等。宣传部负责对实践育人重要性和成果的宣传工作，如广播、海报宣传，营造积极良好的实践学习氛围。财务部负责拟定资金预算、控制成本，监控资金流动的相关数据，确保资金对实践工作的有效推动性。公司等校外基地负责校外实践活动的组织和验收。此外，细化对上述各部门的奖惩考评才能提高其工作积极性和责任意识。

最后，各部门联动还要重视衔接机制。衔接包括信息交流和反馈机制、例会机制、风险分担机制等。信息交流和反馈机制主要是搭建政府、高校、公司的线上交流平台，形成区域性信息共享，即时或定期地进行信息反馈，以协调各部门工作节奏，以及对某一方出现的问题提供跨部门解决预案。在此基础上，以例会机制等线下交流模式为补充，集中性汇报和解决重大问题。风险分担机制是落实责任到部、责任到人，提高协作效率。

3. 主体协作，合力共赢

实现“政产学研联动的实践育人机制”，需要调用教师、学生、家长和校友多方主体的参与力量。

首先，发挥教师的指导作用。教育乃强国之本。习近平总书记指出，百年计划，教育为先，希望教育工作者们意识到自身的使命感和自豪感，带领学生成才成人，为健全社会主义和建设世界强国做出贡献。其中，要更加注重实践育人，规范相关制度和管理，合理安排教学计划，将专业学习与社会实践相结合。一方面，要鼓励高水平的教师发挥示范、带头作用，分享合理分配专业课和实践课的成功经验。另一方面，对于教师群体的综合素质也要培养和提升，还要保障他们作为实践导师的基本权益，确保实践育人与社会机构的关联性和承接性。

其次，发挥学生的全面参与作用。在思想理念上，需要明确和强调实践育人的教育思想，积极做好长效的宣传和鼓动工作，确保学生树立正确的实践观念和强化主动参与实践的意识。在实际操作中，可以视现有条件和学生个体情况，灵活采用线上、线下一对多或一对一的指导方式，纠正观念有误的学生，培养学生的团结协作或自我组织、自我领导能力，引导越来越多的学生参与到实践育人活动中来，并以往届或同届优秀学生实践案例为示范，发挥榜样带头作用，使实践活动成为青年学生群体中的一股风潮。

最后，发挥家长和校友的支持作用。只有利益相关方共同认可一种价值，共同追求一个目标，才能实现一个组织最大的凝聚力。实践育人机制的主体除了主要的师生，也不能忽视家长和校友的支持。学校方面就实践工作要加强和家长的沟通，以家长会、家长邮箱等方式告知实践育人的政策和要求，争取家长的理解，以及财力、物质方面的支持和帮助。家长方面应充分关心大学生的身心发展，关注其技能和所长，促使其培养实际技能。校友资源是另一块重要的人力资源，基于其深厚的母校情结和较强的社会号召力，可以争取他们的支持，为实践育人补充社会资源。例如，通过其人脉开拓校企合作、产学研联盟渠道，或扩充实践师资团队等。

（三）校外文化自信实践育人

校外文化自信实践育人的有效开展必须以一定数量的实践育人基地为依托。

实践育人基地是我们开展校外文化自信实践育人的有效载体和平台。高校可以在结合实践育人情况下选择一些保存较为完整的文化旧址，或者是与本校距离较近的文化场所作为文化自信实践育人的基地。在早些年之前，我们国家就出台了多条指示，推动高校积极开展中华优秀文化的学习参观活动，提倡要组织高校大学生到改革开放前沿、革命老区、科技馆、名人故居等地方进行学习，要充分发挥展览馆、博物馆、科技馆、纪念馆等爱国主义教育基地的重要教育作用。

三、发挥共青团组织优势，推动共青团工作发展

以习近平新时代中国特色社会主义思想和党的十九大精神为指导，以围绕中心、服务大局为工作主线，发挥共青团组织的自身优势，引导青年勤于学习，善于创造、甘于奉献，在社会各方面发挥生力军作用，团结和带领团员开展共青团的各项工作，不断提高共青团的吸引力和凝聚力，扩大共青团的工作覆盖面，推动共青团工作新发展。

（一）开展系列活动，引领青年思想

认真学习习近平新时代中国特色社会主义思想，教育引导团员找准新时代历史方位，在团员青年中深入开展思想政治教育活动，加强广大团员青年的思想道德建设。

开展以“活力在基层”为主题的团日设计活动；开展以“紧跟时代，放飞青春”为主题的十五届新生征文与书画比赛活动；开展“青年大学习”系列特色课程，系统学习习近平关于青年工作的重要讲话和共青团的十八大会议精神。举行 “青年马克思主义培养工程” 培训班，以马克思主义世界观和方法论认识世界和改造世界，坚定理想信念、锤炼道德品质，培养一批用习近平新时代中国特色社会主义思想武装的青年马克思主义者，深化青年学生思想引领。

（二）完善机构建设，做好团务工作

充分发挥团校的核心作用，按照团工作新形势、新任务、新要求，加强对学生干部的综合素质和整体能力的培训，进一步构建高效的学生干部队伍。以提高基层团组织服务能力为核心，着力建设健全适合各基层组织需要的组织体系。

（三）积极做好团建工作，深入开展创优争先活动

校团委继续坚持党建带团建，积极做好团员团籍团证管理、团费收取、完善团员档案管理、规范团组织生活及筹备开展团日设计活动等团建工作，继续做好团员的教育管理工作，不断加强学生干部的组织建设和思想建设。为树立典型、表彰先进，坚持深入开展创优争先活动，通过“红旗团支部”的评比促进基层团组织建设；通过“优秀团员”“优秀团干部”的评选，激发广大共青团员的积极性和创造性，促进团员青年健康成长，全面提高学校团学干部的综合素质。开展团务检查，夯实学校团建工作，推动学校团员发展和教育管理工作规范化、常态化和长效化。

第三节　搭建文化自信实践育人载体和平台

一、深化拓展社会实践活动

（一）丰富活动形式

大学生实践活动类型多样，主要分为主题教育、专业实践、走访调查、勤工助学、创新创业、生产实习、志愿服务和爱心公益几类。对实践类别不设严格限制，从大学生的个性化发展需求出发，让他们能够自主选择锻炼方向。“让每一位大学生都有意愿、有可能、有渠道参与社会实践”应当成为每一所大学的实践育人目标。实践活动的设计应当结合时代要求、社会形势和大学生心理特征，以尽可能广的涵盖面来帮助每位学生找到自己最适合、最需要的强化发展方向。

（二）创新组织形式

大学生社会实践通常采用项目化管理，这是一种应用广泛且行之有效的管理模式。其目的在于激发大学生的主体意识，积极地进行自我教育、自我管理和自我创造。例如，高校和企业在进行实践引导时，不再采用强制分配项目，而是以招投标的形式推进，从“要我做”改成“我想做”，充分调动学生的自主性和积极性。而在学生社团或协会等学生自组织中，需要他们发挥更大的创造力和领导力，逐步担任起组织和活动的参与、组织、指挥角色，意识到个人对集体、对社会的贡献力量和能力。项目管理、团队协作、角色轮换的组织形式对于大学生探索自我与他人、与社会的关系和潜力有着相当重要的意义，所以应当鼓励大学生在各种实践形式中参与组织活动，尝试领导角色。

（三）拓展实践基地

实践基地是大学生有组织、有计划地参与实践育人的稳定载体。除了校园，实践基地需要深入社会进行开拓。校外基地能提供更多的实践岗位和机会，而校、企、生三方合作平台是合力育人的最佳途径。校校联盟、校企联盟、校社联盟为实践渠道提供了安全保障，确保学生在安全卫生、积极健康的环境下进行励志体验、职业发展和社会服务实践。

实践基地具有功能多元和分类明确两大特征。一方面，在企业单位的保障下开拓勤工俭学和就业创业基地，为学生获得实习和工作机会打下基础，实现产学研紧密结合。另一方面，通过与服务社区、慈善组织机构加强联系，为学生加入公益志愿队伍提供条件，培养他们的公民意识和社会责任感。此外，还可以联系革命历史基地、展览馆和爱国组织等，在校外课堂进行别开生面的思想政治主题教育活动。对于以上三大方向的校外实践基地应当建立长期合作模式，坚持共建共享、双向互利原则，同时不断开拓新的实践场所。

鉴于基地保障的重要性，需要注重实践基地的长期稳定性。从长远发展的角度来说，必须对其各方面进行规范。首先，为了方便管理需要对基地性质进行分类，如服务教育和就业教育基地，其中就业教育又分为就业指导和创业指导。其次，在基地的类型和结构上需要及时更新，保持内容和形式的创新性，以满足实践对象多样化的发展需求。最后，校方与基地应当实现互利互信、信息共享、通畅交流，实现共同进步。如果能将实践育人工作细化到“一对多”“多对一”，即一个学生有机会访问多个基地，或一个基地能满足多个学生的不同训练需求，则更能够提高教育基地的利用率。此外，需要加强实践基地的日常管理和维护，确保基地的交通条件和环境条件达标。并且加强监督和评价，保证基地各项管理制度得到落实，校企、校社之间形成一种良性的合作、监督和反馈机制。

由此，在培养人才的同时，促进地区和谐、经济进步和科技创新，惠及四方，有利于全面提高国家实力。校企密切合作的同时，应当共同探讨、探索发展实践基地，甚至加强与地方政府等高层的沟通和合力，形成人人贡献、人人受益的局面。

二、拓宽大学生文化自信教育途径和方式

立足于当前的社会发展现状，结合大学生的思想发展状况，拓宽教育途径、创新教育方式是加强大学生文化自信教育的重要手段。当前，如何运用新途径和新方式推动文化自信教育的发展，是当前高校教育发展面临的棘手问题。

（一）拓展大学生文化自信教育途径

当前，拓宽大学生文化自信教育途径主要有以下几个方面：在高校教育方面，要切实将弘扬和宣传文化自信的宗旨纳入高校教育的各个阶段；对于高校教师来说，要营造良好的氛围，增强大学生对消极文化的抵御能力；对于大学生群体来说，要主动做文化传播的使者，增强文化自信。

（二）创新大学生文化自信教育的方式

众所周知，“互联网+”、大数据、云计算等正逐渐成为当今时代的新宠儿。大学生可以充分利用“互联网+文化”等崭新的模式，坚持创造性转化、创新性发展，赋予传统文化以全新的活力，丰富教育实施的途径。例如，可以通过高速快捷的校内网络进行文化自信图片展征集或者传统礼仪社团讲授，可以通过举办校园版的“中国诗词大会”“朗读者”等诸多新方式，来促进大学生文化自信教育向更深层次发展。

三、打造大学生文化自信教育的载体和平台

当前，文化自信教育的实施既是高校教育发展的需要，而且也是大学生素质教育的必然要求。培育当代学子的文化自信心，一定要依靠高校思想政治教育这一载体和网络平台。

（一）打造大学生文化自信教育的载体

高校思想政治理论课教育的重要任务之一就是要不断增强大学生的文化自信，全面促进文化自信教育的顺利实施与开展。思想政治理论课应发挥推进大学生文化自信教育的主渠道作用。以思想政治教育工作为专门的载体，高校在相应的课程设置和教学上明确指明文化自信教育的重要地位，将社会主义核心价值体系融入大学生教育的全部过程，建构科学、规范、合理的教育应用体系，摆脱空洞无味、脱离实际的教学思维，从而使教学内容变得更加贴近大学生生活实际，让学生在学习的过程中逐渐懂得开展文化自信教育的重要性。

（二）充分发挥网络平台的高效作用

当下，网络是大学生非常重要的“生存场地”，全新互联网时代的到来使其生活和学习方式发生了超大变化，同时这也是对当代大学生开展文化自信教育不可忽视、必须拓展的重要平台。一方面，通过新媒体开展相应的教育主题宣传活动，增强青年一代在精神文化领域的吸引力。特别是新兴的移动媒体具有互动性强、信息量大的优势，为大学生文化自信的培养开辟了新的空间。另一方面，青年学生的文化教育要充分利用校园网络作为平台，有选择地将文化自信教育的内容移到网站上，迅速抢占网络教育的高地。既要定期推广优秀文化信息资源，又要让学生积极参与，充分感受文化的影响。

除此之外，在我国很多高校都存在中外合作办学的模式。合作办学的平台

使学生能更加充分地接触到中西方文化，通过对东西方文化之间的比较，从而深化对中国优秀文化的认同。但如何正确引导学生对中西方文明的态度，这也成为加强大学生文化自信教育的一个关键环节。

第四节　完善文化自信实践育人评价体系

一、制定评价体系

评价体系是实践育人体系中重要的总结和反思部分。一方面它是对实践育人目标的验证，另一方面是对实际效果的归纳。目标体系和制度体系比较理论和抽象，相对来说评价体系更具有可操作性。评价体系具有可测定、可比对、可核验的特征，对实践育人的效果有一个系统化的衡量，作为进一步改进和调整的参考依据。此外，评价体系也是对实践主体、客体各方的一个约束和鞭策，是推动实践工作的客观动力。因此，评价体系是结合主体的需要和利益，以及客体的性质和规律而设计的，是必不可少的验收和反馈环节。

评价规则的制定既要反映实践工作的总目标，又要符合大学生的发展规律。从考察对象来说，思想政治教育实践育人的评价体系要考察实践态度、实践队伍、实践落实和实践效果等方面；从考察指标来说，除了知识能力之外，还考察思想素质、政治素质、道德素质、心理素质等。这里以考察对象为切入点，谈谈评价体系如何制定。

第一，实践态度。实践态度亦即对实践的重视程度，属于情感价值观的考察范畴。其包括是否坚持科学社会主义观念的领导，是否积极主动参与实践育人活动，是否积极应对实践中遇到的问题和困难，是否在实践中提高了对自我的认识，是否愿意了解社会、服务社会等。对学生实践态度的重视有两点原因：一看他们是否意识到理论和实践的差距，以及对此做出弥补、适应或抉择，坚持学以致用、以用带学的方向；二看他们是否学会将个人价值与社会价值协调统一，担起社会责任，做出社会贡献，投身于中国特色社会主义建设。思想指导行为，不只对眼下的实践活动，而且对大学生今后的实践习惯有着辐射作用，因此应当列为评价体系中的第一考察对象。

第二，实践队伍。实践队伍即实践活动的主体，包括学生、指导教师、校方和校外支持机构。其主要考察他们是否形成一个团结、高效的组织，面对任务是否各尽其责、齐心协力，面对问题是否积极磋商讨论，以和谐、向上的心理状态和组织关系在实践中形成合力的效果。对实践队伍的评价和反思是为了优化队伍的配置，从组织的角度为实践工作的运转提供保障。

第三，实践落实。实施环节是实践育人工作的关键，是得出实践效果的前提。对于学生，要看实践活动的覆盖面和参与频率；对于教师，要看活动的组织情况，以及全程指导、跟进情况；对于校方和校外合作基地，要看对实践活动的支持和配合情况。这是一般最容易出问题的环节，能真正反映出师生、合作方对实践育人工作的积极性和响应力度，是进行其他维度，如态度、组织、成效的评估的客观依据。应当对这个评价环节给予足够的重视。

第四，实践效果。思想政治教育实践育人的效果包含很多方面，有价值观的培养，优秀意志品质的培养，分析问题和解决问题的能力的培养，职业能力的训练，对社会民情的体察感悟等。从企业和社区的角度来说，还有作为职业型、管理型和服务型储备人才的积累。

实践育人的评价体系目前在形式上以主观意见为主，以客观依据为辅。评价者根据一定的原则给出评语，通常只有对学生的评价，评价标准普遍单一，还有待各方进一步探究更加科学的评价方法。

二、改革评价体系

由于高校的实践育人工作种类多样，涉及多个部门和主体，具有复杂性，必须建立一套科学有效的考评体系。这对于激励参与各方，振动实践育人工作顺利开展有着重要意义。

（一）学生体验性评价

首先大学生是实践的最大主体。学生的成长发展是实践育人的出发点和落脚点，一切实践工作的部署安排都是围绕学生展开的。实践育人的评价要同时考察学生的体验过程和结果两个方面，缺一不可。学生的综合素质包括知识储备、学习能力、技能所长、感悟体验等，只有在主动实践中才能展现、应用和提升。对学生本人来说，它是完善自我、适应社会、感知和改造客观世界的条件；对学校来说，它则体现了一所高校的教学质量和水平。对综合素质的考察可以分为思想政治素质、道德素质、学业成绩、创新能力、合作能力、实践能力等多项。高校应当把大学生社会实践的过程情况和实际效果纳入评价系统。

学生评价应具备科学性和可操作性，在形式上可分为定量评价和定性评价。学生是整个实践活动结果的承担者，因此，实践育人活动的核心在于是否满足学生的训练需求，学生是否有收获。

（二）教师指导性评价

教师是实践育人的领导者和指导者。实践育人是一个教与学不断增进的过程，学生成长的同时，教师也在不断总结进步。为提高教师的实践教学水平，需从学生、同行、企业和社会等角度获得对教师指导的反馈，至少有定性评价。其中，师生互评系统对于增强双方的信任感，以及对教与学的责任感非常关键。对实践教学的评价可包括教学内容真实与否、教学效果好坏与否、教学重视程度等多个项目。此外，需要建立与评价机制相适应的激励机制，如将教学评价结果与调薪、评职称、晋升等挂钩，充分调动教师对实践育人的积极性。

（三）学校综合性评价

学校是实践育人工作的基础环境和条件，也是总体统筹规划决策层。一般来说，机制建设是实现从惯性到规范转变的重要途径，因此应当将实践育人模块纳入高校的教学质量考评。通过将教学工作目标和考核目标统一起来，来保证高校对实践育人的执行力度和效度。具体分为三个评估指标。

1. 实践育人目标

在目标上，要将实践育人目标归入高等教育的总体培育目标。在评估目标的设计上重点突出学生的实操能力，以符合提升大学生综合素质和应用水平的全局性目标。

2. 实践育人思想

要提高实践育人思想在高等教育思想中的地位，提升师生、学校、社会各方的重视程度，还建议将实践育人纳入企事业单位、政府相关部门的业绩考核体系中。其中，学校和企事业单位能构成一种有机的协作、互评关系。通过内外环境的合力方能真正提高实践育人的思想地位，使之成为各方认可的培养人才、服务社会、提升教研质量的必要手段。

3. 实践育人资源

实践育人资源分为学科建设和基础设施建设。学科建设包括学科设置、学分设置和教学时长设置等方面；基础设施建设包含基地平台建设、经费投入、师资人数及上述指标的人均占有率等。

三、完善评价体系

高校实践育人的评价体系尚处于探索阶段。长久以来，实践育人的评价存在笼统抽象的问题。评价不够具体、有针对性，导致学生的实践成绩相近，付出和回报不能得到全面的展现，令评价结果缺乏权威性和公信力。然而，评价结果不尽人意不全是由于功利主义或形式主义习惯，根源还在于评价体系不健全。评价体系的健全包括评价指标的独立性和关联性，评价内容的系统性和全面性，以及评价方法的过程性和有效性。笔者将从以下三个方面来谈谈完善评价体系的措施。

（一）明确评价目标

高校思想政治教育的实效性，是在教育影响力“生成—接受—内化—体现—评估”这一系列过程之后才看出来的。那么对实效性的实际评价分学生和教师两个角度考察：学生是否按要求完成了实践任务，是否接纳了教师的指导内容，并内化为自己的行为准则；教师是否根据学生的性格和发展特点，按照实践育人的阶段性、连续性规律来有计划、有重点地加以指导。

（二）规范评价组织

评价组织包括评价的主体和客体。客体即上述参与实践的教师和学生。但是在实际评价时，又细分为实践项目、实践团队和个人、指导教师、实践育人工作等。

评价主体较为丰富。学生的评测由辅导员、教务员、指导教师和团队成员共同完成；教师的评测由学校负责实践工作的部门主管、担任导师的同事和所带团队的学生来完成；各院系的整体实践工作则由实践总负责人、各职能部门和思想政治教研部的教师代表来考核。如有条件还应邀请社会实践基地的相关负责人也对上述三方，尤其是学生群体做出评价。实践工作本质上是为大学生走向社会做准备的，因此社会方面对高校实践活动的评价更有专业参考意义。

（三）细化评价指标

为提升评价质量和效率，应对评价指标做细致规定。这里分别对教师评价和学生评价拟建一套指标，以供参考。

教师评价分为四个一级指标和多个二级指标（图 5-4-1）。其中一级指标为实践活动前期准备、实践活动组织管理过程、实践活动效果和实践活动评价。二级指标包括教学计划、教学能力和学生反馈等多个方面。

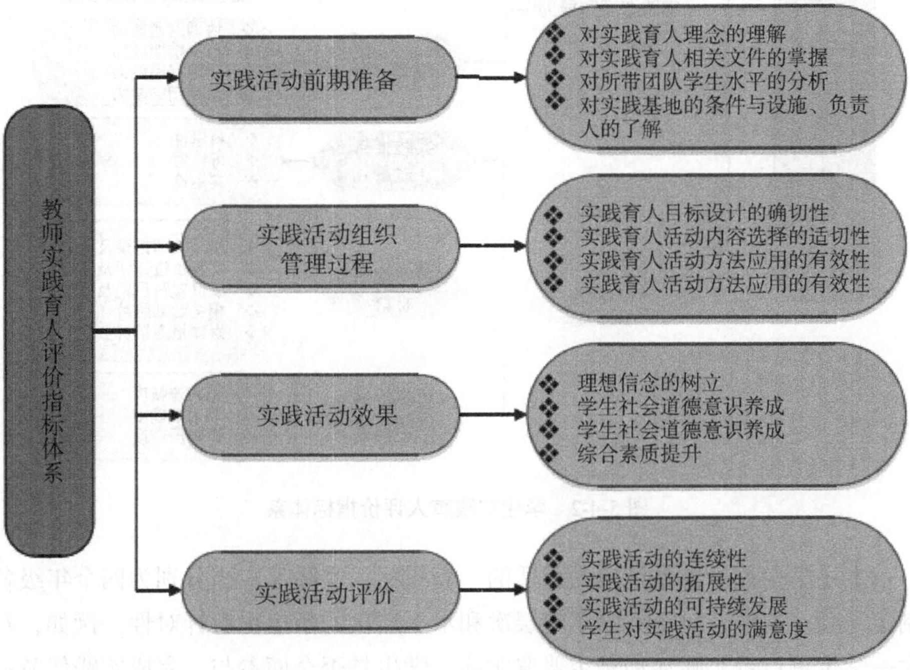

图 5-4-1　教师实践育人评价指标体系

学生评价分为三个一级指标、七个二级指标和多个三级指标（图 5-4-2），主要从实践规划、实践态度和能力、实践成果等方面来制定。

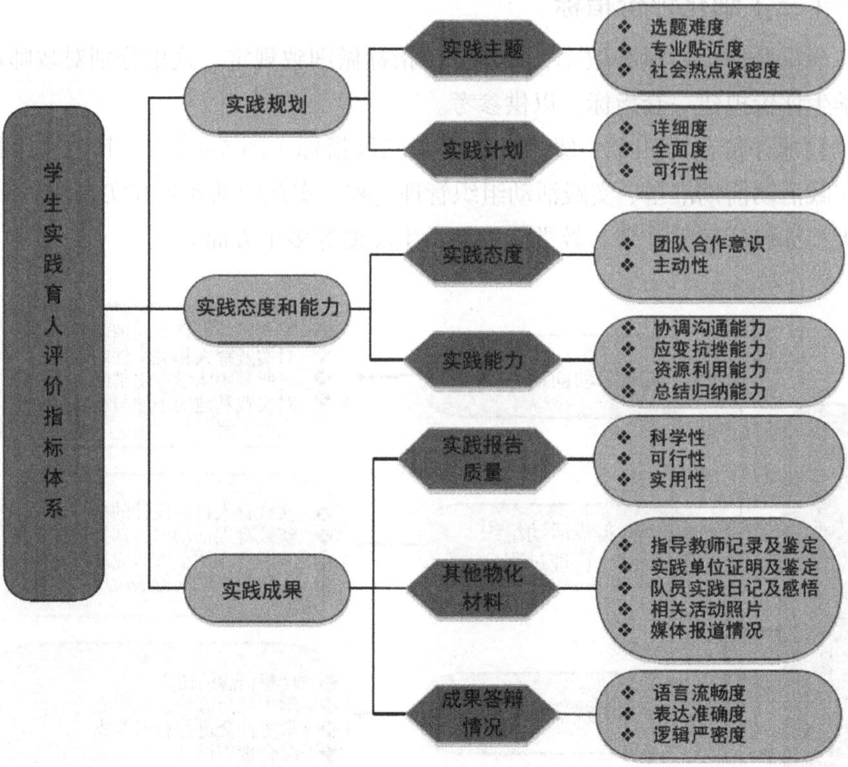

图 5-4-2　学生实践育人评价指标体系

上述学生评价体系是较为普适的一套指标，实际上应当分别为四个年级各制定一套。这样，对于不同年龄层次和水平层次的学生更有针对性。例如，对大一学生重点看实践活动是否普遍实施，学生是否全面参与、完成实践任务；对大二学生考察实践活动是否真实，是流于形式过场还是在保质保量地进行；对大三学生则要考察实践活动是否有针对性，是否是根据学生的兴趣、需求、专业特长来选择的有侧重点的深入活动，如对科技发明的研究实践、与专业对接的职场实践、公益性质的义工和支教服务等，这些活动由于性质不同，具体的评估指标不可一概而论、强行套用；大四学生可能被毕业、择业等占去了大部分精力，实践活动可不必硬性考核，相对来说需对就业实践这一块做重点指导和强调。

思想政治教育实践育人的考核向来难度较大，指标的细化让评价更为客观、具体、规范，对评价更有参考意义，对实践活动的实施也更有指导意义。

（四）完善评价方法

旧有的评价方式以定性评价为主，较为主观、单一。笔者建议从三个角度对评价方法做一调整。

1. 结合定性评价与定量评价

定性评价的优点为对实践主体的态度、表现、细节等给出动态的反映，较有激励意义；缺点在于主观模糊，多数时候难以呈现出评价对象的具体差异，导致对自身的实践表现认识不足。定量评价通过精确指标的衡量，将实践表现量化，呈现更直观，更具可操作性。为了进一步保证评价的公正权威性，定量评价部分应尽量减少主观性指标，而定性评价部分将定量评价中未反映出的地方做一补充或强调，使二者相得益彰。

2. 结合过程评价与最终评价

由于实践育人体系注重的是学生的实践参与和应用，而这些并不能单独从终结性评价中反映出来。所以应该对实践活动的过程和学生思想品德的发展情况做形成性评价，与最终的实践成果评价结合起来。由于学生的实践方向和认知方式各异，采用过程性评价也是对其不同个性的尊重和鼓励。实践活动可能随着时代变化而改变模式或要求，那么形成性评价也应根据新时代的要求适当调整指标，确保较好地跟进学生的思想动态和潜力开发。

3. 增加追踪评价

实践育人的效果分为短期影响和长远影响，长远影响即学生毕业后是否积极融入社会、为社会做出贡献。长远影响是实践育人的根本目标，因此实践育人体系的成效具有时间滞后性，相应的评价体系也应当具有延期性。此外，由于社会形势和高等教育体制在变化，学生在校期间的实践活动和进入社会后的有相当差距，追踪评价能较好地把握学生离校后的发展动态。这一块在硬件条件上，要求学校完善网络人才库系统，加强与实践基地和单位的沟通联系，对毕业生的思想政治素养、分析和解决问题能力、专业应用能力等做追踪考察，同时这也是对本校实践育人体系的长效程度做一个评估和反馈。

第六章 文化自信视域下对高校实践育人系统的探索

从本章开始，在文化自信视域下分别以高校实践育人的发展机遇、系统运动、系统的结构优化这三个角度作为切入点，来深入研究新时代高校育人系统，主要是为了以更好的方式来对新时代育人机制进行构建，从而为大学生培育文化自信奠定良好的理论基础和实践基础。

第一节 文化自信视域下高校实践育人发展机遇

一、中国现代化进程中的新变化

（一）现代化建设新成就为高校实践育人提供生动教材

回顾中国的发展历史，由党所带领的全国人民先是完成了新民主主义革命以及建设任务，随后完成了社会主义革命及建设任务，带领着中国人民先是站起来了，然后开始富裕起来，再之后真正强大起来，仅仅使用了100余年的时间，就已经走完了西方一些发达国家需要300余年方可走完的发展道路，成为人类发展历程中的一大奇迹。正因为中国取得了如此瞩目的成就，使得科学社会主义在21世纪的中国展现出极为强劲的生机和活力。

1516年，托马斯所发表的《乌托邦》，标志着社会主义的诞生，直到如今已经走过了500多年的历史，在这个时期当中先是由空想过渡到科学，再由理论层面过渡至实践层面，最后再由在一个国家得以发展过渡到在众多国家得以发展，期间既有巅峰时期的辉煌，也会有各样的波折，尤其是自20世纪80年代到90年代初所发生的东欧剧变和苏联解体，致使世界社会主义遭受沉重的打击。回望中国，一直都在坚持走一条符合中国国情的有着中国特色的社会主义发展之路，并陆续取得了令世人震惊的成果，也就顺理成章地成为指引世界前行的指明灯，整个国际社会也更加关注中国特色社会主义。中国在现代化当中所获取的具有历史意义的巨大成就，强而有力地回应了很长一段时间里一些西方国家围绕中国模式所给予的否定和打压，凸显出中国特色社会主义所具备的优越性。从另一个角度来看，一些把西方国家发展模式作为参考的发展中国家往往引发政党纷争、社会动荡、战乱不断、人民流离失所，导致西方民主的价值遭遇严重的危机，而这些情况与中国探索发展道路方面所取得的成功形成了强烈的对比和反差，迫使西方社会重新开始反思和革新，并深刻意识到西方很需要从中国发展过程中所获取的经验当中找出足可拯救国家的良药。一部分来自西方的政要人士看来，西方国家一定要认可中国在发展当中所发现的发展模式在所有处于发展中的国家有着深远的影响。在这以后，更多的来自亚非拉的国家开始向中国学习相关经验，认为中国的发展模式是能够被复制的，来自全球范围内许多发展中国家纷纷拿来作为借鉴。中国在历经多年的探索所取得的成就是给予那些坚定守护共产主义远大理想和中国特色社会主义共同理想的青年学生最好的回应和答复，使得高校实践育人过程中有了更多鲜活的参考教材和充足的精神营养。

（二）现代化经济体系建设为高校实践育人提供广阔舞台

高校实践育人机制在运行过程中产生的效果不是很理想的主要原因在于缺少一些相对较为稳定、质量较高的可用来进行实践育人的平台。实践育人的基础还不够稳固，很难让学生在实践数量方面的需要得到满足；开展实践育人的基地结构较为单一，无法让学生多样化的需求逐一得到满足。随着国内经济发展的方式有了一定的变化，我国在不久的将来聚焦于世界科技的最前沿，并不断地加强基础研究；处于国际领先地位的制造业开始快速发展，随后带动互联网、人工智能、大数据和实体经济进行相应的融合，促使传统产业进行更新换代，通过对服务行业的大力发展，就会构建出许多个世界级的关于制造行业的集群，从而吸引越来越多的社会主体进行创新创业。

培养出一支兼备知识型、创新型和技能型的劳动者队伍，关键在于要培养一大批有着一定国际高度的科技人才和创新队伍。与此同时，还要全面地实践乡村振兴策略和区域协调发展策略，把社会的创造力和鲜活力给真正调动起来。纵览将来经济发展的形势，不论从技术开发层面和运营推广层面来看，还是从参与知识服务等方面来看，都使得大学生实践活动的空间和渠道得到进一步拓展，也供应了全新的舞台。学生有着更加多样化的方式参与实践活动。

开展实践活动中所需的时间会变得更自由、更有弹性。这些可能会展现出来的变化，将会很好地激发大学生参与活动的积极性，带领着一大批青年学生更为主动地参与到实践活动当中，同时也意味着参与到社会实践活动中的大学生不是一个匆匆来去的“过客”和“看客”，反而会以主动的姿态和满满的热情，尽力地把个人的所学所知发挥出来，充分挖掘个人的内在潜能，好使他们真正融入不同种类的实践育人活动，为实现建设现代化强国的目标贡献力量。与此同时，青年学生在经济方面所开展的实践活动，可以帮助他们深入地了解社会、了解企业对于毕业生的核心素质都有哪些要求，进而通过取长补短的方式，来提升个人的技能，这些对于提升青年学生的综合素质和综合能力、提升个人的素质与相应岗位的匹配程度等方面是很有帮助的，同时冲破了学生与社会之间的就业屏障，大大拓宽了就业途径，使学生有了更多就业的机会，从而更好地使个人的目标和追求得以实现。

（三）社会现代化建设为高校实践育人机制创新提供无限机遇

此处所说的社会现代化，指的是人们利用那些诞生于近、现代的科学技术，来改造生活当中物质和精神方面的历程。在社会现代化当中，现代化往往扮演着极为重要的角色，同时也在国家现代化的进程当中发挥着极为重要的作用。目前，中国社会现代化的步伐越来越快，一方面，使得个人变得越来越社会化。当前，在改革日渐深入的背景下，人们正慢慢地从起初的“单位人”过渡为真正的“社会人”，以往所具有的体制归属感正在逐步被一个较为开放、多元的社会所取代，从而在高校实践育人发展的过程中打破一个个体制当中的瓶颈，促使社会实践活动当中的场域变得越来越丰富。由于在整个实体范畴中有着较为密集的实践活动，促使虚拟实践场地的数量急剧上升，人与人之间可以通过更多的形式来进行交流沟通，交互过程中所采用的方式也不断增加。虚拟领域是大学生用来开展实践活动的重要地方，大众传媒和互联网不但会潜移默化地影响人们日常的生活，同时它们也成为大学生组织各种实践活动极为重要的活动地域。除了这些，伴随着社会现代化的稳步发展，需要在一个极为广泛的社会基础上，吸引众多的社会成员来对社会当中具体的生产和生活进行管理，来展现社会成员所特有的主动性和创造性。处于这样的环境当中，政府和社会将会合力开展一些呈现出开放、多元、包容特性的社会实践活动，来为学生创建一个更为开阔的平台来具体践行，有助于大学生不断对活动地方进行拓展、新问题及时得到解决等。另一方面，分别从价值观和生活方式层面来推动变革，进而深入了解实践育人的真正内核。在现代化推进当中，高校的发展往往会很快适应由政治、经济所带来的变革，而社会以及社会成员的价值观和生活方式都会有着翻天覆地的改变，个人的生活方式开始变得更加健康，个人的价值观念开始变得更加积极。采用何种方式可以使大学生实现稳定成长，如何引导他们树立正确的世界观、人生观和价值观，思考这些问题可以推动我们目前的实践育人机制不间断地进行优化，并在创新发展的历程当中来逐步提高人才培养的质量。

（四）社会主义文化建设为高校实践育人机制创新提供文化底蕴

国家和民族在发展过程中更为基础、深沉、持久的力量来自文化自信，同时也可作为一个国家和民族对于自身所特有的禀赋和文化价值所给予的自觉和肯定，还可以看作对于国家和民族所具有的丰盛生命力所持守的坚定信念和发展盼望。中国特色社会主义文化是从中华民族优秀的传统文化当中汲取出来的，并与社会主义先进文化和革命文化进行一定的结合，以中国特色社会主义的伟大实践作为扎实的根基。目前，在党和国家的一步步带领下，针对文化所进行的建设已逐步提升到一个历史性的新高度，国家会尝试把民族当中特有的创新能力和创造活力充分调动起来，有效地推动中国民族传统文化具有的创造性进行相应的转化，促使社会主义文化得以快速发展，完整地呈现出中国精神、中国力量和中国价值。在构建社会主义文化的进程当中，青年学生凭借着个人自信的心态、豁达的心胸，更多地加入文明的交流当中，进而在国际舞台上展现中国内在的文化底蕴和满满的文化自信。在推进高校思想政治工作的时候，文化自信是其中的重要基础，也是维持实践育人工作的深厚的底蕴和底气。在高校中推进实践育人工作时要格外重视价值引导，注重对于外在文化现象的深入研究，还要紧紧围绕价值引导和精神内涵的建设来进行周详的设计和考虑，进而更好地彰显实践育人的内涵建设，引导青年大学生树立正确的人生观、世界观和价值观。

二、国内外形势对人才培养提出的新要求

（一）转变高校人才培养模式是建设创新型国家的迫切需要

知识经济时代在人才方面的需求及科技因素俨然成为不同国家在综合国力方面进行竞争的主要因素，也是国与国之间参与竞争非常重要的外在特征。伴随着知识经济的来临和发展，国与国之间的竞争变得异常尖锐和激烈。在知识经济的大环境下，配置智力资源的首要条件是经济，而智力资源的核心在于人才。科技领域所获取的成果、知识的增加和发展都离不开人才的创新，而知识

经济是通过人才搭建起来的，也是新时代背景下国家在激烈的竞争当中持续得胜的核心所在。培养人才一直是我国大力践行科教兴国、人才强国和创新驱动等战略和维持可持续发展的首要条件。实行科教兴国两个极为关键的因素分别是科技和教育，科技与知识的创新和应用相关联，而教育则与知识的传播和普及相关联，这两个方面都与人才培养紧密相连。围绕人才所进行的培养是处于新时代的高校应当扛起来的社会责任。培养高质量人才能够帮助高校紧跟时代的脚步、满足国家和社会发展的各种需求，也是大多数高校维持生存和不断发展的基石。当前这个阶段，伴随高等教育国际化的趋势越来越明显，高校竞争已不再局限于不同高校之间的竞争，很多时候会演变为世界范围内的竞争，本质上则是通过人才培养的质量和数量来进行竞争的。比如澳大利亚在很早的时候就实现了高等教育的国际化，大部分会把招收留学生看作当中的重要产业，而且一连很多年中国学生在留学生当中都稳居榜首。最近这几年，国内去到一些经济发达国家留学的学生数量与日俱增，这就对国内高校的人才培养机制提出了更高的要求，促使高校改革和创新人才培养机制，从而有效地促进高等教育人才培养模式的转变。

（二）推动高校实践育人机制创新是国内外形势发展变化对人才培养提出的更高要求

伴随着经济全球化、文化多元化、社会信息化的持续推进，针对大学生进行的思想政治教育处于一个极为复杂的国内外环境。从国际环境的视角来看，在国际化进程持续加快的情况下，来自西方的发达国家依靠着自身殷实的经济实力和技术优势，不断向世界范围内的许多国家传播本国特有的文化观念、意识形态和价值标准，把与人权、民主和自由相关的问题作为推进过程中的突破口，通过多样化的方式来实现思想和文化的逐步渗透。

最近这些年，由于信息化的崛起，特别是移动终端在全球的迅速传播，加快了新旧文化之间的对话和碰撞。社会当中有着不同政见的政治力量借助网络来加强个人的“话语权”，视网络为吸引更多青年学习的主要方式，这就为开展大学生思想政治工作带来了不小的挑战。单就国内形势来看，具备显著中国特色的发展模式和道路都收获颇丰，自顺利召开党的十八大以来，围绕习近平同志的党中央，把对于中国特色社会主义的持守和发展作为切入点，先后提出了“四个全面”战略布局和五大发展理念（主要包括创新、协调、绿色、开放、共享），平稳地开展我国在政治、经济、文化、社会、生态文明方面改革。伴随改革的持续推进，利益冲突开始凸显，社会问题和矛盾不断增加，人们内在的思想观念开始有了更多的碰撞和明显的变化。如何获取强烈的“阵地意识”、引导社会新思潮、达成社会共识，凭借着个人的坚定立场来抵挡一切的错误思想，这也关系到能否在开展实践育人的时候获得一定的主动权。推进整个实践育人工作持续地进行创新发展，引导大学生构建一道坚固的思想防线，坚守理想信念，并依靠道路自信、文化自信、理论自信和制度自信，适当地培育和践行社会主义核心价值观，坚定树立正确的人生观、世界观和价值观，这些都是目前高校在开展实践育人的时候将要去直面解决的现实问题。

（三）推进高校实践育人创新发展是提升大学生思想政治教育质量的重要内容

国内正式出台的《国家中长期教育改革和发展规划纲要（2010—2020年）》特别指出：“提高质量是高等教育发展的核心任务，是建设高等教育强国的基本要求。”提高质量成为教育发展过程中需要去做的核心任务，人才本身的质量是高等教育当中的内在生命。针对大学生所进行的思想政治教育在整个高等教育的人才培养阶段扮演着极为重要的角色，围绕大学生所开展的思想政治教育质量的好坏直接会对高校人才培养质量产生一定的影响。教育质量逐步提高，这将会很好地推动我国高校开展内涵建设和人才质量的提升。

由教育部直接管辖的思想政治工作司一直在大力推动“大学生思想政治教育质量工程”，借助于实践育人创新的方式来开展工作，这是提高大学生思想政治教育质量的关键所在。由国务院出台的《关于加强和改进新形势下高校思想政治工作的意见》特别指出：要在教育教学的整个过程当中体现思想价值方面的引导，构建一个围绕教书育人、组织育人、科研育人、文化育人、实践育人、服务育人、管理育人来开展工作的长期且有效的机制。在召开的全国高校思想政治工作会议上，国家主席习近平同志特别指出，要围绕立德树人来开展高校思想政治工作，引导学生在参与各类社会实践活动过程中，来有意识地培养学生的社会责任感、实践能力和创新精神。制定的这些战略，不但为新时代环境下全方位贯彻党的教育方针确立了全新的时代内涵，还为促进高校实践育人在思想方面的发展和育人教学道路的拓展指出了具体的方向，提供了应当遵循的原则。

三、青年学生个性化发展的新特点

生活在当代的大学生，具备的特点主要包括积极向上、个性张扬、充满活力、追求自由、注重彰显自我价值。为了使高校实践育人可以创新发展，一定要把将来大学生思想发展和成长成才的需要作为基础。

（一）大学生主体意识不断增强

大学生要想使个人的自我认知的水平得到提高，就需要尝试通过自我探究、自我关注以及周围人的评价等方式。在目前这个高度知识化、信息化的时代，一种思想信息得以广泛传播就意味着一个思想影响源的出现，思想信息传播所带出的影响力是任何人所不能遏制的。伴随着诸如QQ、微博、微信等各种新媒体的诞生和发展，青年学生的思维方式、交往方式和行为方式有着颠覆性的改变，这对于以往的思想政治教育机制是一次极大的挑战。面对这样的情况，传统教学当中大力推崇的“灌输”教育已经难以达到预期效果，需要进行创新，尝试把提高大学生思想道德水准与具体的实践活动加以融合。

（二）大学生成长成才的愿望更加强烈

大学生思想政治教育要将满足大学生成长成才的需要作为立足点，也是高校从事思想政治教育工作应该遵循的基本原则。联合国教科文组织在一篇主题为《学会关心：21世纪的教育》报告当中特别指出：进入21世纪，那些发展最为全面的人将会是最成功的劳动者，同时他们也是对于新思想和新机遇持开放心态的人。新时代的大学生往往有着远大的人生理想。在一个全新的时代当中，很需要一大批全然更新的人，这些正是时代发展过程中针对大学生成长成才所提出的新要求。开展思想政治教育工作应当切实地看到不断育人背后的时代需要，真正担负起创造全新之人的社会责任，进而开创一个全新的时代，这也意味着思想政治教育开始主动地参与到时代当中。

（三）大学生受外界影响更加深刻

在经济全球化不断深入发展的环境下，来自各方的思想观点、价值观念和社会思潮纷纷涌现，并开始与国内的传统文化展开激烈的碰撞、争锋，致使社会文化展现出多元化的一面，从而对青年学生的思想观念、行为方式和价值取向产生深远的影响。一方面，身处互联网时代的青年学生有活跃的思维和张扬的个性，能够对社会当中所出现的新思想和新观点及时进行回应，有着极强的接受事物的能力。另一方面，大学生群体有着固定的年龄段，也就意味着青年学生在社会阅历、生活经验、所储备知识、思想政治素养等方面各不相同，甚至说当中的一些学生意志力比较薄弱，导致他们在遇到不同文化之间的冲突的时候，难以针对社会当中暴露出来的问题进行细致入微的思考，最终他们就会陷入无尽的疑惑，久久不能自拔。社会在不断发展的过程中肯定会存在一部分问题，亟须从事高校思想政治教育的工作者在思想层面带领青年学生，并在行动方面进行引导。学校应创新实践育人的形式和内容，从单一育人转变为开放育人，增进学校、家庭、社会三者之间的互动交流，力争使他们在育人目标上达成一致，在育人的具体方法上尽可能形成互补，从而构建一个多方共同参与其中的有关实践育人的体系。与此同时，还要积极引导青年学生进行自我教育，使他们在实践育人过程中发挥重要作用，更好地呈现出他们的主观能动性，从而使育人的成果得以巩固。

第二节　文化自信视域下高校实践育人系统的运行

一、树立以文化自信为引领的导向育人机制，引领思想行动的"总开关"

在新时代的大环境下，高校育人机制俨然成为一项有着长期性、系统性、持续性等特征的工程。高校育人机制运转的整个过程能否实现快速、协调、健康、和谐的运行，其中最为关键的地方在于围绕机制所进行的创建和创新，亟须以主动、积极的方式来完成整个探索工作并尝试凭借着持续的创新来创建相对比较高效、合理、完整的导向育人机制。

（一）高校育人机制的构建要坚持党对高校的领导

大到一个国家和民族，小到某一个政党，它自身的生存和发展往往是由内在的意识形态所决定的。从本质来说，文化所体现的是一种力量，而知识的实质也是一种力量。从意识形态范畴中的话语权来看，文化本身是一种可以直接进行应用的资源，作为一种内在动力，它一直在推动着整个育人机制的构建。在革命导师马克思看来，若是单就观念视角来看的话，当某个特定的意识形态遭遇解体的时候将会带来整个时代的覆灭。苏联最终走向亡国亡党的历史教训正是一面有助于自我反省的镜子，一个新建政权的覆灭往往是由刚开始的意识形态的逐步瓦解所带来的。习近平总书记特别指出，宣传思想工作就是要巩固马克思主义在意识形态领域的指导地位，巩固全党全国人民团结奋斗的共同思想基础。身处目前风云变幻的国际形势，尤其是来自西方的众多意识形态纷纷传播到国内，人们的价值观变得更加多元化、多样化和多变化。为了使新一代的青年人的意识形态培养工作得到进一步强化，高校首先需要去做的是不断地强调在意识形态工作当中加强党的领导地位，好使它能够在意识形态工作当中牢牢掌握领导权。高校当中的教育工作者要引导新一代青年学生分别在理想信念、价值理念和道德观念方面达成一致。同时，新时代的高校在构建育人机制的时候，可尝试使用各种不同的方式，将其渗透到培育意识形态的工作当中，引导大学生真正意识到意识形态教育在教化当中的重要作用。

（二）高校育人机制的构建要以马克思主义为指导

习近平总书记不断强调，高校里面所开展的育人工作，实质来说是一个帮助学生答疑解惑的过程，主要围绕把青年学生培养成什么样的人、培养人的方式有哪些以及培养人究竟是为谁等问题以宏观的视角来完成回答，若从微观视角来看更像是一个教导学生如何为人处事、做学问的过程。当前，新时代的大学生积极进取，乐观向上，思维活跃，很有朝气。与此同时，他们的心智不够成熟。因此，当学生内在的人生观、世界观和价值观还没有真正树立起来时，作为培育意识形态主战场——高校具有不容推辞的责任和义务。要想使高校育人的导向作用得以实现，并可以触及思想行动的“总开关”，其中的首要条件是坚定拥护马克思主义思想，通过践行由习近平总书记所提出的新时代中国特色社会主义思想，进一步实现围绕高校大学生所开展的引导工作，从而奠定坚实的思想基础。

革命导师恩格斯曾说过：“马克思的整个世界观不是教义，而是方法。它提供的不是现成的教条，而是进一步研究的出发点和供这种研究使用的方法。”由此不难看出，在马克思主义的众多特征当中，其中最为突出的特征是实践性，“解释世界”并非其品格当中最为核心的部分，而是要以努力的、积极的方式来完成“改变世界”。纵观整个中国发展历程，先是由社会主义革命过渡到各个方面的建设工作，之后再过渡到改革工作，作为国内政党的中国共产党始终把马克思主义与国内真实的国情进行融合，相继孕育出毛泽东思想、邓小平理论、“三个代表”重要思想、科学发展观以及习近平新时代中国特色社会主义思想重要理论成果。正是在这些思想理论的带领下，推动着党和人民取得一个又一个令世人瞩目的成就。走进新时代的当下，身为参与高校育人工作的工作者，一定要把党和学校发展过程中的根本思想作为组建党和学校最根本的思想，使得新时代高校增添一抹全新的时代底色。新时代开展高校育人工作的时候，要把马克思主义作为贯穿始终的指导思想，使用科学的育人方式来践行马克思主义思想并在日常的学习、生活中进行具体的应用。新时代背景下的高校，一定要不断地把马克思主义思想渗透到中国特色社会主义里面，进而创建一个焕然一新的育人理论，从而创新育人方式。同时，高校要持续地对培养马克思主义信仰者、实践者和传播者加以重视，确立社会主义办学方向，从而为新时代青年学生的成长成才奠定良好的思想基础。

（三）高校育人机制的构建要坚持社会主义办学方向

高校育人工作要持续以把学生培养成什么样的人、如何对学生进行培养，以及具体是在为谁开展培养工作作为核心。高校是一个由不同的思想所构成的前沿阵地，它本身就能够发挥一定的舆论导向作用。因此，新时代的高校要坚定地沿着社会主义办学方向前行，在此过程当中，围绕对人进行培养是为了谁、如何针对人进行系统培养的问题加以认真回答十分重要。这些已经不单单是高校组织育人工作时需要回答的问题，同时也是高校在构建育人机制的时候一定要持守的基本方向。纵观我国高校的发展历程，坚定不移地走社会主义办学道路在各个年代都是无法取代的。所以高校无论身处哪个发展时期都要持守社会主义办学方向，不论是人才培养和科技创新，还是文化传承和社会服务，社会主义办学方向一直都是高校发展过程中的时代底色。新时代，众多高校都在努力达成“双一流”的建设目标，而首先需要完成的任务是在新时代的背景下始终沿着社会主义办学方向前行，也就意味着要确立中国共产党在高校的育人工作中的绝对领导权，要持续不断地应用马克思主义思想来切实指导高校师生。唯有进一步确定国内高校在教学方面的具体目标和任务，才算是真正完成了对“为了谁来进行教育工作、培养众多人才的目的究竟是什么”等相关问题做出精准的解答。

二、推进以文化自信为重点的教学育人机制，掌握育人方式的“主渠道”

培育大学生的文化自信是整个教学育人机制的核心。教师通过言传身教的方式把个人教学过程中具体的方法、经验和体会完全地传授给学生来达到教育目的，并借助这种教育来帮助学生获取更多的科学知识，真正实现对科学研究方法的掌握，从而培养一大批有一定能力和理想的新时代的优秀青年。高校要尝试去构建一整套多元化、全方位的有关教学方面的育人机制，进一步提高教学育人的科学性和实效性。

（一）教学育人工作要始终以立德为目标来展开

习近平总书记针对高校教育特别指出，高校立身之本在于立德树人，立德树人旨在通过思想道德建设促进人才培养，塑造适应时代需要、全面发展的人。在有关立德育人的众多要求里面最为核心的部分与高校育人的相关规定保持相同的步调。从本质层面来看，高校育人通过教化的方式来逐步挖掘学生内在的潜能，从而彰显他们的价值所在，培育新时代环境下的青年成为一个全面发展的人。单就立德树人和高校育人来说，它们之间的共同点是都需要凭借着道德教化和精神提升的方式来对个人多个方面的能力进行培养，若是将高校育人工作比作一个庞大的系统工程的话，这当中最为核心的部分在于围绕课程体系来带动整个高校育人工作。新时代会有一些全新的任务，新时代同时也会为高效工作设定新的要求和使命。就本质层面而言，整个高校育人工作属于借助国家意识形态和价值教育所建立而成的“有形载体”，可作为高校用来达成特定目的和实现既定目标的关键性渠道。因此，新时代所建立的高校课程育人机制一切的工作要围绕立德树人来展开。一方面，要坚定不移地采用党的育人方针政策来对课程设定标准、内容方面的选择、切实的落地实施、教学效果评测等方面进行有针对性的指导，在构建课程育人机制的时候必须要与国家、社会以及人民大众的发展需求相吻合。另一方面，通过课程来开展育人工作在整个高校育人工作甚至在整个教育系统当中发挥着极为重要的作用，是开展立德树人工作最为基本的任务。高校在设计具体课程的时候要尝试把“德”与课程育人体系相结合，借助形式各异的课程作为其中的载体来完成对人的教育。此外，处于新时代的高校在构建课程育人机制的过程中，要加强不同课程之间的联系。高校从事教育的工作者要在分工时展现出科学性和合理性，根据课程内在的各种特点以及具体的表现，把不同课程聚在一起形成一种合力，从而使育人的总目标得以实现。

（二）构建“情感—交往”型课堂融入教学育人机制

在一些持守传统教育教学模式的学者看来，“情感—交往”型课堂能够展现出一定的人文情感关怀，主要是为了搭建一个具有一定温度的课堂。以往的、较为传统的教育、教学模式看重的是知识和技能的传授，对于学生的个人情感没有给予足够的重视。构建“情感—交往”型课堂对于教师所传授的专业方面的知识和技能依然比较关注，同时关注学生内在的情绪和情感，非常看重知识技能与情绪情感之间的同步前行、和谐发展。首先，对于“情感—交往”型课堂来说，在推进过程中所具备的内在特征和所要达成的基本目标都是情感。这是课堂教学当中的首要任务，是内在教育功能的完整呈现。因为个人的情感体验与个人所形成的价值观、道德品性和人格魅力有着紧密的关系，所以为了让学生感受到关怀，就需要为其提供一个不但很安全同时还很温暖的环境。高校在构建课程育人机制的时候，要尽量地把每一节课塑造为一个情感型课堂，进而使教育与教学进行一定的融合，有助于实现课程育人的目的。其次，在推进课程育人进程当中交往是最为核心的本质，也是切实践行高校育人最为基础的途径。在开展育人工作时，若教师与学生之间难以进行有效交流的话，那么即便是极为丰富的情感也无法得以及时的传递和感知，致使师生之间在培养情感方面难以持续推进，从而大大削弱它自身的实效性。尤其是处在高度信息化的时代，大部分人都受到来自网络信息的轮番冲击，使得人们对于传统课堂教育产生一些怀疑，人们开始对学校和教师存在的必要性加以考虑：当前传统的课堂教学模式是否需要完全被网络化课堂所代替？面对人们质疑的声音，参与高校教育的工作者应当进行深入的思考，高校所采用的传统教育模式若是无法被取代，这当中最为重要的地方在于师生之间的互动。在新时代背景下创建"情感—交往"型课堂是针对网络化冲击进行有效抵御的一种方式。所以，在设计"情感—交往"型课堂时要努力引导教育当中的两个参与方能够成为彼此的依靠和支持，这样就能够有效地拉近彼此的心理距离，有助于高校育人课堂得以顺利进行。

（三）构建 MOOC 与翻转课堂相融合的教学育人机制

慕课（MOOC）的翻译是"大规模开放的在线课程，所倡导的是一种没有课堂、没有国界、没有围墙的新型在线课程开发模式"。习近平总书记特别指出，要运用新媒体新技术使工作活起来，推动思想政治工作传统优势同信息技术高度融合，增强时代感和吸引力。早在 2011 年，美国斯坦福大学正式开设了网络课程——人工智能导论以后，MOOC 课堂模式开始在众多高校当中广泛普及，使得资源共享平台得以真正搭建起来。只不过，MOOC 课程真实的课堂教学当中也会有一些不足的地方。比如，无法针对学生的高阶思维能力加以有效培养、教学模式不是很丰富、没有精准地对学生的需求进行划分等。所以，从某种程度上来说，当前的 MOOC 课程还很难满足高等教育中所涉及的具体要求。与此同时，随着 MOOC 课程在高等教育领域的应用，翻转课堂的教学核心也有了一定的变化。新时代背景下的高校育人工作所关注的是通过哪些具体的方式能够有效地把与 MOOC 相关的资源顺利传递到传统课堂教学里面，进而通过采用课堂教学法，设计出一个完整的由 MOOC 与翻转课堂互相融合之后所产生的教学育人机制。正由于MOOC课堂与翻转课堂有着相同的特征——它们都具有同一性、互补性和耦合性，也就意味着翻转课堂所看重的是上课之前所进行的在线交流、课堂教学当中的研讨过程，不但可以使学生的知识面得以拓展，还可以增长他们的见识。所以，在高校当中建设一套MOOC与翻转课堂相结合的教学育人机制，不但能让学生们在任何一段方便的时间通过线上来学习基础知识，还可尝试在开展线下课堂教学的时候由专业教师来作为引导进而开始深入且有序的研讨，真正实现线上与线下进行结合的“双互动”学习，从而产生良好的教育效果，使得师生之间的互动性得到进一步加强。

（四）构建各类课程与思政课程同向同行的教学育人机制

习近平总书记特别指出，要把思想政治工作贯穿教育教学全过程，其他各门课都要守好一段渠、种好责任田，使各类课程与思想政治理论课同向同行，形成协同效应。要想使高校育人的终极目标得以达成，就不能单单把思想政治教育方面的发展作为依托，要尝试带动完全不同的课程保持与思想政治处于一个相同的方向同步前行，通过各个方面所产生的育人合力来进行高校育人机制的建设是完成既定育人目标过程中极为有效的方式。一方面，单单从不同种类课程与思政课程有着相同的方向而言。要想实现高校各类课程与思政课程共同向着相同的方向前行，就要引导各类课程与思政课程分别在指导方针和目标方向上有着相同的思想方向。高校当中的各类课程与思想政治教育课程在育人理念方面要紧紧跟随马克思主义的指导方向，对于国内高校特有的社会主义办学性质加以确立，为社会主义培育优质人才。高校当中的所有课程的教学都需要一直持守正确的思想方向，不但要让教师的教学具有一定的专业性，也要使教师以一种积极的心态完成践行思想政治教育的工作，坚持正确的政治方向，自始至终走在一条与习近平新时代中国特色社会主义思想保持一致的道路上，明确正确的育人方向，永不动摇。

另一方面，单单从高校当中所学的各类课程与思想政治课程同行来说，要想实现高校育人当中的又红又专和德治并举，最为核心的地方在于如何通过合理的方式把思想政治教育课程融入各类不同的课程当中，促使思想政治课程与各类课程可以在育人的道路上同步前行，尽可能地呈现出课程自身的优点所在，为新时代青年的个人发展夯实坚实的知识基础。同时，各类课程要与思想政治教育保持一致，也就是说在意识形态方面要保持一致。身为新时代青年，不但要储备尽可能多的科学认识，还要在努力学习的基础上完全掌握较为系统的研究方式，深层次探究育人的真实内涵，以积极的方式践行习近平新时代中国特色社会主义理想，立志做一个不断有才艺在身，同时又有远大抱负的新时代青年。

三、推动以文化自信为目标的实践育人机制，提供练就本领的“大熔炉”

所谓高校实践育人机制，指的是可以把理论与实践进行融合，并在实践活动当中来使个人的实践能力以及综合素质得以提升。新时代稳步推进高校实践育人机制的目的在于协助大学生完成爱国情感、实践能力、创新意识的培养，进而培养出多个方面共同发展的新时代青年。

（一）构建产学研协同创新的实践育人机制

高校在正式构建实践育人机制时要格外关注由产学研所组合而成的育人方式。首先，高校借助创建而成的实践育人机制来实现学校与企业之间的合作交流，使得很多大学生有更多进入企业进行实习的机会，使得学生不但能够通过课堂学习相关知识，还能够进入企业来切实实践所学的理论知识，实现理论与实践的融合和应用。比如在日本，高校非常看重学生的见习，每当学习一段时间后，学校就会组织学生进入当地的一些工厂实践所学的知识，目的是使学生经历从起初的产品研发一直到开始着手制作的完整流程，引导学生意识到平时的学习和真实的生活是有着密切联系的，同时也会促使育人的方式更加个性化和多样化。其次，正式建立大学生产学研创新创业基金。高校可按照所学专业的不同，有针对性地去开发一些很有前景、很有科研价值、有着广阔发展空间的项目，通过设立的创新创业基金来吸引大量的具备一定科研实力的团队或教师参与具体的研究当中，甚至可专门针对其中有着优异成绩的学生进行个性化的指导，积极引导大学生努力在科技领域大力开展发明、创新工作，借助钱财方面的支撑来帮助大学生在不断提升科研水平的基础上获取更多的发明创新和相关专利证书。采用该方式不但可以吸引更多的大学生参与到研究工作当中，同时还使高校的科研水平进一步得到提升。

（二）完善实践育人工作的运行保障机制

新时代背景下的高校以积极的方式引导内部的相关部门组织实践育人活动具有重要意义。首先，高校要想使实践育人工作当中有关运行保障的机制的完善工作可以顺利开展，那就需要积极、主动地带领和组织实践育人活动，不断地加大监管力度，借助合理的监管体系来更好地展现育人的实践性，进而更好地完成育人既定的目标。与此同时，整个高校实践活动需要加强整体的流程与实践育人的理论知识的紧密联系，从而为理论与实践之间的融合营造一个良好的环境。其次，高校实践育人过程中要加强师资力量建设，努力培育出一支“既红又专”的教师团队。要想真正实现实践育人所设定的目标，那么教师在这个过程中的作用是至关重要的。在实践育人工作持续推进的过程中，教师需要提高自身在实践育人方面的能力，又要具备解决现实问题的能力。最后，新时代背景下的高校需要针对已经创建的实践平台持续地进行稳固和完善，这是实践育人活动得以顺利开展的有力保障。

（三）创新实践育人考核评价与激励机制

高校实践育人所产生的效果往往是由一整套高效且合理的考核和评价机制所决定的。高校在开展实践育人的时候，实践育人的两个主体分别为教育者和受教育者。一方面，高校要时常带动那些一线教导工作的教师更多地在社会实践活动中有所参与，大力制定一系列与实践育人有关的各种考核制度和措施，进而经由多个层面、多个视角来对实践育人工作的效果进行评价。在进行详细的考核评价过程中，不但要对整体的效果进行定量的评价，还要给予定性分析。尤其是在目前这个信息技术蓬勃发展的环境当中，高校可以考虑使用“大数据”或“云计算”等先进科学技术来对社会实践工作的质量进行考核，并从中评选出优秀的个人和团队，以合理的评定作为基础来对他们所取得的成绩加以肯定和奖励，而对于做得不好的地方要及时进行指导和激励。另一方面，高校推进实践育人的时候，其中极为重要的部分是对于社会实践内容的设定。参与教育的工作者要从现实生活中的热点实例、时事新闻中选出科学、合理的育人内容传授给受教育者，从而有的放矢地组织实践活动。对于在校大学生来说，高校教育者可以考虑在学生综合评价机制当中增添志愿者活动、支边支教、科技创新等实践活动，学生可按照个人的喜好来参与相应的实践活动，学校可采用合理的评价方式适当地引导和鼓励学生。

（四）加大实践创新力度，提升实践育人能力

新时代环境下的高校育人工作可以持续往前推进的动力来自实践创新，高校应全方位地加大实践工作当中的创新力度，持续地推陈出新，挖掘出创新实践育人的真正动力，带领更多的师生勇于在育人工作中实践创新、集思广益，搭建一个更加广阔的平台，从而更深入地推进高校实践育人的改革工作。一方面，高校要对实践育人机制进行强化和完善，努力建立一个具备扎实基础、极具发展前景的产学研式的教学体系，尽可能地为学生创建一个进行实践创新的

平台，在开展教育工作的时候重点去培养具有创新性的人才。

另一方面，高校要充分地带动政府部门、科研院和相关企业更好地展现出他们在协同创新方面的能力。国外著名的学者亨利·埃茨科威兹和罗伊特·雷德斯多夫合力创建的“三螺旋理论”认为，国家创新体系和经济发展的三大方面分别是政府、企业和大学，三者之间紧密连接，共同构建一个彼此重叠、互相作用、密切合作、互惠互利的“三螺旋”模式。采用这种合作模式，政府可凭借出台的一些政策来对各种的资源进行整合进而更有针对性地培养高校人才。高校的科研院和与专业相对应的企业以服务于人才培养的方式搭建一个大学生亲身实践所学知识的平台，并按照政策所设定的要求和市场的基本需要来推进育人工作，可以为学生营造出一个良好的工作环境。

四、创新以文化自信为格局的网络育人机制，打造创新驱动“新引擎”

生活在新时代的青年，身处焕然一新的网络时代。高校在建立育人机制的过程中，为了让社会主义意识形态自身的凝聚力持续地加强，就一定要采用较为科学、合理的方式来进行传播，促使网络当中所充满的最大变量可以有效地转化为推动高校育人工作前行的最大增量。党的十九大报告中特别指出，要善于运用互联网技术和信息化手段开展工作。针对新时代高校育人机制，一定要对网络这个极为重要的工具好好加以利用，创建一个更为科学的高校网络育人机制，从而为高校育人工作增加全新的底色。

（一）构建“自主交流型”的网络育人互动机制

由“网络工具论”的理论看来，整个育人工作当中的载体——网络已经获得了很多教育工作者的肯定和认可，把网络平台作为支撑来带动整个育人工作稳步前行，充分地彰显出育人工作所具有的平等性、灵活性、互动性，这样就可以很好地提高育人的效果。与传统的育人方式进行比较的话，凭借着网络育人的思维实则是对于人人平等原则的强化，也就是说在推进网络教育的进程中，教育者和受教育者之间是平等的。这种格外看重平等性的育人思维，主要借鉴的是互联网的特点，因为自主的和扩散的是互联网的主要特点，使得当中的参与者身处一个完全平等的位置来进行互动交流。由于它是从互联网当中所生发出的一种具有平等、自由特点的人际交往模式，就会使它很容易渗透到教育工作的各个环节，并在建立育人机制的时候诞生了一种名为“自由交流型”的社群育人体系，促使网络育人机制的建立具备了一定的条件和可能性。

习近平总书记特别指出，青年是标志时代最灵敏的晴雨表。实行改革开放后的40多年里，由于社会的迅猛发展和历史车轮的前行，大学生内在的思想观念发生了极大的变化。在一些持守马克思主义唯物史观的学者看来："人们的观念、观点和概念，一句话，人们的意识，随着人们的生活条件、人们的社会关系、人们的社会存在的改变而变更。"当代大学生的内在思想会受到来自政治、经济、文化等要素的影响，正由于有这样的变化渐渐地开始影响学生处事的心态和外在的行为，再加上这些"95后"的大学生具有张狂的个性、敢于进行创新、勇于挑战等，引导着他们在做事时常会带着一些功利性。身为新时代背景下的高校教育者一定要全面了解"95后"大学生的内在思想和外在行为方面的特性，从而创建一种效果比较明显的工作模式。借助互联网，高校在开展育人工作时可以很好地解决遇到的问题，大学生通过使用"自主交流型"网络育人社群体系来学习专业的知识和技能、互相交流宝贵经验、分享学习时的内心感受，还可以选择使用QQ、微信和微博等多媒体平台来呈现个人的真正意愿、参与各项活动，从而获取完全不同于传统教育方式的、全新的互动体验。

高校教育机制的建立必须始终遵循网络平等的本质，在教育过程中要发现和解决一系列问题。例如，学生处于被动的地位，教师在课堂上处于主体地位。在新时期，高校教育工作者必须努力改进这种教学方法，营造平等的教育氛围。通过网络，鼓励学生结合自己的兴趣爱好，通过独立平等的交流方式，积极发挥自己的主动性和自主性，激发潜能，多学习，多参与实践和锻炼。总之，新时期的高校必须完善网络机制，只有这样才能在新时期教育和影响大学生。

（二）构建"自我教育"与"朋辈教育"相融合的网络育人机制

开展高校实践育人工作实则是教育双方互动的过程，在这个进程当中重视主客体所展现出的主动性和积极性，同时对于主客体之间所呈现出的互动性也格外重视。巧合的是，互联网当中也具备同样的特征——"互动性"，通过网络工具来推动高校教育工作，有助于整个育人工作在双向互动的过程中呈现出共鸣、共享、共振的育人效果，从而使整个高校育人工作可以产生事半功倍的效果。新时代的大学生尚处于一个身心全面发展的重要时期，通过教育实践可以看出，在对大学生的人格、理想以及价值观进行塑造的过程中，文化环境和教育方式扮演着极为重要的角色。互联网已成为新时期开展育人工作的一个重要载体，在整个教育当中发挥着重要作用，同时还会深深影响到对大学生人格的塑造和价值观的确立。绝大多数的学者纷纷指出："网络为青年积极主动参与政治提供了平台，青年在网络政治参与的过程中，其思想和行为会经常受到

‘意见领袖’的影响。”由此不难看出，较为传统的以灌输作为主要方式来推进的说服教育，往往带给人一定的压迫性，会让整个高校育人工作收效甚微。所以，作为高校教育工作者，要尽可能地让教育者和受教育者实现平等交流，好使教育双方有更多进行深度交流的机会，从而更好地发挥“自我教育”和“朋辈教育”的积极作用。

高校教育工作者要努力去捕捉学生比较感兴趣的热门话题，深层次了解学生的各种反馈，并合理使用互联网平台，以主动接触的方式来挖掘学生身上各自所独有的价值，拉近教育双方之间的心理距离，从而更有针对性地推进高校育人工作。

（三）打造良好的“育人生态”完善网络育人机制的新环境

开放性是互联网的一个重要特征，互联网当中的开放性进一步加快了凭借信息资源和教育资源来开展共享育人的进程，通过更加多样化的方式来把互联网中所展现出的“开放性”渗透到育人工作的各个环节当中，把已经存在的众多资源加以整合后孕育出一个全面的、不存在边界的育人平台，构建出一个没有任何边界的“育人生态”。像这样没有任何边界的育人状态对于随时随处完成个人身份的切换还是很有帮助的，不论是对于教育者，还是对于受教育者，他们都能利用网络平台来实现信息的发布与接收，每个人不但是信息的生产者，同时也是信息的传播者。

如何对这种不存在边界的网络“育人生态”环境进行优化，最为关键的地方在于把校内外的各种优质育人资源进行整合，冲破高校当中不同学科和专业之间所存在的障碍，构建一套协调的有关高校网络育人的新机制。针对当前育人工作的现状不难看出，目前仍有大量高校不同的组织机构之间有着明显的界限，不同的学科专业之间不能很好地进行互动和包容，呈现出一种“沉默的螺旋”的现象。正是因为没有充足的互动和沟通，致使高校里面各个不同的组织、学科之间难以实现资源的共享，跨越不同学科进行研究的现象就更为少见。因此，新时代背景下的高校要想真正打破“沉默的螺旋”怪圈，就一定要把构建育人机制看作用来发力的基本点。

首先，高校要以主动的方式激发不同学科进行互动的积极性，针对学科的不同着手建立一个跨学科的研究中心，努力进行资源的开发和共享，借助网络来完成对于网络育人机制的创建，从而一步步地完成“育人生态”环境的优化，创建一个用于网络育人的新环境。其次，高校当中的教育工作者要把学科自身的优势更好地发挥出来，并把平时掌握的理论知识慢慢地渗透到相关的企业和行业当中，通过利用互联网来搭建合作开放型育人平台，彻底击碎高校与许多的企业、行业之间所残留的资源壁垒，针对与育人相关的各种渠道和资源要尽可能地进行开发和使用，从而使网络协同育人的优化工作得以顺利完成。最后，高校要最大限度地使用互联网技术，使更多的教育资源通过互联网渗透到育人生态系统当中，来让学生从中收获更为丰富的教育资源，从而更好展现出高校网络育人工作独特的实效性和影响力。

五、发挥以文化自信为关键的保障育人机制，强化机制运行的“助推器”

习近平总书记特别指出，各级党委要把高校思想政治工作摆在重要位置，加强领导和指导，形成党委统一领导、各部门各方面齐抓共管的工作格局。为了使育人工作可以平稳推进，高校需要尽力做好保障工作，这当中的重要部分在于构建育人机制。高校开展育人工作，最终是为国家、社会培育出大量的新时代优秀人才，要使这样的目标得以达成就需要借助高效运行的育人机制来作为保障。因此，创建完整的育人保障机制是新时代环境下开展育人工作的关键。

（一）加强党的领导是构建保障育人机制的根本

构建保障育人机制的核心在于坚持党的绝对领导。不断地加强党对于高校当中育人工作的全方位领导，是文化自信视域下开展高校育人工作最根本的保障。高校各级党委要对构建育人机制给予足够的重视，高校的党政人员要把培育文化自信作为核心来开展，并深入了解育人过程的各个环节。坚定不移地跟从党的领导，才能使保障育人工作有条不紊地往前推进。为了使保障育人机制得到有效的优化，高校需要针对育人工作当中所使用的方式加以改进。新时代高校需要以积极主动的方式把党所制定的路线方针巧妙地应用到具体的教学育人工作当中，高校育人工作者不但要努力树立榜样，起到模范带头作用，更要在广大学生中间充分地调动当中的党员学生，好使他们能够一直有清晰的政治认识，还要一直保持强烈的文化自信和民族自豪感，引导生活在新时代的青年始终高举中国特色社会主义的伟大旗帜，不忘初心坚定跟随党组织，从而为实现中华民族伟大复兴而奋斗不息。

（二）物质与制度保障是高校育人机制构建的前提

构建高校育人机制的过程中需要坚定不移地把物质方面所提供的充足保障作为基本出发点。不论所采用的是导向育人的模式、教学育人的模式，还是针对实践育人机制进行构建，都要有一个坚实的物质基础作为前提条件。高校在持续开展育人工作时要借助人力、物力来支撑整个育人机制，高校育人机制得以有效地运转所体现的是对经费的依赖程度。一方面，当地政府的一些相关部门在正式创建高校育人机制时，一定要重视经费的投入，把办学经费用到该用的地方，把积累的教育资源应用到具体的某个方面，尽最大努力地满足学生的多方需求，切实做到实事求是，坚持采用截然不同的创新育人方式来完成保障育人所设定的目标。深厚的基础是开展育人工作极为关键的前提，单从狭义方面而言，高校从事教育的工作者需要根据学生在个人发展过程中的不同需求，参考当前的真实情况努力为学生营造良好的学习环境；在具体的实践和生活层面则要主动去优化学生所在的生活环境，并针对生活环境中所出现的不充分、不平衡现象加以改善，以便学生获得更多的幸福感。从广义方面而言，高校要尽心竭力地去优化校园的整体环境，要切实保障学生在校期间的安全问题，好使学生可以在一个舒心的环境中进行学习。

正是由于制度所蕴含的力量，在人们日常的生活实践和社会关系当中起到一定的规范、制约的作用，并在人们的社会关系层面起到极为重要的作用。构建高校育人机制时，需要把制度保障作为前提，作为一种特定的规范——高校管理制度，主要是为了维护高校教学与生活的秩序，为学生在接受教育过程中身心得以全面发展提供有力保障。

首先，所设定的高校制度要充分展现新时代文化自信的精神和核心，组建的制度要把高校当中的保障育人机制作为基本方向，然后再制定适合开展保障育人工作的相关制度。把实践育人的整体目标加以分解后渗透到具体的制度里面，促使保障育人所产生的合力得到充分的发挥。其次，在具体设定和执行高校制度的过程中亟须特定的张力和弹性。制定高校制度时需要针对学生的现状加以考虑，从而更有针对性地进行因材施教，进而更好地完成制度的制定。此外，教育工作者真正应用相关制度的时候，要以学生为核心，把之前经常使用的刚性化管理方式循序渐进地转化为较为柔性化的育人方式，好使教育者与受教育者更多地进行平等交流。借助科学、合理的育人制度，来充分展现高校保障育人机制中的教育取向，好使它所特有的保障功能得以充分发挥。最后，高校为了给学生营造出一个良好的制度环境，就需要凭借清晰的领导体制和组织管理制度，更好地协调育人内部与外部之间的各种关系，唯有如此方可建立健全整个高校育人机制。

（三）提升高校育人队伍的专业水平是育人的关键

百年的大计，教育是根本。教师是建立教育的根本，也是复兴教育的源头。新时代，参与教育工作的教师更是担负起培育新人的重担。新时代构建高校保障育人机制的核心点在于培育出一批具备优良道德、较高教学水平的教师团队，并把习近平新时代中国特色社会主义思想作为向导，能够以亲身参与的方式来践行社会主义核心价值观，不论在何时都不要忘记教书育人背后的荣誉感和责任感。俗话说：“绳短不能汲深井，浅水难以负大舟。”高校育人工作是一个具有极强专业性的工作，高校育人效果的好坏往往是由参与高校育人队伍的专业化水平所决定的，同时高校育人机制构建过程中的关键在于打造出一个拥有“四力”的教师团队，也就是专业能力中所包含的脚力、眼力、脑力和笔力。因此，应尽力地为新时代培养出一支有着过硬政治素养、过人的本领、求实创新、能打胜仗的育人队伍。

首先，高校要不断加强教师队伍建设，并把教师素质的提高作为重点。先有了好的教师，才会产生好的教育，在日常工作当中，高校要对教师的地位给予重视，尽力维护教师应得的权利，对于教师日常工作的条件不断地进行改善，好使教师可以在一个良好的环境当中进行教书育人。其次，高校要在教师制度建设方面进行加强，不论是在课堂教学过程中还是在日常生活当中，都要对教师的思想素质、师德师风、行为准则方面的监督给予足够的重视。创建一个合理的评价机制并把师德师风作为对教师进行评价的一项重要指标。在一个全新的时代会产生新的荣誉感和使命感，使绝大多数的教师在教书育人当中不断操练以德立身、以德立学、以德施政、以德育德。最后，高校要把重点放在如何使教师的业务水平得以提高。高校应带领教师团队积极参与到研究培训、学术交流互动中，并通过各种专业化的培训来设定培训规划，带领教师进行深入学习并切实践行以习近平同志为核心的新时代中国特色社会主义思想，凭借着所学的理论知识来对实践进行指导，从而使教师的专业水平和道德修养都能得以提高，使教师把社会主义核心价值观作为行事的准则，对自己进行严格要求，以身作则，好成为努力传播新时代先进思想文化的传播者，从而为培育社会主义事业建设者和接班人贡献力量。

第三节　文化自信视域下高校实践育人系统的结构优化

一、用科学的理论指导实践，用多维度的创新推动实践

（一）研究体系：多学科视角和国际化视野

高校所开展的实践育人工作将会伴随经济社会的飞速发展、有关培养人才方面的新要求和参与主体时代性的特点同步发展，要想推进和创新实践育人工作首先需要来自理论层面的指导和扶持，这就对理论研究当中的创新发展提出了新的要求。要尝试从多学科的角度来对实践育人机制进行研究，不但可以从学科交叉和学科融合的层面来进行深入推进，还可以尝试把心理学、统计学、管理学、经济学等学科融入思想政治教育学科当中，进而使机制自身的科学性得以提高。也可以分别从横向和纵向的视角来对实践育人机制所产生的效果进行研究。比如，从纵向角度来看，可以把我国高校实践育人的发展史作为依据来对实践育人的成效进行研究，能够从当中发现高校实践育人机制变化的规律；同时还可以从横向的角度，针对我国与其他国家实践育人机制的不同进行比较，学习和借鉴国外在高校实践育人方面的成功经验和理论体系；也可以对国内不同高校之间开展实践育人机制时所存在的共性与个性、优点与不足等进行比较。对于不同的高校来说，不但可以针对高校之间的不同类型进行比较研究，还可以针对有着相同类型的不同高校进行比较研究，或是通过横向比较的方式来研究分布的区域、专业类型等方面。通过理论研究层面的创新发展，将会构建一个有着各自特点的学科话语体系，它不但可以划归到思想政治教育学科当中，也可以划归到高等教育学科当中，还可以划归到心理学或社会学当中。所以，需要在完全不同的学科研究范式当中建立一种既有着中国特点又有值得国际借鉴的高校实践育人研究体系。

（二）动力机制：用积极体验激发主体动力

在积极心理学看来，个人的生理体验与心理状态之间有着紧密的关联。通过生理体验来“激活”心理感觉，这就预示着，人在具体参与实践的时候自身的生理体验会不断对主体的态度进行强化，从而对主体情绪产生影响。当人们处于实践当中时，若个人已经具备一定的技能水平（或称为能力）并与外部活动具有的挑战性相吻合（达到平衡的状态）的时候，就会产生 Flow 体验（Flow

指的是一种比较积极的情绪，具体表现为愉快、幸福、满意等主观体验，属于意识内容与自我结构相协调的状态）。研究表明，能够体验到 Flow 的学生时常会以积极的心态参加活动，可以调动参与活动的积极性，并对活动有着深入的认识。心理学当中关于实践的众多理论为实践育人以及机制的研究提供了极为宝贵的专业价值。所以，在往后构建高校实践育人动力机制的进程当中，可以增加一些比较积极的教育理念，就是通过对学生的乐商（主要包含外显的和内在潜在的积极力量）进行培养和提高，不断增加学生在实践活动中的积极体验，最终使得学生分别在个人层面和集体层面获取积极的人格。这样的积极体验促使参与实践的主体对于整个实践活动产生浓厚的兴趣，同时还会帮助实践主体完全沉浸其中。实践表明，人唯有在活动中感到快乐时，才会以更主动的方式参与实践活动，才会把外生动力逐步转变为内在的各种要求，才能充分地调动个人的内生动力。

积极教育指的是利用积极心理学原理来组织教育活动，目的在于加深学生在实践当中的积极体验或愉悦感，使得学生衍生出极为强烈的受教激情，由起初以被动方式接受教育过渡为主动参与到活动当中、自行完成活动的设计和快乐体验活动的一种转向良性的过程。目前，已经有越来越多的学校开始应用积极教育，特别是在中小学的校园当中已经开始组建幸福学校或快乐学校，这当中的核心理念就是把积极心理学当中的积极教育作为根基。通过理论研究方面的创新发展，一定会让育人理念完成更新和变革。在新的理论成果的带领下，一定会衍生出新的理念，高校将会在新的实践育人理念的带领下，使得实践育人工作向着更高的水平发展。高校当中对实践育人机制的创新发展起着决定性作用的是实践育人的理念如何进行更新。开展思想政治教育活动，不但要对学生持续进行鼓励好使其成为新时代社会所需要的人，或者成为在当代社会中有着一定价值的人，更要带动他们成为将来社会所需要的人，以及对于未来有所贡献的人。中国未来发展的目标为国家和社会都能实现现代化，而这些的前提条件是个人的现代化，需要通过现代人的人格来进行支持。对于现代人来说，除了现代意识教育当中所包含的现代思维方式、价值观念、现代思维理念和行为方式以外，更为关键的地方在于怎样才能具有积极的心理，具备一定独立性的个性自由型的人格——全面且自由地进行发展、幸福且快乐地进行工作。所以，在更新高校实践育人理念的过程中一定要围绕人为核心来开展，也就是人的发展——个人的现代化。要使人的现代化得以实现，从本质上来说，应当通过积极的教育，努力把实践主体内部的积极因素进行激活，真正激发实践主体的内生动力。当前，在使用高校实践育人的动力机制时，发挥外生动力作用的是高校，然而内生动作的作用还远远没有发挥出来。所以，在创新实践育人机制时，高校一定要使用更为科学有效的原理，将实践主体内在的需求得到满足作为基础，把积极教育真正移植到实践育人的动力机制当中，使得实践主体的主体性经过刺激、调动后得以充分的发挥。此外，对于实践主体所进行的外部功利性驱动要尽量减少，注重把内动力与外动力进行融合，带动学生不断开发个人的潜能和养成良好的个性，促使动力机制的效能充分发挥。

（三）运行机制：人本化、专业化和法制化

高校实践育人的运行机制应该对未来社会的发展趋势有着精准的把握方可进行有效的创新。未来的社会将会越来越关注把人作为中心的发展思想，将会对个人的自我教育机制给予更多关注；同时未来社会将会借助科技创新，搭建出更为广阔的交互平台。所以，运行机制的创新发展主要表现为以下几个特点。

1. 凸显以人为本的柔性化运行趋向

我们所处的是一个人本时代——是一个凸显个人主体性的时代，也是一个知识化、信息化的时代，我们一定要对这些问题加以考虑：高校开展实践育人机制当中谁是运行主体？各个不同要素之间应当有怎样的结构方式才是合理的？什么样的运行机理才是科学的？高校实践育人机制是具有一定人性的，它的核心要素是人，整个机制是由人构成的，由人来完成机制的运动。所以，高校实践育人机制不论通过何种方式来发展，不变的是它所持守的人本性，一定要构建一个与时代特点相契合的有着一定柔性化的实践育人运行机制。针对运行机制所进行的创新有一定的活性、动态性，却不具备规范性、稳定性、程序性和机械性，若是这样的话就会使机制变得极为僵化。运行机制当中最有活力的当属有实践主体以热情方式参与的机制，唯有以实践主体积极参与方式作为原动力所产生的机制才是最具活力、最具穿透力的机制。单从教育的视角来看的话，“自我教育才是真正的教育”，最好的教育是根本没有教育者的教育。比如，不但可以引导学生自行完成实践活动方案的设计，也可以通过学校来供应更多可用来选择的方案，还可以把两者巧妙地融合起来，使得参与实践活动的整个过程变得更具有人性化；此外，评价实践活动的时候可以聚焦于学生个性的发展，使得学生个人的潜能得到更好的激发。所以，从某个特定内涵层面来看，构建的自我教育机制是开展高校实践育人运行机制的终极目标，这些不但是高校实践育人当中与内生动力机制相关的要求，也是现代思想政治教育机制当中的基本内容。

2. 共享机制和共享平台更加专业

高校实践育人进入运行阶段时，将会创建一套资源共享机制，该机制主要包含人才共享、平台共享和成果共享。这三个层面所进行的共享目前还只是停留在众多参与方之间的共享，这样的共享所产生的效果还是很有限的。伴随互联网的迅猛发展和大数据时代的降临，针对高校实践育人机制进行的建设工作，将会以平台建设作为依托来持续创新发展。一是共享平台将会摆脱当前因实践主体所带来的各种限制，将会通过空间和服务对象来进行广泛的拓展。从理论层面来说，共享平台应该能够在被允许的范围内获取开展实践育人所需的资源，从而有效地规避重复性建设，促使有限的实践育人经费得到充分的使用。比如，国内研究型大学所拥有的较为优质的实践资源可以及时共享给其他类型的大学，最终将会使我国高校实践育人的质量和水平得以全面提升。二是充分地利用互联网平台，在全国范围内组建一个用来开展实践育人工作的网络，促使整个思想政治工作中具备的传统优势巧妙地渗透到信息技术当中，对于实践主体进行网络注册，把具体的实践内容和运行程序在网络上进行公开，使得实践育人当中的供需双方可以顺利完成即时对接，好使实践育人当中供给结构性矛盾得到有效的解决。通过互联网平台所进行的创新会使实践育人动力机制和运行机制的互适性得以进一步提高，实践主体通过网络平台以对接的方式来使与自身发展需要相符的实践方式、实践内容和实践时间等需求得到满足，从而更好地激发出实践主体的内生动力和潜能。高校可通过使用互联网上的数据来对社会需求和学生发展的需求进行分析，通过数据的方式展现出高校实践育人过程中在内在动力方面的要求，有助于对人才培养方案进行针对性调整；同时借助网络平台可以使实践育人过程中所涉及的运动环节、运动项目、运动要求、考核标准和保障条件等真正实现公开透明，更好地体现了实践主体所特有的自主性和选择性。三是借助平台共享和网络大数据，不但为高校深入分析社会在人才方面的详细要求提供帮助，还可以帮助学校通过网络调查问卷和网络行为数据等网络技术，在极短的时间里完成对学生政治观点、生活需求、思想动态、关注热点、心理健康、学习状况等数据的完整采集、动态观测和汇总分析。通过大数据得出的结果，不但有助于高校及时完成专业培养当中专业设置和课程内容的调整，也能帮助学生明确个人的理想信念和价值追求，使得大学生思想政治教育所特有的针对性和实效性得到显著提高，同时也大大提升人才培养的质量。四是，尽快地培育出一支实践育人方面的专业化队伍。高校开展实践育人工作要想产生期待中的育人效果，就需要不断提升实践育人工作的专业化和科技化水平。不但需要一支主要开展研究工作的队伍在理论方面贡献个人的力量，也需要把高校特有的学科优势充分发挥出来，并在从事思想政治教育工作者的队伍以及其他专业的教师队伍中筛选出优秀人才，组建一支在实践育人工作中负责设计的设计师队伍，运用个人所学的专业知识来对实践育人具体的方式和运行模式进行研究、设计，使得高校开展实践育人的专业化水平得以不断提高，以此来彰显实践育人具有的科学性和实效性。五是尽快地制定与实践育人相关的法律法规，好使保障机制实现新的突破。要通过国家法律来切实保障实践育人工作。比如，以立法的方式来对企业、家庭中的参与方进行硬性的规定，对于企业要通过法律条文对其在实践育人中应当承担的责任进行强制性规定。当然，有关法律保障的问题需要由国家或政府出面进行解决，高校在这里面可以更好地发挥推动作用。

二、用五大发展理念引领高校实践育人质量提升

带动整个高校实践育人机制进行创新，使大学生思想政治教育质量得以提升，这不但是高校开展思想政治教育遭遇国际国内形势有所变化时的迫切需求，也是与高等教育内涵式发展相契合的必要性要求，更是搞好让人民满意的教育和践行“立德树人”根本任务的重要途径。一切的行动都要把理念作为向导。目前，五大发展理念分别是“创新、协调、绿色、开放、共享”，是对我们事关根本、大局和长远的发展思路、发展的方向、发展的着力点等方面的完整呈现，是围绕马克思主义科学方法论所进行的创造性使用，也是深化中国特色社会主义发展规律认识的一种升华，很好地呈现出发展所特有的整体性、包容性、协调性、平衡性和可持续性，全面升华了现代发展的内涵，并针对现代发展的外延进行了全面拓展。对于高校实践育人机制在运行过程中所暴露出的短板和问题，“创新、协调、绿色、开放、共享”恰好补足了这些短板，是实践育人质量得以提升的钥匙和向导。所以，带动高校实践育人机制的创新发展，要想使大学生思想政治教育的质量得到有效提升，就需要把五大发展理念作为前方的向导，积极地进行实践探索。笔者详细对“创新、协调、绿色”这三大理念引领高校实践育人进行论述。

（一）以创新发展为动力

使高校实践育人的生命力得以维持的有效方式是创新发展。开展高校实践育人工作就是把帮助青年学生健康成长成才作为所追求的价值，把实践活动作为载体的教育活动，而最终是为了让青年学生可以全面、可持续发展，培养出

可以肩负民族复兴责任的具有中国特色社会主义的接班人和合格建设者是它的根本任务。而这些就需要高校的思想政治教育工作者跟上时代的步伐，并在对过往经验教训进行总结的基础上，满足“因时而进、因势而新”的发展需求，对与实践育人相关的内容、载体、方式进行创新，对实践育人机制不断地进行完善，孕育出一个系统的、科学的、完整的实践育人体系。通过理念方面的转变以及理论、制度、方法和体制机制方面的创新来实现高校实践育人工作的创新发展，使得大学生思想政治教育质量得到有效的提升。

其中需要遵循的原则有三个。一是进行创新的方向和核心不能改变，也就是要坚定不移走中国特色社会主义道路，制度和理论体系不容改变。针对高校实践育人所进行的创新需要紧紧抓住“立德树人”这个根本任务，切实地想一些实招、追求实效，把育人质量的提升看作对实践育人进行创新发展的基本始发点。此处所说的创新不是对于已然的一种否定或彻底的革新，而是针对实然的一种审视和对应然的一种执着，是在继承基础上进行创新，绝对不能走歪门邪道。二是进行创新是为了实现高校实践育人工作的深化和超越。高校实践育人所进行的创新发展关键在于如何有效地调动实践主体的积极性，不但要帮助高校思想政治教育者针对教育实践经验有着深层解读，又要推动高校思想政治教育者能够把教育内容、教育方式的改进作为参考，打破当前的瓶颈，完成实践育人的深化和超越。三是群众是创新过程中的不竭动力。创新发展不是把某个个体作为依托，也不单单局限于高校的辅导员或学生代表，而完全来自群众，来自高校当中参与思想政治教育的工作者和青年学生，应充分发挥出教育者和受教育者自身的主动性和能动性，好使所有有助于大学生成长的智慧能够长久涌动。

（二）以协调发展为指引

高校实践育人是一个与协同育人相关的工程，高校实践育人运行当中的机制要求是协调发展。协调发展需要把来自各方的资源进行整合，看重发展过程中的整体效能，尽可能规避发展当中出现的“木桶”短板效应。这就需要高校特别重视实践育人工作自身的全面性、协调性和系统性。所以，高校实践育人工作需要把“协调”发展的理念作为向导，对于协同育人机制进行积极的构建和完善。一是与高校实践育人相关的各项工作应当目标同向、系统推进、部署同步、整体规划。要依照协同育人的原则来推进，不断增强学校内外进行实践育人的力量、实践主体之间的协同能力。不但需要学校内部各个部门、各个育人平台之间进行协同，也需要不同学校之间、学校与政府、企事业、科研院所等部门单位开展协同工作；不但有参与实践单位之间开展的协同，也有实践主体之间所完成的协同。二是对于来自各方的资源和力量进行整合，借助工作团队、工作平台、工作载体、工作渠道等方面来实现协同合作，引导多个部门、多条途径形成育人的合力。三是弥补实践育人过程中出现的短板，找准其中的薄弱环节、准确发力，完成突破。协调发展并不意味着要齐头并进、同步同速，而是要完全地掌握高校实践育人往前发展的规律和学生成长的真实现状，把控好发展的节奏，适合快的时候就快，适合慢的时候就慢，关键在于整个过程要联动、有序、协同，达成整体效能的最大化。

（三）以绿色发展为方向

高校实践育人得以持续健康发展的一个必要性条件是绿色发展。若是把创新看作进行聚焦发展的动力的话，那么协调聚焦的是发展当中的平衡性，而绿色所聚焦的就是发展过程中的可持续性。凭借着绿色发展理念来实现高校实践育人质量的不断提升，实质上它的意义主要包括三个方面。一是高校实践育人当中的内生动力和外生动力资源是提升其质量的关键要素。高校实践育人的内生动力主要指的是实践主体自身的发展需求，包含实践主体的人生观、世界观和价值观正确与否，是否可以通过社会主义核心价值观来实现个人的成长成才；而实践育人的外生动力主要指的是对高校实践育人产生一定影响的外部环境，比如大学生思想政治教育在方向性方面的要求、国家与社会对于高校人才培养质量的供给结构性要求等。在目前这个环境中，构建一个良性的、生态的教育环境，能够使内生动力与外生动力之间进行协调推进，引导大学生在对世情国情社情民情了解的过程中，持守道路自信、制度自信、理论自信和文化自信。二是需要把个人的全面发展设定为提高质量的目标。高校实践育人过程中的可持续发展不能违背本性或初衷。从内在本质层面来看的话，实践育人属于一种教育方式，就需要通过人的方式，也就是把人作为尺度、把人作为目的、把人作为主体来组织思想政治教育实践活动；不但要注意它是否合乎真理性和规律性，更要注意它是否合乎目的性、价值性和意愿性，要把大学生的全面发展放在首位，尽力创建以青年学生为主的可持续发展的实践育人生态体系。三是需要把实践活动的整个过程和最终结果的“绿色化”和“生态化”作为提升质量的主要方式。要想使实践育人的质量得到有效提高，就一定要有效益意识，而非不断进行投入，要借助科学研究来对实践主体所具有的特征进行分析，牢牢掌握实践的基本规律。当然，这里所强调并非以机械的方式来计算投入产出比例、付出或收获。它所强调的是要对实践主体的需求进行准确把控，借助科学的工作方法，提供高质量、高水平的与实践育人相关的服务，从而产生“四两拨千斤”的育人效果。

三、完善新时代文化自信视域下的高校育人机制的结构

（一）树立文化自信育人理念，以转化育人思维为新亮点

新时代环境下衍生出新理念，而新理念往往带来新的征程。在这样一个背景下，高校育人工作需要针对具体的育人理念来进行改变，把当中的育人理念与高校所构建的育人机制进行相应的融合。要想使育人理念可以很好地融入高校育人机制，首先需要做的事是从文化自信视角来对高校育人思维进行转化，不但可以增强新时代高校育人的实效性，还会使育人的科学化水平得到大幅提升。

马克思在个人所编撰的《1844 年经济学哲学手稿》当中指出：“人把自己的生命活动本身变成自己的意志和意识的对象。”由此不难看出，当人们参与到有一定对象化的实践活动时，里面也会有与其有所联系的来自文化视角的相关规定。因此，人类持续发展的过程与文化的诞生属于一种辩证关系，也就是说文化是通过人类创造出来的，而文化也会对人类起到特定的作用，进而实现对人们的塑造。同样的，整个高校育人工作就是一个以人为核心不断往前推进的工作，因为人们在社会中生存发展的时候往往会受到来自文化环境的影响，所以高校当中的育人工作实质上会呈现出极为显著的文化属性。由此可见，在文化自信方面所进行的培育工作往往在整个育人工作进程中发挥着极为重要的作用，高校育人工作者应彻底转化育人的思维，并使它在高校育人的各个环节中得以体现。

我国著名哲学家贺麟曾说过：“文化是名词，同时也是动词；化字含有改变的意义；文要化，要影响其他的一种东西，要感化或支配其他一种东西”。教化是文化最基本的功能，而进行教化是为了树人，为了对人才进行培养。高校是传播思想理论和聚集人文精神的主战场，针对新时代的青年要对其价值观进行一定的教育和引导。面对生活当中一波波文化思潮，当代的大学生会由于多样化的文化而感到迷茫，甚至会对个人已成型的文化结构和价值观念进行怀疑。高校在面对此种情况之时，及时把内在观念进行转换是快速摆脱此困境的捷径所在，不断增加高校育人方面的力度，有助于生活于当代的大学生在碰到各种不同文化交流和碰撞时，可以很快地摆脱文化焦虑的辖制，增强这方面的辨识能力，有着强烈的文化定力，认同本民族的文化。同时，高校要针对育人

理念主动地加以创新，借助育人思维的转变来使高校育人工作当中特有的亲和力和感染力得到持续增强。新时代背景下应当以文化自信为切入点来完成高校育人机制的创建，采用以文育人的方式来使学生内在的民族自信心和自豪感得以增强，从而使之前略显枯燥、机械的教化方式一步步转变为有着一定的思想性、艺术性和感染力的教化方式，促使教育当中双方的心理距离逐渐拉近，进一步增强高校育人工作的实效性。

（二）实现以文育人教育过程，以彰显文化自信为出发点

文化人类学家克罗伯和克拉克洪合力编撰的《文化：一个概念定义的考评》一书当中历经考察收集而来的文化定义就有 166 种。实质上，文化是人内在的精神层面和道德修养层面所确立的思想观念的外在体现。不论是对历史的回顾还是对于未来的展望，正是在经济全球化的背景下促使各式各样的文化形态得以诞生，不同文化之间能够不间断地加以交流和交融，甚至是进行激烈的碰撞和交锋。处于新时代的大学生需要凭借着正确的心态来看本民族文化和各样的外来文化，在目前多样化文化不断交融的状况下，对待本民族文化时有着充足的自信心显得格外重要。没有高度的文化自信，没有文化的繁荣兴盛，就没有中华民族伟大复兴。在对新时代背景下的高校育人机制进行构建时，高校当中的教育工作者要善于发现我们本民族文化当中所蕴藏的价值和力量，始终把培养文化自信的终极目标作为新时代高校育人工作的核心理念。教育工作者要把中华优秀传统文化、红色革命文化、社会主义先进文化这三个方面依次作为推进的始发点，从里面汲取精华，比如中华优秀传统文化中所重视的仁、义、礼、智、信等思想，红色革命文化中具有的视死如归、战斗到底的无所畏惧的精神，还有社会主义先进文化中所存在的社会主义核心价值观等。这些如瑰宝一样的文化都可以很好地应用到高校育人当中，这部分也是新时代针对高校育人机制进行构建时应当依靠的根本力量。

新时代背景下的高校需要巧妙地把文化自信与育人的思想观念进行结合。高校在切实践行育人工作时需要将马克思主义作为向导，凭借着中华优秀传统文化、红色革命文化、社会主义先进文化来完成对于学生的引导和教育工作，还要带动高校当中的众多师生一步步成长为社会主义核心价值观的积极传播者、模范实践者。同时，针对高校来说，高校教育实质是通过正确的意识形态来对学生进行引导的过程，运用与时代发展相符的思想来带领大学生开展文化活动。单就自信层面来说，高校育人工作应当在教育观念方面有所改变，从而实现育人理念与思想引导之间的融合，使得新时代高校以文育人的目标得以实

现。要想使文化自信得以回归到高校育人工作当中，不但需要在构建育人机制的过程中找到动机的源头，更需要借助历史依据和现实价值来扶持新时代高校育人的实践工作。

因为文化所特有的本质属性，使得文化时常通过潜移默化的方式来影响人的思想和行为。高校在对育人机制进行构建的过程中要想使文化自信实现高度的契合，最为关键的地方在于要把对于人类的教化浸润到生活当中的各个方面，以润物细无声的方式帮助学生树立正确的文化观和价值观。高校当中的教育工作者在构建育人机制的时候，一直要尝试把文化自信核心要义融合进去，积极引导广泛的师生对于中华优秀传统文化、红色革命文化、社会主义先进文化产生更多的热爱，带动教育者和受教育者更好地发挥出个人的主观能动性和积极性，引导他们主动、乐意地参与到育人工作当中。

新时代高校在对育人机制进行构建的时候要尝试把整个教育环境与文化环境进行融合。作为一种开展社会实践活动的方式——高校育人工作，它的顺利运转需要一个特定的环境。开展高校育人工作重要的环境是文化环境，要加以重视，因为文化的存在往往影响着人们内在的思想和外在的行为。那么，在高校当中若尝试从文化自信的角度来看的话，就能够有效地避免育人工作时所存在的盲目性，在正式开展育人工作时，不但要看重针对教育工作所进行的建设工作，又要着重培养个人的文化自信。在构建高校育人机制之时，要尝试把不同种类的文艺与文化作品加以结合，然后通过这些来感染学生；还可以借助一些比较好的文艺作品来对学生产生影响，有助于学生树立正确的世界观和价值观。

（三）凝聚以文化人工作队伍，以发挥合力育人为着力点

新时代背景下的高校教育者要有效地汇集校内外的育人力量，通过对课内外各类教育资源的有效整合来合力构建育人机制，依托全员、全程、全方位的育人要求，来增强工作团队的凝聚力，把合力育人看作构建高校育人机制的起点。最近这几年，党和国家对于高校育人的持续关注，促使高校育人工作得到了极大的进步，产生了良好的育人效果。

只不过，需要特别注意的是，目前所开展的高校育人工作依然存在一些问题，需要高校的工作者加以改进和完善。比如，高校各个部门之间缺乏充分的沟通和配合，课堂教学难以和校园文化建设进行连接，学校、家庭和社会之间难以开展有效的协同育人等。

针对上述的问题，高校务必要给予重视并及时采取有一定针对性且行之有

效的措施，有助于构建高校合力育人机制，从而实现 1+1 ＞ 2 的育人效果。

高校需要努力地去整合、优化工作队伍，尽力地借助高校所提供的教育资源来展现出合力育人的真正效果。首先，高校在组织育人工作时，最为重要的是要对各个部分的参与程度加以重视，更为全面地整合与育人相关的资源，从而使育人产生良好的效果。其次，对于由中央所出台的方针政策，高校一定要带动学校的各个部门认真地加以贯彻学习，及时引导学生学习最前沿的教育信息，并使用有效的方式来传递教育信息。最后，高校要尽力创建一个由学校、家庭和社会所构建的“三位一体”合力育人体系，采用开展座谈、产学研相结合的育人方式来提高高校育人的实效性。

四、借鉴国外的实践育人经验

以美国为首的部分发达国家，“美德袋”是这些国家所使用的较为传统的开展道德教育的模式。这个模式是把“一袋美德”作为学生个人的品德，所以在选择道德教育相关的内容时使用社会上所认可的特别制定的关于美德的条目或者道德戒律，比如著名学者亚里士多德认为“美德袋”的内容主要包括公正、节制、诚实、慷慨、中和、自尊。在开展道德教育所用的方法上面，把学生的内在心理当作一个亟须用来充满的“美德之袋”（柯尔伯格语）或“道德之洞”（杜威语），因此也就对道德条目的灌输会格外看重。然而柯尔伯格却觉得此等做法不论是从逻辑层面，还是从事实层面来看都不是很恰当，这不单单是因为所选取的与美德相关的条目有着不确定性，而且此种灌输方法对于道德的发展是不利的。在学者杜威看来，该模式“不但不能促进反之还会成为儿童的智慧和道德得以发展的阻碍”。而且该模式最为本质的不足在于教学方式过于单一、古板，使得被教育者自身所具备的主体性和人格备受辖制，同时也容易忽视作为道德主体的学生所具备的主观能动性，致使道德教育沦落为缺乏趣味的说教。在西方，从 20 世纪 60 年代到 70 年代这段时间，不论是柯尔伯格所创立的“道德两难论法”还是由拉斯思等人所提出的“价值观澄清”理论，都对道德教育的心理形式尤为重视，而且还把“道德推理与判断”“问题解决”“决策制定”看作整个道德教育的核心所在，而针对这一类的道德教育可以将其汇总为“决策制定”模式。该模式已日渐成长为一个硕大且复杂的理论体系，并在具体的实践当中占据着主导位置。列举的这几种模式的共同之处在于它们都对道德推理的过程比较看重，却对教育内在的文化底蕴不是很看重，导致真实实践过程中无法达到理想的效果。在西方，尤其是在美国，青少年吸毒、暴力和自杀等现象层出不穷，使得整个美国为之震惊，在人们眼中“整个道德教育都处在危机当中”。而此种德育模式最为本质的不足在于，引导人们对于人自身的主观能动性更多地关注，旨在把道德人格转变为道德方面的认知，然而对于道德行为和情感等方面的关注很少，致使道德与道德之间的严重断层。不论使用的教育模式是“德行袋”还是“决策式”，都无法取得很好的教育效果，从而使得从事教学的工作者对于个人的教学方式进行深入的探索和反思。

伴随着现代社会科学技术突飞猛进的发展，工业生产有了长足的进步，而教育开始渐渐地脱离了日常的生活。来自西方的高等教育在理性的运转下逐渐演变为充满功利化的教育。正是在这样的大环境当中，一场指导思想为教育回归生活、教育关注人性发展的关乎生命教育的运动在整个20世纪得以蓬勃发展。到了20世纪初期，来自美国的教育家约翰·杜威开始尝试把道德教育融入日常的生活当中。杜威一直都很反对传统德育课那样对于传播知识的看重，还会有灌输的倾向。在他看来，人们之所以会围绕德育课程展开激烈的争论，主要原因在于没有对“道德概念”和“关于道德的概念”加以区分。道德教育是通过不断传递道德知识所形成的。是否专门设置德育课不是很重要，尤其是一些学校即便设置了德育课，也只是作为传达道德和伦理知识的工具，却无法成为真正意义层面的德育。如果知识道德发展的方法与主体之间没有紧密、有机的联系，就需要借助具体的修身课堂和具体的训练方法。知识不是与共同的行为动机和人生前景相结合，而是与道德融为一体，成为道德说教——一种独立的德行组合。

在杜威看来，开展道德教育过程中最为重要的方法是带领学生近距离地接触社会生活，好使学生通过日常的社会生活来塑造个人的道德。他举例说到位于美国一座城市当中的一所教授游泳的学校，学校从来都不教学生在水中如何进行游泳，而只是单单训练与游泳相关的技术动作，当周围有人询问学生进入水中该做些什么时，他们给予的回应是“下沉”。修养道德的过程也是这样的。若单单教授学生一些基本的规则和准则，却从不带领他们深入社会生活，那么培育出的学生就会像那些游泳学校的学生面临道德方面的“沉没”。因此，杜威认为，如果道德训练的重点是纠正学生的不当行为，而不是培养学生的积极习惯，那么这种训练就是病态的；如果学校采取道德措施来处理责任，却不参加社会实践活动，这种训练是一种方法。这种训练方式就像同学游泳不下水，所以什么都学不到。一切针对学生有效参与社会的能力进行培养的教育被称为道德教育。杜威并在此基础上推出了“学校就是社会”“教育就是生活”等知名理念，使得杜威思想在西方道德教育历史发展过程中掀起了一场轰轰烈烈的革命。所以，当代西方颇有影响力的几大德育流派，尤其是在美国发展起来的德育流派，都多少会受到杜威本人的影响，或者一部分流派正是源于杜威理论。

到了20时期中期，由班杜拉所创立并发展起来的社会学习理论认为，抽象说教实质上来说，正是把道德教育看作一种针对知识所进行的教育，认为道德与通过传播和灌输而得的知识之间是可以画等号的，具备道德的人能常常进行学习。通过抽象说教的方式只会让道德的本质进一步被扭曲，学生自身的主体性没有得到足够的重视。真正意义上的教育，一定要把针对个人独立思维能力的培养作为目标。所以，社会学习理论一直强调的是为受教育者营造出一个良好的社会环境，在该社会环境当中，人在各种对话和交流中是作为主体而存在的，人们在进行对话、沟通的时候，才能通过收集和升华的方式展现价值。这样的研究具备一定的社会性。在西方的美国，有杜威作为起点，道德教育的实践就得以广泛开展。在美国的道德教育者看来，将与道德和伦理相关的标准强制性地灌输给受教育者，也就难以让受教育者的思想道德水平得以提高。反之，在具体的社会实践过程中，受教育者可通过提高自身的道德意识与责任意识，来不断沉淀道德情感，从而对国家、民族和团体产生更多的认同感。这是因为不论是教育者，还是受教育者，他们在整个教育实践过程中是平等的，他们通过以往积累的经验来开展教育工作。所以，社会一定要尽可能地为教育者创造出更多实践的机会，并通过认可教育所积累的生活经验来对他们进行鼓励。

到了20世纪70年代，来自美国的教育家纽曼所开创的道德教育社会行动模式在欧美的众多国家得以蓬勃发展。该模式所凸显出的优势和特点是看重“行动问题”，而这些则没能在普通的德育课程教学中加以充分的重视。在纽曼看来，当代所创立的与道德教育相关的各种理论单单比较重视道德知识的学习和积累，获得认知能力的培养，却没有对具体落地实践能力的培养加以重视。他觉得，道德教育不但要注重道德教育自身的发展，更要对学生社会行动能力的培养和提高加以重视。作为具备一定道德修养的社会成员，应当拥有三个方面的能力：一是物质方面的——对物体本身所产生的影响力；二是人际方面的——影响周围的人的能力；三是公民方面的——对于生活中的公共事物所产生的影响力。这里面，第三方面的能力是一切社会行动的核心所在，开展道德教育的过程中，应当对于公民社会行动能力的培养加以重视。所以，纽曼特别指出要把与公民行动相关的活动与价值分析、道德推理等相关内容进行巧妙的融合。对于社会行动模式来说，它是一个与道德教育相关的，颇具创意的模式，它以过往所构建的理论作为基础，强调道德教育一定要对于围绕公民所开展的与社会行动相关的教育加以重视，加强针对个人社会道德行为的培养，来对众多理论所存在的“重知轻行”的缺点加以弥补。

除此以外，在具体的实践过程中，社会行动模式逐渐摸索出一整套相对较为完整的有关教育实施的程序和方法，并通过德育等课程进行潜移默化地渗入，甚至在教育与社会实践的结合上进行了有益的尝试。亚里士多德曾经说过，只有在道德实践中才能培养美德。只有公平合理地做事，才能成为人；只有适度地做事，才能成为有节制的人，敢于做事；马克思、恩格斯也认为，道德生活是与生活相关的实践理性的生活。人的道德修养必须与人的道德修养相联系，与人的生活实践相联系。

总的来说，当代所创立的德育理论虽说在形式和观点上有所不同，但因着其对于实践本身的地位和所起作用的重视，进而形成一个全新的局面。在人类文明成果日渐丰硕的当下，对于国外学校开展德育工作的经验带着批判性的视角去汲取，彻底挣脱来自传统教育方式的各种辖制，尊重基础教育规律和培养规律，积极开发道德品质，是大势所趋，是结合我国实际情况适合高校学生发展的实践育人模式。

（一）制定足够完善的规章制度

教育家杜威说过：“不能有两套伦理学原则，一套为校园生活，另一套为校外生活。因为行为是一个，因此行为的原则也只是一个。”道德教育的收效甚微使教育者们看到，伦理道德规范的灌输无济于学生道德水准的提高，真正的教育途径就是实践，让学生在实践中增强道德认识，增强道德责任感，培养道德情感。而实践活动的开展不只使学生身心愉快、得到满足，而且是实现德育目标的重要手段，因此它对于实现学校育人的目标不仅是有益的，也是必需的，所以学校方面必须有一定的制度来加以保证，这也是国外高校实践活动得以全面展开的直接原因。强调把校园环境和社会环境联系起来，既重视课堂教学，又重视课外实践，课内与课外相结合，是美国高校教育的一大特色。在美国，许多高校特别是一些常春藤名校首先将是否参加过社会服务作为能否录取入学的一条重要指标，学生要在学校的入学申请表里详细写明自己参加过的社会服务。进入高校以后，实践活动更是学生生活的重要组成部分。许多高校将社会服务作为学生必须学习的科目，赋予相应的学分。如在美国的布朗大学，就把这种社会服务活动规定为必修课，记学分。在著名的哈佛大学，对学生参加社会服务活动也有特别的规定，不少哈佛大学的学生到社区为孤寡老人服务，有的学校还规定学生每学期参加服务的时间为 20 小时。在日本，不少高校将志愿者活动作为学校的授课内容和研究对象。在一些特殊专业中，学生如果没有社会服务的记录就不能取得专业资格。如日本的教育专业毕业生，他们要想成为教师，在参加教师资格考试之前，必须到福利机构如敬老院、残疾人康复中心、孤儿院等进行为期两周以上的服务，否则得不到教师资格。北美的墨西哥大学为学生设立了必修课“社会服务”。参加社会服务时，学生们走向工厂、农村及落后山区的印第安人聚居区，传播科学和文化，切实扶助于民众。“社会服务”这门实践课的目的是使学生树立这样的价值观：第一，任何专业人才必须履行公民义务，具有民族感情和对人民群众的责任感；第二，必须把理论知识与社会实践相结合，把所学专业与国家的实际需要相结合。各国都意在通过这些活动培养青少年的基本价值观和道德品质，特别是认同本国的爱国主义精神，如诚实勇敢的创新意识、自爱自律的道德情操、勤奋刻苦的奋斗意志等，增强学生的社会责任感，使他们逐渐建立社会参与意识和正确的价值观。在对待专业实践或实习问题上，欧美许多高校也大多是将之纳入正规的教学计划，并给予一定学分。在俄罗斯及一些东欧国家，专业实习的情形与美国类似，都规定学生在校学习阶段有较长的实习时间，待实习期满，取得工厂方面的鉴定后，学校才给学分。俄罗斯在本科 5 年的教学计划中规定了 24 周的实习时间。在职业教育发达的德国，专业实习也受到高度重视。一些高校规定学生必须在工厂实习两次，每次 6 个月，这样学生既得到了一定的实际锻炼，又为回校后的继续学习做了经济上的准备。招聘单位也因了解学生，可以有的放矢地优先录用人才。总之有了入学条件及学分等方面的约束，使高校社会实践活动的开展有了保证，也成为一种传统融入高校的校园文化。

（二）明确目标取向

教育活动就是通过人的主体选择把人的发展中所蕴含的某一种或几种符合教育目的的可能因素从人的现实的发展结构中呈现出来，并使它在整个发展运动中起支配作用，改变自然状态下的发展过程，以期形成为目的所规定的理想品质。人类进入 21 世纪，世界各国普遍把发展人的主体性放在中心地位，重视主体性道德素质的培养已成为高校道德教育的发展趋向。所谓主体性就是主体在同客体的交互作用中表现出来的功能特征，它是人的本质属性。主体性道德素质，就是个体作为道德实践活动的主体，依据通过自主自立、主动积极的理性思考后选择的道德原则，自主、自觉、自愿地做出道德选择与道德行为的素质与能力。西方的各道德教育理论学说都是在所谓民主、自由、尊重人格尊严的社会价值取向下提出来的，因此各理论派别都不愿被指责为集权的、专横的、灌输的恶名，都主张在给受教育者极大选择自由的前提下，在实践中诱导其形成某些道德价值观。在这种观念的引导下，西方高校在道德教育中更为注重贴近生活，强调在实践活动中突出学生主体性道德素质的培养，激发他们的积极性和创造性，以使教育产生内化效应。具体地讲，有这样几个特点。

1. 突出学生的主体性

杜威说，道德教育不应该是封闭式的，不能禁锢人的思想，而是要促进人的道德思维能力，特别是独立和批评性思维能力的发展。以实践的方式开展思想政治教育，使学生能以主体的身份参与教育过程，而不是把学生简单地作为被教授对象，尊重和强调学生个体的观念和行为，确认品德的形成和发展是个体理智选择的结果，是与个体智慧的发展平行的、相互制约和相互影响的。在这种思想影响下，美国高校将思想政治教育着力点放在帮助受教育者学会思考、学会怎样选择上，通过对选择方式和过程的引导和推动，达到把教育对象引到既定的教育目标上的目的，充分尊重了学生教学过程中的主体地位。

2. 尊重学生的个性

美国人认为，道德教育是以人的个性发展为前提的，是开放的、发展的过程，反对使道德教育成为“某种问答教学或关于道德的功课”。在西方国家，个性化教育正在成为一种趋势，它是一种重视个性、发展个性，注重学生潜能，承认差异、发挥自我、崇尚自由，促进学生个性完美和全面素质提高的创造性教育模式。如在斯坦福大学，除了传统的用希腊字母标记的男生联谊会和女生联谊会及各学生宿舍的“政府”外，还有596个志愿性学生社团。各种各样的社团组织，不仅锻炼了学生的自我管理、团队协调能力，更充分彰显了学生的个性自由。在其中的60个学术社团中，学科范围涵盖法学、政治学、社会学、经济学、财务、国际发展、国际安全、文化与社会人类学、化学、数学、生命科学、天文学、地质学、能源工程等众多学科。从国际范围的思想政治教育改革与发展来看，个性化是世界发达国家和发展中国家共同追求的目标，而且已收到良好效果。

3. 强调道德形成的自主性

在道德实践中，美国人认为学生的道德发展、道德学习是一个自主建构的过程，是一个与学生主体活动息息相关的过程，而不是借助外部的力量强制形成的。过去人们总认为课外活动只是课堂教学的一种补充，然而美国高校通过研究表明，“所有对学生产生深远影响的重要的具体事件，都发生在课堂外”。因此，应注重让学生在实践中确立道德准则，培养学生掌握社会生存的基本能力，具有自立自强的精神和尊重他人、平衡人际关系的协作态度。

4. 调动学生接受教育的积极性

在组织实施实践活动的过程中，美国通行模式大多是按照“设置场景—引导角色进入—体验—选择”的过程展开，其中学生的思考活动更是贯穿始终。这种教育意识到了调动学生的积极性，这种教育活动使得学生不仅获得了所学的知识，而且也发展了积极的道德思维，解决问题的能力也得到了培养，所以能积极适应社会。

（三）丰富活动形式

坚持实践育人模式已经成为世界上许多国家的高校最重要的育人途径和方法，因此其活动形式十分多样，尽管目前还没有一个完整而系统的理论界定，但各种实践活动形式和内容对我国高校实践育人依然具有借鉴意义。

1. 社会公益性实践活动

实现高校的社会服务功能，既是学校与社会沟通的重要手段，也是大学生社会实践的重要手段。通过直接服务社会，大学生可以学会处理个人与社会的关系，培养服务意识和奉献精神。

美国学校允许学生参加社会活动，通过参与募捐、运动宣传、环境治理、照顾老年人和残疾人等，增加对社会和国情的了解，使学生更具体地理解工作的意义和价值，在服务社会、服务他人的过程中逐渐把公民意识、社会责任感和合作精神培养起来。美国的罗德岛社区学院，自 1991 年以来开展了两项名为“服务性学习”的活动，通过组织学生为社区服务，到弗吉尼亚州的矿区为矿工提供服务，甚至组织学生到墨西哥开展拯救人类生存环境活动，培养学生的公益观念、服务意识、责任心，使学生了解社会、了解他人、了解自己。在新加坡，1990 年教育部就制订和推行了一项学生社区服务计划。该项计划包括以下几个方面的内容：“好朋友”计划，关怀与分享计划，负起校内的领导责任等。学校还经常组织学生参加社会上开展的“忠诚周”“礼貌周”“孝顺周”“国民意识周”等活动，意在培养学生服务社会的公民意识、道德习惯，使学生将课堂理论学习与现实生活结合起来，有利于实现知行统一。日本高校的志愿者活动在社会福利、环境保护、青少年教育、终身教育及国外援助等领域广泛展开，也取得了良好的育人效果。

2. 体验性实践活动

通过参观、访问、考察等途径让学生产生积极的情感体验，丰富学生的内心世界。在新加坡，高校推行“真实教育”，通过“华族文化月”活动，把爱国主义民族文化和传统教育成功地结合起来，或者带领学生参观禁毒展览、反艾滋病展览等，在参观中领悟做人和做事的道理。美国学校通过校庆、国庆等节日庆典及入学仪式、毕业仪式等活动，培养学生爱校爱国的精神。

3. 自立自理性实践活动

学生通过参加自我服务、自我管理活动，锻炼自我教育能力，并养成奋斗、仁爱、勇于担当、团队合作等优秀品质。日本通过班级活动、学生会活动、社团活动、俱乐部活动等“特别活动”发展学生的个性和社会性。日本学校中的“特别活动课”通过学生活动、学校传统活动和生活、学习、升学与就业指导，发展学生自我生活、自我理解、自我实践、自我教育的能力，培养丰富的人性。新加坡学校也积极创造机会，让学生在实践中获得正面经验与积极体验，从而使学生进一步了解生活实践中各种道德要求的合理性。

（四）育人氛围尤其浓厚

在发达国家，大学生社会实践活动的可靠保障不仅在于高校本身，而且源自政府重视和社会的支持。在政府看来，大学生社会实践首先是实现国家培养目标的重要途径。

如法国的教育训令规定，学校要把学生培养成尊重真理，勇敢，勤劳，富有同情心、责任感和集体观念的有教养的人。

德国教育界认为，青少年的成长是受多种因素影响的，虽然德国实行的是民主自由制度，但是国家应当要求学校对学生进行在家庭中接受不到的正规的价值观教育，这对青少年的成长很有必要。在一些学校设立了统称为“世界观的传授”类课程，并且积极支持学生将这些课程内容践行到实际工作中去。

日本文部省在教学大纲中规定，要通过良好的集体活动，在谋求身心和谐发展以及个性发展的同时，提高作为集体中一员的自觉性，培养齐心协力地建设美好生活的自立的实践态度和将来能正确生活的能力。日本的学生学习指导主要由“各学科、道德、特别活动”三部分组成。“特别活动”的目的在于通过理想的集体活动，在做到使学生身心平衡地健康发展的同时，发挥他们的个性，培养他们实践的态度，使他们能以相互协助的精神来创造美好的生活。这里的“特别活动”主要是指有计划组织的课外活动，当然包括社会实践活动，是实现培养目标的重要途径。

印度尼西亚政府明确“高等教育的目的是培养造就青年学生成为一个能担任领导社会、促进社会和科学生活进步的人才”，高校的三项任务为“教学、科研和社会服务”。这表明，教育的直接目的是培育有利于国家与社会发展的有用人才。所以高校阶段的教育已不局限在书本上，而是注重理论与实践，其目的性更鲜明，教育途径也就更多样化了。

各国政府还通过具体的政策扶持大学生社会实践活动。为了支持学生参与社会服务，在服务中培养青少年品德，美国政府采取了一系列措施。学生在学校和社会资助下，组织起来承担一定的项目，如为伤残人员服务项目、为移民子女提供外语训练项目、为监禁青年进行指导等，开展内容广泛的社会服务活动，有的学校叫“热线活动”，有的学校叫“自愿主义活动”。学校和社会都很赞赏和支持学生的这些活动。有的州专门通过法案支持甚至明确规定学生必须参加这类活动才能毕业，有的州拨出专款支持这类计划，许多学校成立了各种专门的服务性的指导办公室，全美还成立了几个主要的联盟，以便全国各学校能协调一致行动。如旧金山有一个加利福尼亚校园管理委员会，作为一个全国性的社会服务机构，主要任务就是为学校与社会之间牵线提供经费赞助，促进社会服务活动的开展。再如，由若干所院校校长建立的一个正式的全国性联盟——公共和社会服务计划，指导、协调本校或全国的社会服务活动。除了政府层面的重视以外，事实上许多欧美国家都有着关注和支持学生参与社会活动的良好氛围。美国的学校为了培养适应美国社会需要的人才，十分注意利用社会环境进行教育。无论是学校、家庭、社区还是大众传媒，无论是数不清的免费开放的博物馆、纪念地还是多种多样的庆典活动，无论是家长还是教师，所有的人员、所有的场所、所有的时机都被利用来宣传美国的生活方式和价值观念。并且所有这些工作都是自觉的、互相配合的，形成一个整体的合力。

印度尼西亚的社会组织积极与高校联合，成立“社会服务协调委员会”。20 世纪 70 年代后期，印度尼西亚政府的文教部门把社会服务作为与教学、科研并重的高等学校三项义务之一，并把它列为“实际工作课”，还成立了由校长直接领导的“社会服务处”来进行有效的管理。

社会教育在日本被定义为“有组织的校外教育活动”。从教育范围来看，社会教育比学校教育更广泛。它不仅担负着对成年人进行继学校教育之后的终身教育，还要配合学校加强对在校学生的培养教育。因而，日本十分重视利用社会教育的场所、设施、人力、财力等资源及社会教育的内容和形式，进行直接或间接的教育。

参考文献

[1] 习近平．习近平谈治国理政 [M]．北京：外文出版社，2014．

[2] 陈立思．社会思潮与青年教育 [M]．北京：北京大学出版社，2011．

[3] 陈先达．文化自信与中华民族伟大复兴 [M]．北京：人民出版社，2017．

[4] 陈先达．文化自信中的传统与当代 [M]．北京：北京师范大学出版社，2017．

[5] 费孝通．费孝通论文化与文化自觉 [M]．北京：群言出版社，2007．

[6] 李才俊．高校“六维一体”思想政治教育机制研究 [M]．北京：新华出版社，2017．

[7] 梁漱溟．中国文化要义 [M]．北京：上海人民出版社，2018．

[8] 廖泉文．人力资源管理 [M]．北京：高等教育出版社，2011．

[9] 刘社欣．思想政治教育合力研究 [M]．北京：人民出版社，2013．

[10] 刘先春，李睿．中国共产党执政的文化基础研究 [M]．北京：中国社会科学出版社，2013．

[11] 刘向信．高校育人新机制探索：情感、激励、嫁接三结合 [M]．北京：人民出版社，2008．

[12] 任俊．乐商 [M]．北京：清华大学出版社，2013．

[13] 亨廷顿．文明的冲突与世界秩序的重建 [M]．北京：新华出版社，2002．

[14] 邵云飞，何伟，刘磊．高校协同创新机制与人才培养模式研究 [M]．北京：清华大学出版社，2015．

[15] 王蒙．王蒙谈文化自信 [M]．北京：人民出版社，2017．

[16] 姚念龙．当代中国大学生主流政治意识及其形成机制研究 [M]．北京：北京交通大学出版社，2015．

[17] 余秋雨．何谓文化 [M]．北京：长江文艺出版社，2012．

[18] 张耀灿，郑永廷，吴潜涛，等. 现代思想政治教育学 [M]. 北京：人民出版社，2006.

[19] 郑吉春. 协同理论视域下的高校大学生思想政治教育工作机制优化研究 [M]. 北京：科学出版社，2016.

[20] 周鸿铎. 文化传播学通论 [M]. 北京：中国纺织出版社，2005.

[21] 崔涛. 论制度建设的重要性 [J]. 北京石油管理干部学院学报，2014（5）：30-33.

[22] 冯诗琪，毕雪晗. 中国特色社会主义文化自信实践要求研究 [J]. 吉林广播电视大学学报，2018（11）：122-124.

[23] 郝桂荣，李本智. 大学生文化观现状及树立文化自信研究 [J]. 学校党建与思想教育，2015（3）：31-34.

[24] 黄轩庄. 思想政治理论课实践教学管理问题探析 [J]. 高教论坛，2012（5）：63-66.

[25] 李瑞清，胡建强，罗春科. 以党的十八大精神引领大学生文化自觉培育研究 [J]. 党史文苑，2013（16）：64-68.

[26] 卢景昆，罗红铁. 论思想政治教育的文化责任 [J]. 思想教育研究，2012（3）：17-20.

[27] 钱广荣. 高校思想政治理论课的实践教学探讨 [J]. 思想理论教育，2007（2）：69-71.

[28] 沈壮海，肖洋. 2016 年度大学生思想政治状况调查分析 [J]. 思想理论教育导刊，2017（1）：108-113.

[29] 姚奎栋. 大众文化在高校中的传播途径及影响 [J]. 沈阳师范大学学报（社会科学版），2016（3）：153-156.